SEGURANÇA CIBERNÉTICA INDUSTRIAL

Thiago Branquinho | Marcelo Branquinho

SEGURANÇA CIBERNÉTICA INDUSTRIAL

As infraestruturas críticas mundiais correm perigo. Aprenda a proteger redes e sistemas de controle com uma metodologia comprovada na prática.

ALTA BOOKS
EDITORA
Rio de Janeiro, 2021

Segurança Cibernética Industrial

Copyright © 2021 da Starlin Alta Editora e Consultoria Eireli.
ISBN: 978-65-5520-466-7

Todos os direitos estão reservados e protegidos por Lei. Nenhuma parte deste livro, sem autorização prévia por escrito da editora, poderá ser reproduzida ou transmitida. A violação dos Direitos Autorais é crime estabelecido na Lei nº 9.610/98 e com punição de acordo com o artigo 184 do Código Penal.

A editora não se responsabiliza pelo conteúdo da obra, formulada exclusivamente pelo(s) autor(es).

Marcas Registradas: Todos os termos mencionados e reconhecidos como Marca Registrada e/ou Comercial são de responsabilidade de seus proprietários. A editora informa não estar associada a nenhum produto e/ou fornecedor apresentado no livro.

Impresso no Brasil — 1ª Edição, 2021 — Edição revisada conforme o Acordo Ortográfico da Língua Portuguesa de 2009.

Erratas e arquivos de apoio: No site da editora relatamos, com a devida correção, qualquer erro encontrado em nossos livros, bem como disponibilizamos arquivos de apoio se aplicáveis à obra em questão.

Acesse o site **www.altabooks.com.br** e procure pelo título do livro desejado para ter acesso às erratas, aos arquivos de apoio e/ou a outros conteúdos aplicáveis à obra.

Suporte Técnico: A obra é comercializada na forma em que está, sem direito a suporte técnico ou orientação pessoal/exclusiva ao leitor.

A editora não se responsabiliza pela manutenção, atualização e idioma dos sites referidos pelos autores nesta obra.

Produção Editorial
Editora Alta Books

Gerência Comercial
Daniele Fonseca

Editor de Aquisição
José Rugeri
acquisition@altabooks.com.br

Produtores Editoriais
Illysabelle Trajano
Maria de Lourdes Borges
Thales Silva
Thié Alves

Marketing Editorial
Livia Carvalho
Gabriela Carvalho
Thiago Brito
marketing@altabooks.com.br

Equipe de Design
Larissa Lima
Marcelli Ferreira
Paulo Gomes

Diretor Editorial
Anderson Vieira

Coordenação Financeira
Solange Souza

Assistente Editorial
Luana Goulart

Equipe Ass. Editorial
Brenda Rodrigues
Caroline David
Luana Rodrigues
Mariana Portugal
Raquel Porto

Equipe Comercial
Adriana Baricelli
Daiana Costa
Fillipe Amorim
Kaique Luiz
Victor Hugo Morais
Viviane Paiva

Atuaram na edição desta obra:

Revisão Gramatical
Aline Vieira
Alessandro Thomé

Capa
Rita Motta

Diagramação
Catia Soderi

Ouvidoria: ouvidoria@altabooks.com.br

Editora afiliada à:

Dados Internacionais de Catalogação na Publicação (CIP) de acordo com ISBD

B821s	Branquinho, Thiago
	Segurança Cibernética Industrial: as infraestruturas críticas mundiais correm perigo. Aprenda a proteger redes e sistemas de controle com uma metodologia comprovada na prática / Thiago Branquinho, Marcelo Branquinho. - Rio de Janeiro, RJ : Alta Books, 2021.
	416 p. ; 17cm x 24cm.
	Inclui bibliografia e índice.
	ISBN: 978-65-5520-466-7
	1. Segurança cibernética. 2. Segurança Cibernética Industrial. I. Branquinho, Marcelo. II. Título.
2021-2788	CDD 001.53
	CDU 007

Elaborado por Vagner Rodolfo da Silva - CRB-8/9410

Rua Viúva Cláudio, 291 — Bairro Industrial do Jacaré
CEP: 20.970-031 — Rio de Janeiro (RJ)
Tels.: (21) 3278-8069 / 3278-8419
www.altabooks.com.br — altabooks@altabooks.com.br

Dedicamos este livro às inúmeras vítimas da pandemia do COVID-19 e à comunidade de profissionais de segurança cibernética, que travam batalhas diárias para proteger pessoas, o meio ambiente e negócios ao redor do mundo.

AGRADECIMENTOS

Primeiramente, gostaria de agradecer a Deus, que me fez chegar até aqui, e a toda equipe da TI Safe, que tanto me orgulha. Dentre as pessoas imprescindíveis, devo citar meus pais, Fernando (em memória) e Aida, a companheira Thaity, meus filhos Marcelo e Carolina, os irmãos Alcides, Fernando, Aida, Amélia, Adely e Áurea, e minha grande família como um todo. Agradeço também a toda comunidade de segurança da informação por produzir e compartilhar um vasto material para pesquisa e desenvolvimento da área, e a todas as pessoas que de alguma forma contribuíram direta ou indiretamente para o desenvolvimento desta obra.

Marcelo Ayres Branquinho

Agradeço a todos aqueles que, direta ou indiretamente, contribuíram para a existência deste livro. A lista tende ao infinito e inclui até mesmo o momento anterior ao *big bang*. Nominalmente, gostaria de agradecer ao Marcelo, que foi o "insano" que começou essa ideia de segurança cibernética industrial há anos e me chamou para embarcar nela, aos meus pais, Fátima e Fernando, que me deram a vida, à minha grande companheira, Luciana, minha musa inspiradora, e aos meus filhotes, Iago e Lucas, por toda a diversão e aprendizado que me trazem. Por fim, agradeço à incrível equipe da TI Safe, que protege negócios, o meio ambiente e milhões de vidas todos os dias.

Thiago Braga Branquinho

Agradeço a Deus, à família, ao amigo Marcelo pela oportunidade de participar deste novo e inédito projeto editorial, e aos colegas da TI Safe, que colaboram diariamente para nossa evolução e nosso crescimento. #GOTISAFE

LEONARDO CARDOSO DE MORAES

Agradeço primeiramente aos meus guias espirituais e a Deus pelas boas vibrações, proteção e luz. Também sou muito grato ao Marcelo Branquinho e ao Thiago Branquinho por me concederem a oportunidade de desenvolver mais meu perfil de pesquisador e escritor. Por fim, agradeço a toda equipe da TI Safe pelo apoio e pela dedicação aos trabalhos desenvolvidos e em desenvolvimento referentes ao tema segurança cibernética industrial.

EMÍLIO ARIMATÉA

Agradeço a Deus e à minha família pela minha formação como pessoa e profissional. Estendo meu agradecimento ao Marcelo Branquinho, pelo convite para participar deste projeto e pela fidúcia de ser coautora desta obra que é referência no mercado no que tange o desenvolvimento técnico de todos os profissionais que atuam na área de tecnologia, na qual a TI Safe é líder de mercado.

ANA PAULA DE MORAES

Agradeço imensamente a toda equipe da TI Safe, sobretudo ao Marcelo Branquinho, pelo trabalho em conjunto realizado com tanto esforço e dedicação. Agradeço também à minha família e à minha parceira pelo carinho e companheirismo em todos nossos momentos.

MARCO SABATINI

LISTA DE FIGURAS

A TI SAFE e sua metodologia

    FIGURA 1 – Etapas da metodologia *ICS.SecurityFramework*®   35

MÓDULO 1

CAPÍTULO 1

    FIGURA 2 – Visão geral do funcionamento de um Sistema de Controle Industrial   46

    FIGURA 3 – Pirâmide de automação, Modelo *Purdue*   48

CAPÍTULO 2

    FIGURA 4 – Interdependência das infraestruturas críticas   58

    FIGURA 5 – Relatório Global de Riscos de 2020 (*World Economic Forum*)   60

    FIGURA 6 – Sofisticação das ferramentas de ataque ao longo dos anos   62

    FIGURA 7 – Crimes cibernéticos são um negócio bilionário   69

CAPÍTULO 3

    FIGURA 8 – Representação gráfica da Web   72

    FIGURA 9 – Anonimato de dados que trafegam na rede TOR   74

    FIGURA 10 – Transações comerciais na Dark Web   75

CAPÍTULO 4

    FIGURA 11 – Arquitetura básica SCADA   81

    FIGURA 12 – Integração das redes de T.I. e T.O.   82

    FIGURA 13 – Convergência entre as redes de T.I. e T.O. ao longo do tempo   83

    FIGURA 14 – Vetores de ataque em uma rede industrial   84, 85

    FIGURA 15 – Resultado de busca por "PLC" no site *Shodan*   86

Capítulo 5

Figura 16 – Tela de abertura do TI Safe *Incident Hub* — 92
Figura 17 – Tela com pedido de resgate do malware WannaCry — 98
Figura 18 – Cenário de ataques ocorridos durante a pandemia — 100
Figura 19 – Aumento dos ataques durante a pandemia — 101

MÓDULO 2

Capítulo 1

Figura 20 – Impactos derivados de incidentes — 113
Figura 21 – Composição do risco — 114
Figura 22 – Níveis de risco a partir do impacto e da probabilidade — 116
Figura 23 – Cenário de riscos — 119
Figura 24 – Classificação de sistemas de controle segundo o modelo ANSSI — 122
Figura 25 – Fluxograma para a classificação de riscos — 123
Figura 26 – Escala de classificação entre impactos e probabilidades — 124

Capítulo 2

Figura 27 – Análise de riscos na metodologia *ICS.SecurityFramework*® — 127
Figura 28 – Domínios da metodologia *ICS.SecurityFramework*® — 130
Figura 29 – Espelhamentos de rede para análise dinâmica — 132

Capítulo 3

Figura 30 – PSCI na metodologia *ICS.SecurityFramework*® — 139

MÓDULO 3

Capítulo 1

Figura 31 – Educação e conscientização na *ICS.SecurityFramework*® — 148
Figura 32 – Tríade de educação e conscientização — 149
Figura 33 – Etapas do planejamento de educação e conscientização — 150
Figura 34 – Formação em Segurança de Automação Industrial — 152
Figura 35 – Tabuleiro do jogo Ciber Suspeito — 160

Capítulo 2

Figura 36 – Governança na metodologia *ICS.SecurityFramework*®   163
Figura 37 – Modelo CSMS da norma ISA/IEC 62443   169

Figura 38 – Papéis e responsabilidades estabelecidos pela LGPD   175
Figura 39 – Formato diversificado de uma política de segurança   179
Figura 40 – Arcabouço das políticas de segurança   180
Figura 41 – Detalhes da governança em uma política de segurança   180
Figura 42 – Controles em uma política de segurança   182
Figura 43 – Linha do tempo de um plano de continuidade   190
Figura 44 – Etapas de execução do PCN   191
Figura 45 – Custo-benefício do plano de continuidade   193

Capítulo 3

Figura 46 – Segurança de borda na *ICS.SecurityFramework*®   199
Figura 47 – Ataque por *pivot* a uma rede industrial   202
Figura 48 – Firewall separando as redes de T.I. e T.O.   204
Figura 49 – Atuação de uma DMZ   205
Figura 50 – Firewall com DMZ entre as redes de T.I. e T.O.   206
Figura 51 – Par de firewalls com DMZ entre as redes de T.I. e T.O.   208
Figura 52 – Visão geral de uma VPN   213
Figura 53 – Bloqueador de sinal Wi–Fi (*jammer*)   218
Figura 54 – Delimitação do sinal Wi–Fi dentro do perímetro da empresa   220

Capítulo 4

Figura 55 – Proteção da rede industrial na *ICS.SecurityFramework*®   225
Figura 56 – A Muralha da China concretiza o conceito de Bastion Model   226
Figura 57 – Conduítes: os caminhos entre as zonas   228
Figura 58 – Firewalls utilizados para segregar diferentes zonas   229
Figura 59 – Topologia de uma rede de automação   230
Figura 60 – Especificação das zonas de segurança   231
Figura 61 – Adição dos conduítes entre as zonas de segurança   232
Figura 62 – Proteção das zonas de segurança   233
Figura 63 – NGFW protegendo o conduíte (norma ISA/IEC 62443)   235

Figura 64 – Firewall industrial protegendo uma rede de energia   238
Figura 65 – Ataque baseado no princípio da poça d'água   239
Figura 66 – Desvio de comportamento registrado por um IDS industrial   242
Figura 67 – Arquitetura operacional de uma solução de IDS industrial   244

Capítulo 5
Figura 68 – Controle de malware na metodologia *ICS.SecurityFramework*®   247
Figura 69 – Primeiros três passos de um ataque por malware   255
Figura 70 – Últimos três passos de um ataque por malware   256
Figura 71 – Vulnerabilidades exploradas em relação ao tempo do patch   257
Figura 72 – Funcionamento de antimalware industrial de próxima geração   261
Figura 73 – Verificação de malware na nuvem   262
Figura 74 – Aprendizado de soluções de segurança   262

Capítulo 6
Figura 75 – Segurança de dados na metodologia *ICS.SecurityFramework*®   265
Figura 76 – Estratégia de backup   267
Figura 77 – Tempo necessário para adivinhar uma senha por software   271
Figura 78 – *Sniffer Wireshark filtrando mensagens GOOSE (IEC 61850)*   272
Figura 79 – Teste de humanidade: captcha   277
Figura 80 – Teste por fotografia   277
Figura 81 – Autenticação por desafio–resposta   278
Figura 82 – Tokens USB e smart card   280
Figura 83 – Token OTP   280
Figura 84 – Autenticação por OTP no smartphone   281
Figura 85 – Autenticação por leitura de código QR   282
Figura 86 – Funcionamento de um sistema de autenticação por biometria   283
Figura 87 – Detalhes da impressão digital   284
Figura 88 – Matriz bidimensional dos pontos identificáveis em uma digital   285
Figura 89 – Autenticação por reconhecimento da face   286

MÓDULO 4

Capítulo 1

Figura 90 – IIoT (*Industrial Internet of Things*) — 303
Figura 91 – Ciclo de um sistema ciberfísico — 304
Figura 92 – Arquitetura da Indústria 4.0 — 306
Figura 93 – Novos riscos trazidos com a Indústria 4.0 — 307

Capítulo 2

Figura 94 – Ataque na comunicação entre o programador e o robô — 313

Capítulo 3

Figura 95 – Tempo de transmissão e ataque em GOOSE — 324
Figura 96 – Anatomia do ataque Black Energy — 325
Figura 97 – Potenciais contramedidas contra o ataque Black Energy — 326

Capítulo 4

Figura 98 – A evolução das redes de comunicação ao longo do tempo — 332
Figura 99 – Conexão segura entre chão de fábrica e nuvem — 337

Capítulo 5

Figura 100 – Principais vetores de ataques às cidades inteligentes — 341
Figura 101 – Desafios de segurança cibernética para as cidades inteligentes — 345

MÓDULO 5

Capítulo 1

Figura 102 – O Monitoramento na *ICS.SecurityFramework*® — 353
Figura 103 – Arquitetura operacional de um SIEM — 356
Figura 104 – Interface de operação de firewall de próxima geração — 360
Figura 105 – NGFW e IDS industrial atuando em conjunto — 361
Figura 106 – Relatório gerencial fornecido por um SOC industrial — 363
Figura 107 – O Ciclo do *threat hunting* — 364
Figura 108 – Passos realizados durante a resposta a um incidente — 365
Figura 109 – Arquitetura simplificada de um *honeypot* industrial — 368
Figura 110 – Pilares de operação do ICS–SOC — 370

Figura 111 – Processo de início das atividades do ICS–SOC 371

Capítulo 2
Figura 112 – Tela com pedido de resgate em ataque por *ransomware* 383

LISTA DE TABELAS

MÓDULO 2

Capítulo 2
    Tabela 1 – Normas utilizadas em análises de riscos de plantas industriais   128, 129

MÓDULO 3

Capítulo 2
    Tabela 2 – Diferenças entre requisitos de performance de T.O. e T.I.   166
    Tabela 3 – Diferenças entre os requisitos de confiabilidade de T.O. e T.I.   166
    Tabela 4 – Diferenças entre os objetivos de gerência de riscos de T.O. e T.I.   166
    Tabela 5 – Diferenças entre as práticas de governança de T.O. e T.I.   167
    Tabela 6 – Sugestão de cronograma para implantação da LGPD   177

MÓDULO 5

Capítulo 2
    Tabela 7 – Exemplos de correlação entre crimes do Código Penal e ataques   374

SUMÁRIO

Introdução ao livro   29

Autores   31

    Autores Principais 31

    Autores Colaboradores 32

    Revisor 33

A TI SAFE e sua metodologia   35

Objetivos do livro   37

Conecte-se!   39

MÓDULO 1

AUTOMAÇÃO INDUSTRIAL E TERRORISMO CIBERNÉTICO

CAPÍTULO 1

Automação Industrial   43

    1.0 Introdução 43

    1.1 O que é automação industrial? 44

    1.2 Sistema de controle industrial 45

1.3 Nível 0: aquisição de dados 49

1.4 Nível 1: autômatos programáveis 49

1.5 Nível 2: supervisão e controle 51

1.6 Principais ferramentas de desenvolvimento 52

CAPÍTULO 2

Infraestruturas Críticas e Terrorismo Cibernético   55

2.0 Introdução 55

2.1 O que são infraestruturas críticas? 56

2.2 A evolução da guerra 58

2.3 O novo panorama do hacking 61

2.4 Tipos de hackers 63

2.5 Perfis dos atacantes cibernéticos..64

2.6 O fator humano 66

2.7 Crimes cibernéticos 68

CAPÍTULO 3

A Dark Web   71

3.0 Introdução 71

3.1 The Onion Router (TOR) 73

3.2 O mercado ilícito da dark web 75

CAPÍTULO 4

Desafios em Segurança Cibernética Industrial   79

4.0 Introdução 79

4.1 As ilhas de automação 80

4.2 Evolução dos sistemas de controle industriais 81

4.3 Convergência entre as redes de T.I. e T.O. 83

4.4 As fraquezas das redes integradas 84

4.5 Dispositivos industriais expostos na web 85

4.6 Desafios de segurança das redes industriais 87

CAPÍTULO 5

Histórico de Ataques e Armas Cibernéticas   91

5.0 Introdução 91

5.1 Bancos de dados de incidentes 91

5.2 Histórico de incidentes cibernéticos 92

EXERCÍCIOS DE REVISÃO..105

MÓDULO 2

ANÁLISE DE RISCOS E PLANEJAMENTO

CAPÍTULO 1

Introdução ao Risco   111

1.0 Introdução 111

1.1 Causas e consequências 112

1.2 Conceitos 113

1.3 Avaliação de riscos 115

1.4 Cenário de riscos 117

1.5 Classificação de redes industriais 121

CAPÍTULO 2

Análise de Riscos — 127

2.0 Introdução 127
2.1 Análise estática 128
2.2 Análise dinâmica 132
2.3 Elaboração do relatório da análise de riscos 134

CAPÍTULO 3

Planejamento de Segurança Cibernética Industrial — 137

3.0 Introdução 137
3.1 Elaboração do plano 138
Exercícios de revisão **141**

MÓDULO 3
CONTROLES DE SEGURANÇA CIBERNÉTICA INDUSTRIAL

CAPÍTULO 1

Educação e Conscientização — 147

1.0 Introdução 147
1.1 Organização do plano de treinamento da automação 148
1.2 Ferramentas para educação e conscientização 150
1.3 Treinamentos e certificações 152
1.4 Filmes, documentários e séries 156
1.5 Jogos educacionais 159

CAPÍTULO 2

Governança e Monitoramento   163

    2.0 Introdução 163

    2.1 Segurança para redes de T.I. e T.O. 164

    2.2 Padrões, normas e leis 168

    2.3 Política de segurança de automação 177

    2.4 Gestão de continuidade de negócios 186

CAPÍTULO 3

Segurança de Borda   199

    3.0 Introdução 199

    3.1 O conceito de firewall 200

    3.2 Arquiteturas de segurança de borda 203

    3.3 Princípio do menor privilégio 208

    3.4 Firewalls ultrapassados 209

    3.5 Firewall de próxima geração (NGFW) 210

    3.6 VPN 213

    3.7 Gateway de segurança unidirecional 214

    3.8 Segurança de wi-fi industrial 216

CAPÍTULO 4

Proteção da Rede Industrial   225

    4.0 Introdução 225

    4.1 Modelo de zonas e conduítes 228

    4.2 Segmentação da rede industrial 235

    4.3 VLAN 236

    4.4 Firewall industrial de próxima geração 236

4.5 Arquitetura zero trust 239

4.6 IDS industrial 241

CAPÍTULO 5

Controle de Malware   247

5.0 Introdução 247

5.1 Malware, a principal arma dos hackers 249

5.2 Desenvolvimento de armas cibernéticas 253

5.3 Dinâmica de um malware 255

5.4 A ineficácia dos patches em redes de automação 256

5.5 O uso de antivírus em redes industriais 258

5.6 *Whitelisting* 259

5.7 Antimalware de próxima geração (EDR) 260

CAPÍTULO 6

Segurança de Dados   265

6.0 Introdução 265

6.1 Backup 266

6.2 Ameaças à segurança de dados 269

6.3 Roubo de identidades 270

6.4 Autenticação em sistemas 274

6.5 Mecanismos de autenticação 276

6.6 Impressão digital (*Minutia*) 284

6.7 Quebrando a segurança da impressão digital 285

6.8 Autenticação biométrica em indústrias 286

6.9 Riscos do acesso remoto industrial 287

6.10 Garantindo a segurança no acesso remoto 288

EXERCÍCIOS DE REVISÃO..**291**

MÓDULO 4

SEGURANÇA CIBERNÉTICA PARA A TRANSFORMAÇÃO DIGITAL

CAPÍTULO 1

A Digitalização das Infraestruturas Críticas — 301

1.0 Introdução 301
1.1 IoT – internet das coisas 302
1.2 IIoT – internet das coisas industriais 302
1.3 Sistemas ciberfísicos 304
1.4 Indústria 4.0 – Nova realidade, novos riscos 305

CAPÍTULO 2

IIoT – O IoT na Manufatura — 309

2.0 Introdução 309
2.1 Robôs industriais e colaborativos 310
2.2 Uso de robôs na manufatura 310
2.3 Vulnerabilidades em IIoT 311
2.4 Ataques à cadeia de suprimentos das indústrias 314
2.5 Ataques a robôs usados em áreas sensíveis 315
2.6 Segurança cibernética na robótica 316

CAPÍTULO 3

IoE – O IoT em Energia — 319

3.0 Introdução 319
3.1 IoE – IoT em redes de energia 320
3.2 Ataques cibernéticos em IoE 323

CAPÍTULO 4

Segurança em Nuvem — 329

4.0 Introdução 329
4.1 Big data e *analytics* 330
4.2 Ameaças às redes de telecom e 5G industrial 331
4.3 Ameaças aos serviços de nuvem 334
4.4 Conexão segura entre a rede industrial e a nuvem 336

CAPÍTULO 5

Desafios de Segurança Cibernética para Cidades Inteligentes — 339

5.0 Introdução 339
5.1 Desafios de segurança das cidades inteligentes 340
EXERCÍCIOS DE REVISÃO..**347**

MÓDULO 5
MONITORAMENTO CONTÍNUO E FORENSE INDUSTRIAL

CAPÍTULO 1

Monitoramento Contínuo — 353

1.0 Introdução 353
1.1 Projeto de um SOC industrial 358
1.2 Mapas de ameaça em tempo real 367
1.3 Honeypot industrial 368
1.4 Estudo de caso de SOC industrial 369

CAPÍTULO 2

Forense Industrial   **373**

    2.0 Introdução 373

    2.1 A perícia forense industrial 375

    2.2 Trilhas de auditoria para forense 378

    2.3 Estudo de caso 380

    Exercícios de revisão 387

Respostas dos Exercícios   391
Glossário   393
Referências Bibliográficas   403
Índice   409

INTRODUÇÃO AO LIVRO

Atenção!

Este livro ensina diversos métodos de defesa e ataque cibernéticos. A intenção deste trabalho é a de que todo seu conteúdo seja utilizado para o avanço e a sofisticação do conhecimento em segurança cibernética industrial aplicada à proteção de infraestruturas críticas.

Os autores desta obra não se responsabilizam caso os ensinamentos aqui revelados sejam usados de forma incorreta. Aplique tudo que aprender aqui conforme as exigências legais e éticas, em benefício próprio e de sua empresa.

AUTORES

AUTORES PRINCIPAIS

MARCELO AYRES BRANQUINHO

Engenheiro eletricista com especialização em sistemas de computação e MBA em gestão de negócios, sendo fundador e CEO da TI Safe. Especialista em segurança cibernética industrial. É autor de diversos livros técnicos e trabalhos publicados e frequente apresentador de estudos técnicos em congressos internacionais. Membro sênior da ISA Internacional, atua em diversos grupos de trabalho, como o da atual ISA/IEC-62443.

THIAGO BRAGA BRANQUINHO

Carioca dos anos 80, é apaixonado pelos bits e bytes desde criança, quando ganhou seu primeiro computador. Biólogo de formação e de espírito empreendedor, atuou em projetos multidisciplinares nas áreas de meio ambiente, gestão de resíduos, sustentabilidade, planejamento, gestão de negócios, manufatura digital, inovação tecnológica e segurança cibernética. É cofundador e CTO da TI Safe, empresa referência nacional e internacional de defesa cibernética de infraestruturas críticas.

Autores colaboradores

Leonardo Cardoso de Moraes

Especialista em segurança da informação e automação cibernética industrial, é bacharel em marketing e tem vasta experiência mercadológica com atuação em empresas de grande porte, multinacionais, onde exerceu cargos estratégicos ao longo da carreira. Além de escrever para veículos de mídia ON & OFF, também desempenha a atividade de perito forense em tecnologia da informação e comunicação junto ao TRT da 5ª Região da Bahia. Palestrante, é coautor do livro *Segurança da Automação Industrial & SCADA* e diretor regional da TI Safe.

Ana Paula de Moraes

Advogada especialista em direito digital, formada há mais de 22 anos pela Universidade Santa Úrsula no Rio de Janeiro, pós-graduada em *Business Law* pela IBEMEC, com especialização em direito digital aplicado; aspectos legais da segurança da informação e respostas a incidentes; contratos eletrônicos e de TI: do SLA ao *Cloud Computing* e marketing legal e redes sociais e mediação e arbitragem pela Fundação Getúlio Vargas, e pós-graduada em advocacia no direito digital e proteção de dados pela Ebradi.

Emílio Arimatéa

Graduado em redes de computadores e pós-graduado em segurança da informação e gestão pública. Ao longo da carreira, atuou nas áreas de infraestrutura de redes de computadores, gestão de segurança da informação e suporte técnico. Na TI Safe, faz parte da equipe do ICS-SOC® responsável por análises de riscos em empresas de infraestrutura crítica e de cidades inteligentes. Tem certificações CASE, PCCSA e FSE, além de diversos cursos na área de segurança cibernética.

Revisor

Marco Sabatini

Graduado, mestre e doutor em filosofia pela Universidade Federal de São Paulo (UNIFESP), com estágio de pós-doutorado pelo departamento de educação da Unifesp; cursou (incompleto) letras-alemão da UFSC. Atua há mais de dez anos com criação e revisão de textos, artigos científicos e livros.

A TI SAFE E SUA METODOLOGIA

Empresa 100% brasileira e líder em segurança de infraestruturas críticas, atua em empresas da diversos segmentos, tendo destaque nos setores de energia elétrica e industrial.

Fundada em 2007, foi a primeira empresa brasileira a fornecer soluções específicas para a segurança de redes industriais baseadas nos padrões ISA/IEC-62443 e NIST SP 800-82, através de especialistas com vasto conhecimento técnico e certificações internacionais.

Figura 1 — Etapas da metodologia *ICS.SecurityFramework*®

Com sede no Rio de Janeiro, a empresa tem escritórios em São Paulo e Salvador e é detentora da única academia no Brasil com treinamento e certificação específicos para a proteção de infraestruturas críticas, além de oferecer serviços de análise de riscos, planejamento de segurança cibernética industrial, implantação de soluções de seus parceiros tecnológicos e o monitoramento destas soluções por meio de serviços gerenciados do ICS-SOC.

Ao longo da última década, A TI Safe desenvolveu uma metodologia chamada *ICS.SecurityFramework®, que implementa as boas práticas descritas no CSMS* (*Cyber Security Management System*) da norma ISA/IEC 62443 e acelera o processo de conformidade da segurança cibernética.

A abordagem da TI Safe para atender aos objetivos de segurança de seus clientes consiste em fornecer assessoria baseada em seu próprio framework para organizar, executar e operar a segurança cibernética em sistemas industriais de infraestruturas críticas.

A metodologia oferece o estabelecimento da segurança em um fluxo permanente de análise de riscos, planejamento, estabelecimento de controles e monitoramento contínuo.

Com base nessa metodologia, todos os componentes de segurança cibernética são instalados de acordo com as especificidades de cada planta industrial e conforme as normas de segurança e a tecnologias já existentes nelas. Todo o sistema é integrado em um ambiente de operação central, onde é feito o monitoramento, a prevenção, o isolamento de ameaças e a resposta a incidentes.

OBJETIVOS DO LIVRO

Este livro almeja expor de forma didática os conceitos da segurança cibernética industrial, implementada segundo a metodologia *ICS.SecurityFramework*®.

A obra começa com uma introdução conceitual às redes de automação industriais, a forma como são estruturadas e o que deve ser protegido de ataques cibernéticos. Segue um embasamento teórico sobre o que são infraestruturas críticas, quais os principais atacantes cibernéticos e os principais incidentes de segurança cibernética em plantas industriais já documentados.

Passada essa conscientização inicial, o livro apresenta a metodologia, iniciando pela análise de riscos, para depois ser elaborado um plano de segurança cibernética industrial. Na sequência, são apresentadas as soluções de proteção, subdivididas em seis módulos: governança e monitoramento, segurança de borda, proteção da rede industrial, controle de *malware*, segurança de dados, educação e conscientização.

Em uma sequência lógica, é tratado o tema da digitalização das infraestruturas críticas, onde a internet das coisas (IoT), a indústria 4.0 e a segurança na nuvem são conceitos fundamentais. A transformação digital é materializada em sua essência em serviços públicos das *Smart Cities*, ou cidades inteligentes, cujos riscos e soluções também são apresentados.

A conclusão da obra trata do monitoramento e a inteligência industrial, que devem ser realizados por meio de um SOC industrial em regime permanente, isto é, 24 horas por dia, durante 7 dias da semana, o que significa vigilância e segurança realizadas o tempo todo. Nesse módulo de fechamento, ainda são apresentadas técnicas forenses industriais e armadilhas usadas para identificar e antecipar ataques hackers, como os *Honeypots*.

Ao final de cada módulo, o leitor será desafiado com exercícios de revisão, onde poderá verificar os conhecimentos adquiridos durante a leitura.

CONECTE-SE!

A TI Safe está presente em diversas redes sociais. Para encontrá-las, basta acessar o portal www.tisafe.com e procurar por seus ícones.

Recomenda-se bastante essa visita, pois a empresa tem como missão a criação de uma cultura em segurança cibernética industrial. Por esse motivo, todo e qualquer documento de pesquisa, *white paper*, vídeo e palestra dos eventos promovidos pela empresa são divulgados de forma gratuita nesses canais. É um material rico em informação que pode auxiliar no aprendizado e aprofundamento de seu conhecimento no presente e no futuro.

Existem muitos endereços eletrônicos de websites dentro do livro. Com o passar do tempo, é possível que eles mudem ou até mesmo sejam desativados. No caso de uma URL não funcionar, sugerimos uma procura no Google pelo tema citado.

AUTOMAÇÃO INDUSTRIAL E TERRORISMO CIBERNÉTICO

Conceitos apresentados neste capítulo

A automação industrial está amplamente presente nas sociedades contemporâneas, embora, em muitos casos, não seja percebida pela população.

Para projetar soluções de segurança cibernética eficientes, é necessário, antes de tudo, aprender como a automação é implementada e de que forma ela é operada.

Este capítulo aborda as quatro etapas que compõem o funcionamento de um Sistema de Controle Industrial (do inglês ICS, Industrial Control Systems): a aquisição de dados, a conversão de dados, a comunicação em rede e a supervisão e controle.

O conceito de redes industriais é estudado por meio da hierarquia de sistemas, conhecida como a "pirâmide de automação" (Modelo Purdue, da norma ISA-95), e as principais ferramentas utilizadas para o desenvolvimento de sistemas de supervisão e controle são brevemente apresentadas.

CAPÍTULO 1

AUTOMAÇÃO INDUSTRIAL

1.0 INTRODUÇÃO

Uma rede é composta por fios entrelaçados com espaços regulares e feita conforme objetivos específicos (caça, descanso, práticas esportivas etc.). As redes de computadores e a automação seguem uma lógica parecida. Diversos equipamentos ligam-se entre si, compartilhando informações, realizando serviços, protegendo o próprio sistema, entre outras funções. Elas se estendem e se potencializam cada vez mais, assumindo tarefas antigas e criando novas.

Nessas redes, existe ainda um elemento que se encontra no limiar, ora como uma parte dependentemente integrada, ora como uma parte individualmente autônoma: o ser humano. A liberdade permite que as pessoas transitem entre máquinas e equipamentos que elas mesmas construíram. Essa diferença lhes dá uma sensação de autonomia e poder que não é plenamente independente. Ao contrário, a tendência das sociedades contemporâneas demonstra que a relação com suas redes materiais e virtuais é tão estreita e intensa, que, sem elas, a vida humana retroagiria décadas, talvez séculos.

Isso torna bastante complexa a reflexão sobre a condição humana em relação às redes de informação e automação. Os objetivos individuais são peculiares, as funções de cada pessoa são diversificadas, e os usos variam conforme interesses e períodos. No entanto, uma coisa é certa: a maioria dos seres humanos compõe hoje, direta ou indiretamente, tais redes. A maioria das pessoas as usufrui, seja enquanto um profissional de tecnologia que garante a normalidade dos sistemas industriais, seja enquanto alguém que acabou de abastecer seu carro com combustível e pagou com o cartão de crédito.

Na verdade, são tais usos que interligam as pessoas às suas máquinas e aos seus equipamentos. Afinal, as redes de informação e de automação foram criadas exatamente para satisfazer as necessidades e os interesses humanos. Assim, uma rede industrial é mais do que um conjunto de máquinas reunido em um mesmo lugar. Ela se constitui fundamentalmente pela troca de informações entre equipamentos a partir de determinados protocolos. Protocolos são, basicamente, as formas de regulamento sobre o modo como a informação será regida material e virtualmente; ou melhor, o modo como ela será gerada, regrada, compartilhada e sincronizada.

Uma rede industrial é baseada em uma série de protocolos de comunicação e tarefas relacionadas tanto à produção e à segurança de uma indústria quanto à distribuição de seus produtos aos consumidores. Como essas redes estão diretamente ligadas ao bom funcionamento de uma empresa e, em muitos casos, compõem infraestruturas críticas, elas precisam ser supervisionadas permanentemente.

Para isso, são utilizados sistemas de controles específicos que coordenam as informações cibernéticas de uma empresa, monitorando e supervisionando as variáveis evidenciadas pelos processos industriais. Desse modo, cria-se uma atmosfera de segurança eficiente e sofisticada para garantir a normalidade das operações das redes de automação industrial.

1.1 O QUE É AUTOMAÇÃO INDUSTRIAL?

Antes do aprofundamento conceitual sobre as redes industriais e sobre os sistemas de supervisão e aquisição de dados, também conhecidos como SCADA (Supervisory Control And Data Acquisition), é importante compreender o que é a automação industrial. A automação é um conjunto complexo de processos entre seres humanos e máquinas que visa aperfeiçoar um processo produtivo. Para isso, utilizam-se máquinas eletromecânicas, software e outros equipamentos tecnológicos específicos para cada segmento do sistema industrial em conformidade com os esforços humanos enquanto forças pensantes e controladoras de tais processos.

O principal objetivo da automação é a maximização dos processos de produção com maior eficiência em relação ao tempo e ao consumo de energia, bem como melhorar as condições de segurança durante a realização de trabalhos brutos e arriscados (PAULA; SANTOS, 2008, p. 09).

A automação também está relacionada com movimentos mais sofisticados e delicados que exigem precisão cirúrgica, uniformidade e rapidez. Tais cenários demonstram como a automação se tornou complexa atualmente, com um aumento considerável da utilização de protocolos e demais implementações. Entre suas características, podem-se destacar: acionamento, sensoriamento, controle, comparação e programas. Com funções bastante específicas, essas propriedades da automação compõem o funcionamento das infraestruturas contemporâneas.

Desde processos de soldagem e pintura até o agrupamento de produtos, a automação envolve não apenas a robotização, como também transmissores de pressão, temperatura e outros componentes necessários para a existência e normalidade da produção. A partir da coleta e da conversão de dados, da comunicação entre o chão de fábrica e os sistemas de controle e o monitoramento de tais processos, criam-se as condições para a própria segurança cibernética da indústria e, consequentemente, da sociedade. Afinal, a automação está presente na linha de produção de diversos setores produtivos.

1.2 SISTEMA DE CONTROLE INDUSTRIAL

O *Industrial Control System* (ICS), ou, em tradução livre, Sistema de Controle Industrial, é responsável por uma série de processos, entre eles a eficiência e normalidade da produção de uma empresa (YADAV; PAUL, 2020, p. 01). Os ICS estão presentes em usinas de energia, companhias de saneamento básico, entre vários outros setores. Um Sistema de Controle Industrial é estruturado em quatro etapas: a aquisição de dados, a conversão de dados, a comunicação e o monitoramento, e controle. A Figura 2 mostra a visão geral do fluxo de um ICS, desde a coleta de dados na planta até a chegada deles na esfera de monitoramento e controle.

A aquisição dos dados de equipamentos e das máquinas é feita por dispositivos presentes no que se costuma chamar de chão de fábrica, ou, mais especificamente, no Nível 0 da pirâmide de automação. Atualmente, existem instrumentos desse tipo para medir praticamente qualquer parâmetro físico imaginável convertido em algum tipo de grandeza.

- Supervisório
- HMI

- Protocolos
- Equipamentos de rede
- Bancos de dados

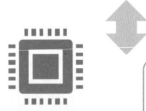
- PLC
- IED
- RTU

- Dispositivos de campo
- Sensores
- Medidores

Figura 2 — Visão geral do funcionamento de um Sistema de Controle Industrial

As informações provenientes dos equipamentos de chão de fábrica precisam ser convertidas para que os demais equipamentos possam compreendê-las e utilizá-las. Por isso, os dados adquiridos passam pela etapa de conversão. Apesar de a medição ser feita geralmente já no formato digital, tais dados são, muitas vezes, coletados em formato analógico e enviados aos conversores. Quando os dados são, no entanto, coletados já digitalmente, apenas se utiliza esse formato.

Em seguida, os conversores recebem e transformam esses dados. Eles são conectados por meio de cabos entre os equipamentos de chão de fábrica e os sistemas industriais, transformando os sinais analógicos em sinais digitais e enviando seus bits e bytes para trafegar nas redes de automação. Devido à sua flexibilidade e boa capacidade de programação, são frequentemente utilizados em Sistemas de Controle Industriais.

Para as informações serem transmitidas às redes, usam-se protocolos não usuais chamados de protocolos industriais. No início da automação, as empresas fabricantes como Siemens, ABB, Schneider, Rockwell, Yokogawa, entre outras, desenvolveram seus sistemas utilizando plataformas de desenvolvimento e protocolos de comunicação próprios, e somente essas empresas faziam a manutenção dos sistemas, ficando vedada qualquer alteração ao cliente final, sob o risco da perda da garantia do sistema e prejuízos financeiros subsequentes com uma nova certificação (GARCÍA *et al.*, 2018, p. 03–04).

Pode-se, aqui, fazer uma analogia com a compra de um carro. Ao ir a uma concessionária e adquirir um automóvel, o consumidor recebe as chaves e pode ir embora dirigindo seu novo veículo. Eles podem se locomover para onde quiserem. Mas, se esse carro quebrar, o usuário deverá retorná-lo à concessionária para consertá-lo e não perder sua garantia de fábrica.

Hoje em dia, a maioria das comunicações de redes é realizada por meio do protocolo TCP/IP (GARCÍA *et al.*, 2018, p. 161). Com o passar do tempo, os protocolos industriais foram encapsulados no TCP/IP para que pudessem estabelecer uma comunicação com os equipamentos de diversos fabricantes. Se, por um lado, isso facilitou a troca de informações, por outro, tornou as redes mais vulneráveis.

A partir dos protocolos de comunicação, os dados chegam aos sistemas de monitoramento e controle, que se dividem em dois tipos básicos. O primeiro é o controle supervisório, que é basicamente uma interface desenvolvida especificamente para um Sistema de Controle Industrial (ICS) por empresas especializadas e/ou pela equipe interna do cliente. O segundo tipo é a Interface Homem-Máquina

(IHM). Nesse sistema de controle, monitores touchscreen são instalados na planta para que os operadores possam controlar os equipamentos diretamente.

Mas qual a diferença entre um supervisório e uma IHM? As IHMs são bastante restritas e não permitem alterações por parte do usuário. Já os controles supervisórios permitem, ao contrário, a realização de ajustes e monitoramentos mais avançados e personalizados. Com um sistema supervisório, pode-se coletar dados de formas diferentes e registrá-los em bancos de dados, entre inúmeras outras vantagens. Por meio dele, tem-se um conjunto de controle mais maleável e sofisticado para a automação industrial.

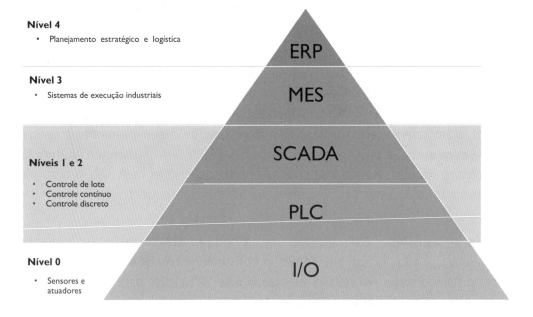

Figura 3 — Pirâmide de automação, Modelo Purdue

Os sistemas de controle obedecem à pirâmide de automação (Figura 3). De forma mais técnica, esse é o Modelo Purdue descrito pela norma ISA-95.

Nele, existem cinco camadas enumeradas de baixo para cima (0, 1, 2, 3 e 4). A primeira camada (I/O) engloba os sensores, medidores e atuadores. A segunda se refere aos autômatos programáveis (PLC), e a terceira, aos sistemas SCADA. Em seguida, está a quarta camada (*Manufacturing Execution Systems*, conhecida pela sigla MES). Ela estabelece a interface entre o chão de fábrica e os sistemas de controle de dispositivos. Por fim, a quinta camada (*Enterprise Resource Planning*, conhecida pela sigla ERP) integra diversos sistemas para planejamento estratégico e logística da organização (GROOVER, 2015, p. 118).

Quando o foco é a implementação da segurança cibernética em infraestruturas industriais, a atenção deve se concentrar nos níveis 1 e 2 da pirâmide de automação. Mas por que não na camada 0? Porque não existe segurança aplicável para ela. Ou melhor, seus dispositivos são tão simples, que não existe objetivo em atacar um termopar, um sensor de velocidade ou um medidor qualquer. Os objetivos de um atacante se concentram exatamente nos níveis 1 e 2 da pirâmide de automação.

1.3 NÍVEL 0: AQUISIÇÃO DE DADOS

Como já foi dito, o Nível 0 está correlacionado com a aquisição de dados por meio de dispositivos específicos ligados ao equipamento ou às máquinas a serem monitoradas e controladas pelo sistema SCADA (YADAV; PAUL, 2020, p. 04), sendo divididos em sensores (monitoram parâmetros físicos) e atuadores (controlam módulos do sistema).

Esses dispositivos convertem os parâmetros físicos (isto é, fluxo, velocidade, nível, temperatura etc.) em sinais elétricos, que serão acessados pelas estações remotas; suas saídas podem ser analógicas ou digitais. As saídas em tensão são utilizadas quando os sensores são instalados perto dos controladores, em corrente quando os sensores estão longe dos controladores. As entradas podem ser analógicas ou digitais. As digitais são utilizadas para ligar e desligar equipamentos, enquanto as analógicas são utilizadas para controlar a velocidade de um motor ou a posição de uma válvula motorizada, por exemplo.

1.4 NÍVEL 1: AUTÔMATOS PROGRAMÁVEIS

Os dispositivos do Nível 1 da pirâmide de automação são chamados de *autômatos programáveis*. Sua finalidade é recolher e converter os dados adquiridos pela camada 0 para transmiti-los ao Nível 2. Eles são divididos em três tipos: PLC, IED e RTU.

PLC é a sigla de *Programmable Logic Controller;* em português, Controlador Lógico Programável (CLP), sistema digital (1969) introduzido para substituir relés eletromecânicos (GROOVER, 2015, p. 257). É um sistema programável e aplicado a controle lógico ou discreto, com grande capacidade de coletar dados e condicionar sinais. Esse tipo de conversor trabalha com valores booleanos, isto é, 0 (falso) e 1 (verdadeiro).

Os IEDs são os Dispositivos Eletrônicos Inteligentes (*Intelligent Electronic Device*), conhecidos também como *relés*. São controladores de equipamentos de sistemas de energia baseados em microprocessadores, como disjuntores, transformadores e bancos de capacitores. Os IEDs recebem dados de sensores e equipamentos de energia e podem emitir comandos de controle, como o disparo de disjuntores em caso de anomalias de tensão, corrente ou frequência, ou o aumento e a diminuição dos níveis de tensão a fim de manter um nível desejado.

Os RTUs, (*Remote Terminal Units*) comumente chamados de *remotas*, são unidades controladoras que, entre outras tarefas, transmitem mensagens para um sistema SCADA, constituindo-se como uma ponte entre os objetos do mundo físico e os sistemas de controle virtuais. A grande diferença dos RTUs em relação aos PLCs está em sua menor flexibilidade de programação e controle sobre os dados de entrada e saída. Porém, eles têm uma arquitetura mais distribuída, possibilitando uma maior precisão sobre os eventos e suas sequências.

Ponto de integração das redes industriais

Como já foi exposto rapidamente na introdução deste capítulo, os protocolos industriais integram todo, ou parte, do conjunto de informação em uma planta de automação (YADAV; PAUL, 2020, p. 04). Eles são os protocolos de comunicação dos sistemas de controle industriais. Como cada um foi desenvolvido por um fabricante específico, existem centenas de protocolos industriais. No entanto, apesar de toda sua diversidade, eles têm um ponto em comum: são extremamente inseguros. Por quê?

Porque eles não têm criptografia na comunicação de rede, além de não terem controles de acesso aos dispositivos controlados. A explicação para isso está relacionada ao contexto histórico da época em que foram criados. Os fabricantes não imaginavam o intenso grau de globalização que as redes adquiririam e, com isso, não podiam imaginar também que os dispositivos industriais seriam explorados por hackers em seus ataques. Mas por que essas fragilidades continuam ainda hoje? Pois o que mais se preza em uma rede industrial é a disponibilidade.

Se os protocolos começarem a receber controles de acesso e criptografia, haverá um aumento enorme no processamento. O tempo de resposta entre o chão de fábrica e os sistemas de controle será aumentado, e, por conseguinte, o processo de comunicação em rede será diretamente afetado. Como as redes industriais precisam atuar em tempo real, qualquer *delay*, por menor que seja, pode desencadear uma série de problemas e interrupções em linhas de produção e em outros serviços.

Pense, por exemplo, em um sistema de controle de distribuição de energia. Em um sistema como esse, o tempo de resposta está na casa dos milissegundos e precisa ser essencialmente constante. Caso haja quaisquer interrupções ou atrasos, não apenas as luzes e os equipamentos eletrônicos desligariam repentinamente, como também uma série de outros serviços vitais ao abastecimento poderiam ser interrompidos.

1.5 NÍVEL 2: SUPERVISÃO E CONTROLE

A supervisão e o controle compõem o Nível 2 da pirâmide de automação e são tarefas cruciais à gestão, visualização e processamento de informação em ambiente industrial. Em plantas industriais, existem basicamente dois tipos de supervisão e controle: IHM e sistemas supervisórios.

IHM (Interfaces Homem-Máquina) são dispositivos que permitem supervisionar e controlar um dado processo por meio de interação direta. São muito utilizados como dispositivos de processamento de informação com capacidades de comunicação para suportar processos de decisão relativos ao evento a ser controlado.

Algumas características de IHM:

- Os modelos variam dos simples *displays* de caracteres até aos terminais *touchscreen* com capacidades avançadas de comunicação e processamento de informação. Os mais avançados têm a capacidade de visualizar gráficos e de utilização de cores em alta definição.

- Comunicação: normalmente usam a comunicação serial baseada em RS-232C ou outras mais avançadas no padrão ethernet.

- Cada fabricante fornece sua aplicação para a programação de suas IHMs. Essas bibliotecas incluem funcionalidades para pequenas alterações e customizações na interface de operação.

- Possibilidade de proteção por meio de senhas.

Os sistemas supervisórios são usados para monitorar e controlar uma planta fabril, um processo ou um equipamento. São aplicações completas desenvolvidas especificamente para as plantas que por ele serão supervisionadas e controladas. São normalmente fornecidos em forma de um pacote de software posicionado no topo da camada de hardware ao qual é conectado através de PLCs ou outros autômatos programáveis e programados por equipes internas ou empresas especializadas de acordo com especificações técnicas das indústrias.

Os supervisórios automatizam o processo de monitoração, aquisição e coleta de informações relativas aos processos em ambientes complexos e reúnem todas as informações, exibindo-as em monitores que ficam na sala de controle de forma concisa e clara, podendo usar gráficos, botões, controles, animações ou diagramas especialmente customizadas.

Como os dados relativos às plantas industriais são de extrema importância e criticidade, o máximo de informações e alertas devem estar disponíveis, como diagramas da planta ou processo, assim como suas combinações, parâmetros de setup e informações sobre alarmes, gráficos customizáveis e quaisquer tipos de relatórios, tudo isso podendo ser exibido ou armazenado em históricos ou em tempo real.

1.6 PRINCIPAIS FERRAMENTAS DE DESENVOLVIMENTO

Os principais pacotes de desenvolvimento e programação de sistemas supervisórios disponíveis no mercado atualmente são os seguintes:

- Siemens SIMATIC WinCC
- Schneider Vijeo Citect
- GE iFix
- Emerson OpenEnterprise
- Yokogawa FAST/TOOLS
- Mitsubishi Adroit Process Suite
- Eletrobrás SAGE

Esses pacotes são, na maioria das vezes, destinados ao uso em conjunto com os dispositivos de níveis 1 e 0 de seus fabricantes (por exemplo, em plantas com

PLCs de um determinado fabricante, normalmente devem ser usadas bibliotecas de desenvolvimento do mesmo fabricante.

Entre as ferramentas citadas, merece destaque o Sistema Aberto de Gerenciamento de Energia (SAGE), desenvolvido no Brasil pela Eletrobrás CEPEL (Centro de Pesquisas de Energia Elétrica) e baseado no sistema operacional *CentOS*.

O sistema está em operação contínua no Centro Nacional de Operação do Sistema (CNOS) do Operador Nacional do Sistema Elétrico (ONS) desde 1999 e em centros de controle de empresas de energia nacionais e estrangeiras.

Conceitos apresentados neste capítulo

As infraestruturas críticas não são como qualquer outra empresa. Elas se interligam com praticamente todos os processos de uma sociedade. Neste capítulo, elas serão abordadas conceitualmente a fim de ser demonstrado o porquê de serem consideradas como "críticas" em meio a disputas silenciosas e perigosas. Essas disputas compõem a quinta dimensão da guerra e se referem ao espaço cibernético. Quando os ataques se voltam contra as infraestruturas críticas, se tornam terrorismo cibernético. Por isso, é importante compreender os tipos psicológicos que atuam nessa guerra, assim como seus objetivos e suas práticas.

CAPÍTULO 2

INFRAESTRUTURAS CRÍTICAS E TERRORISMO CIBERNÉTICO

2.0 INTRODUÇÃO

A internet é a definição para um sistema global de compartilhamento de informações por meio de computadores, celulares e outros equipamentos. Por meio dela, podem-se compartilhar desde informações sensíveis e altamente confidenciais a vídeos e fotos de entretenimento, notícias sobre economia etc. Ela é tão comum hoje em dia, que falar sobre ela parece algo, no mínimo, redundante. Expor sua história, no entanto, não só ainda é importante, como tem um sentido especial para os objetivos de segurança.

Na década de 1960, em plena Guerra Fria, existiam inúmeras pesquisas sobre comutação de pacotes em diversos países; em outras palavras, sobre a transferência rápida e segura de informações. Entre elas, uma das mais conhecidas era a ARPANET, um acrônimo para *Advanced Research Projects Agency Network* (Rede da Agência para Projetos de Pesquisa Avançados, em tradução livre). Ela foi um projeto financiado pelo Departamento de Defesa dos EUA que visava transmitir dados entre computadores de diversas localidades. As primeiras conexões foram estabelecidas entre universidades, instituições de pesquisas avançadas e instituições militares (FALL; STEVENS, 2012, p. 13).

Posteriormente, tais redes cresceram e se tornaram cada vez mais complexas com a utilização de computação distribuída a partir de cálculos de tabelas de roteamento. Devido a esse aumento, o protocolo TCP/IP foi criado pela e para a própria ARPANET em 1969, e padronizado na década de 1980 com a perspectiva de estabelecer uma rede internacional de computadores. Desde então, diversos protocolos e equipamentos passaram a atender diferentes necessidades de operação e de comunicação. Essa variedade permitiu que as informações pudessem ser transmitidas com maior rapidez, segurança e eficiência.

No entanto, junto da internet e das demais redes de comunicação virtuais, as ameaças também se desenvolveram e se alastraram. Atacantes, conhecidos popularmente como hackers, dedicaram seus esforços para subtrair ilegalmente dados confidenciais e ter acesso a sistemas restritos e sensíveis. As informações sigilosas se transformaram em uma arma de guerra geopolítica, mas não se restringem mais apenas às dimensões governamentais. As esferas econômicas são diretamente afetadas por ataques, sobretudo quando as empresas atacadas são infraestruturas críticas. Por isso, a segurança cibernética se tornou também uma das principais formas de se garantir a tranquilidade social, política e econômica de uma sociedade.

2.1 O QUE SÃO INFRAESTRUTURAS CRÍTICAS?

Infraestruturas críticas são as instalações, os serviços e os bens que, se forem interrompidos ou destruídos, provocarão sério impacto social, econômico e/ou político (LEWIS, 2020, p. 06). Aqui podemos citar alguns exemplos, como empresas dedicadas a:

- Geração e distribuição de eletricidade;
- Telecomunicações;
- Fornecimento de água;
- Produção e distribuição de alimentos;
- Aquecimento (gás natural, óleo combustível);
- Saúde pública;
- Sistemas de transportes;

- Serviços financeiros;
- Serviços de defesa, segurança pública e defesa civil (forças armadas, defesa cibernética, polícia, bombeiros).

As infraestruturas críticas têm o papel de manter nossa sociedade e economia funcionando, seja fornecendo energia para nossas casas e nosso trabalho, roteando nossas chamadas telefônicas, purificando a água que bebemos, aquecendo ou refrescando nossas residências, cuidando de nossos doentes ou mantendo nossos bancos funcionando de forma que facilitem o giro de capital pela nossa economia, ou até mesmo nossas forças armadas, que nos defendem das ameaças externas. Em suma, todas aquelas atividades que, mesmo que não percebamos, são engrenagens sem as quais a grande máquina que é nosso país deixaria de funcionar ou o faria de forma precária. Sendo assim, é importante destacar quais são esses ativos, suas localizações e como protegê-los, quer seja de um ataque terrorista, de uma guerra ou mesmo de um desastre natural.

Interligação e paralisação das infraestruturas críticas

As infraestruturas críticas estão tão enraizadas no cotidiano de uma sociedade, que acabam também se interligando. Essa interligação tem um risco iminente que conduz à seguinte reflexão sobre segurança: ataques cibernéticos podem paralisar infraestruturas críticas.

Pior, podem paralisar diversas empresas em cadeia ao interromper a produção de apenas uma ou de um pequeno conjunto delas. Quando uma infraestrutura para, gera-se um efeito em cascata que interromperá os processos produtivos de outras empresas. Além dos prejuízos imediatos nas tarefas cotidianas, isso pode gerar graves riscos à geopolítica e à segurança nacional.

A base da cadeia de suprimentos de um país

As infraestruturas críticas compõem o *supply chain*, ou cadeia de suprimentos, representada na Figura 4 (LEWIS, 2020, p. XXXIV). Como estão interligadas, cria-se também uma dependência mútua entre elas. Quando se perde a eletricidade, por exemplo, perdem-se várias outras coisas. A mais imediata dessas perdas é a água, porque ela é bombeada para a casa das pessoas, e as bombas, por sua vez, dependem de energia elétrica.

Imediatamente, perdem-se também a comunicação, tecnologia da informação, telefonia celular, sinalização de trânsito etc. Ou seja, perde-se toda a parte do mundo moderno que depende diretamente da eletricidade. Consequentemente, serviços como a compressão e a distribuição de gás também serão interrompidos, já que existem estações à base de energia elétrica que o levam às empresas e aos domicílios. A produção de gasolina, de remédios, de alimentos, entre outros produtos e serviços, também será interrompida. Nesse cenário, em poucos dias uma nação inteira pareceria voltar à Idade da Pedra.

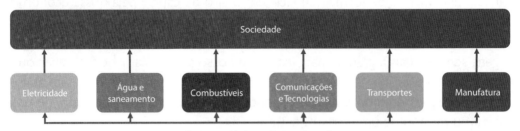

As infraestruturas críticas são interdependentes.
A falha de uma impacta as demais e prejudica a sociedade.

FIGURA 4 — Interdependência das infraestruturas críticas

2.2 A EVOLUÇÃO DA GUERRA

É difícil reconstruir a história da guerra. Talvez, ela sempre tenha existido entre os seres humanos, seja enquanto disputa entre pequenos grupos ou exércitos cada vez maiores. Na Pré-história, as batalhas eram travadas com paus e pedras, e o mais forte ganhava. Isto é, inicialmente, a guerra dependia meramente da força física e, no máximo, de alguns instrumentos e objetos utilizados como armas.

Isso evoluiu na Idade Antiga, onde legiões passaram a ser constituídas e treinadas. Com elas, as armas brancas começaram a ser usadas, e a noção de estratégia se tornou um dos pilares da guerra. Os exércitos mais organizados e com melhores táticas tinham, assim, maiores probabilidades de ganhar uma batalha. Na Idade Média, as fortificações se expandiram cada vez mais, e seus castelos e muros se tornaram mais resistentes. Todas essas batalhas eram realizadas exclusivamente em terra.

Na Idade Moderna, surgiram navios, canhões, mosquetes, além de doenças, como a varíola, que também tinham influência direta em uma batalha. Embora a pólvora garantisse superioridade bélica, as doenças trazidas pelos europeus foram um dos principais exterminadores dos nativos da América Latina. No entanto, a superioridade bélica ganhava a batalha, com um novo e importante detalhe histórico: os confrontos não eram mais realizados apenas em terra. Eles também aconteciam nos mares e oceanos. Na Idade Contemporânea, surgiram tanques de guerra, aviões, inteligência e espionagem. A tecnologia se tornou fundamental em uma batalha, e a guerra adquiriu cinco dimensões: terra, água, ar, espaço e o ciberespaço — onde as batalhas pelas informações são travadas.

Informação: a quinta dimensão da guerra

A quinta dimensão da guerra (a informação) é uma realidade cotidiana em diversos níveis virtuais da sociedade, seja nas conexões domiciliares ou nas esferas altamente confidenciais (GREENBERG, 2019, p. 09). Constantemente, esses conflitos são noticiados. Na televisão e nos jornais, reportam-se vazamentos de informações, celulares hackeados, redes sociais invadidas, *fake news*, além de crises políticas e econômicas decorrentes de tais questões. Não existe sequer um noticiário que não divulgue algo associado à guerra da informação.

Essa dimensão bélica é baseada em operações psicológicas, guerras eletrônicas e operações computacionais. Mas, além das questões vistas anteriormente, por que ela é tão complicada e tão perigosa? Porque, antes de tudo, a guerra cibernética é silenciosa e anônima. Ela não tem um território definido. Os oponentes são difíceis de ser detectados e, por conseguinte, a reação se torna extremamente complicada. Baseando-se no desenvolvimento tecnológico, na descoberta de vulnerabilidades e exploração das falhas e psicologia humanas, a quinta dimensão da guerra exige a inteligência e o preparo.

Dominação e subversão das forças inimigas

A conexão entre os computadores e outros equipamentos tecnológicos se tornou tão intensa e ampla, que hoje ela é capaz de dominar e subverter as forças armadas inimigas. Isso aconteceu em 2019, por exemplo, quando o presidente dos EUA, Donald Trump, aprovou ataques cibernéticos contra as forças armadas do Irã. Esses ciberataques foram capazes de desabilitar os sistemas de controles de mísseis iranianos. Eles foram planejados por várias semanas como uma resposta direta à ofensiva do Irã que resultou na queda de um drone norte-americano.

Em outras palavras, os EUA utilizaram ataques cibernéticos para combater ataques reais. Eles dominaram o sistema de controle de mísseis, a ponto de

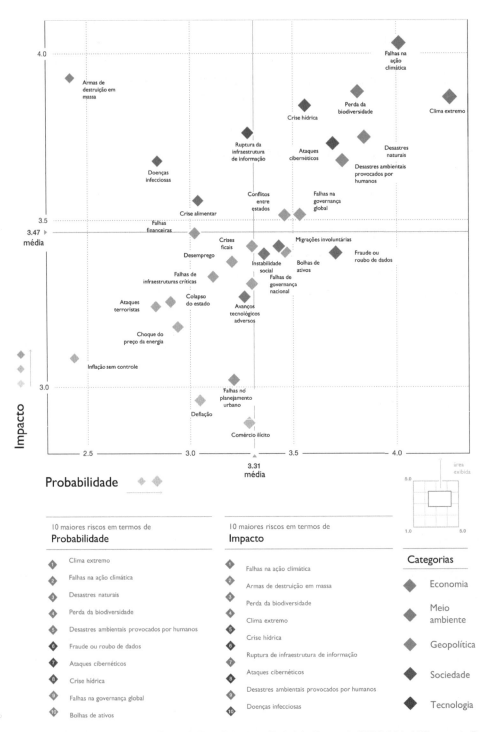

Figura 5 — Relatório Global de Riscos de 2020 (World Economic Forum) Reproduzido com permissão do World Economic Forum.

evitar que estes pudessem ser lançados. Se esse pensamento for expandido, pode-se chegar à seguinte conclusão: quem consegue dominar o controle de mísseis e evitar que eles sejam usados, consegue também subvertê-los usando-os conforme seus próprios interesses. Nesse sentido, a guerra pode ser provocada sem que um país queira isso, e suas armas podem ser usadas contra a sua própria população.

O Relatório Global de Riscos de 2020

A dimensão do ciberespaço é tão importante hoje em dia, que o World Economic Forum posicionou os ataques cibernéticos, em seu Relatório Global de Riscos de 2020 (Figura 5), entre os com a maior probabilidade de acontecer e com o maior impacto para a humanidade. Nesse mesmo documento, questões relacionadas ao ciberespaço também estão entre as dez primeiras posições de riscos com maiores impactos globais.

Esse relatório não é específico da área de tecnologia e segurança da informação. Por exemplo, em relação aos impactos, o primeiro nível é composto por desastres naturais e crises hídricas. Isso significa que o terrorismo cibernético é elencado entre os maiores riscos globais à economia e à vida no planeta.

Observação: os participantes da pesquisa foram solicitados a avaliar a probabilidade do risco global individual em uma escala de 1 a 5, onde 1 representa um risco muito improvável de acontecer, e 5, um risco muito provável de ocorrer. Eles também avaliaram o impacto de cada risco global em uma escala de 1 a 5, onde 1 representa um impacto mínimo, e 5, um impacto catastrófico.

2.3 O NOVO PANORAMA DO HACKING

Quando se pensa em hackers, costuma-se imaginar jovens excepcionalmente inteligentes que almejam notoriedade. Essa é, no entanto, uma visão bastante estereotipada e distorcida. Talvez ela fizesse mais sentido há trinta anos, no surgimento da internet. Naquela época, hackers com alta capacidade técnica faziam alguns ataques a websites para alterar seu design ou roubar e expor dados confidenciais.

Isso mudou. Não existem mais hackers isolados cometendo crimes simplesmente para obter notoriedade dentro de um grupo. Hoje existe um grande mercado para crimes cibernéticos que movimenta bilhões de dólares todos os anos. Seu objetivo é, em geral, a lucratividade, a sabotagem e a geração de conflitos entre nações. São grupos organizados que utilizam ataques customizados e direcionados, geralmente almejando o lucro.

Por que isso é tão perigoso? Porque esses grupos organizados sabem que atacar infraestruturas críticas é algo relativamente fácil e muito lucrativo. Sequestrar ciberneticamente uma infraestrutura crítica pode render ganhos muito maiores do que simplesmente fazer ataques isolados.

Os novos atacantes

A Figura 6 mostra o decorrer dos anos em relação ao nível de conhecimento técnico que os hackers precisavam ter para realizar um ataque. Também demonstra que as ferramentas hackers se sofisticaram muito nos últimos anos. Na década de 1990, o nível técnico necessário para realizar um ataque cibernético era extremamente alto, contando com pessoas muito capacitadas. Nessa época, os ataques eram feitos essencialmente por meio de programadores, que precisavam criar suas próprias técnicas e seus programas para consumar seus planos.

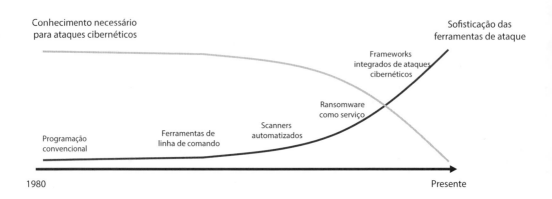

Figura 6 — Sofisticação das ferramentas de ataque ao longo dos anos

Essa capacidade caiu consideravelmente ao longo das décadas seguintes. Hoje, as ferramentas usadas em ataques são muito mais sofisticadas e não exigem quase nenhuma capacidade técnica avançada para realizar um ataque. Em alguns minutos, os hackers conseguem desenvolver armas cibernéticas extremamente poderosas e capazes de paralisar plenamente as infraestruturas críticas. Isso fez com que a necessidade de conhecimento técnico despencasse e o hacking se popularizasse.

Literatura hacker

Com o tempo, o acesso ao conhecimento também se desenvolveu. Atualmente, a literatura dedicada àqueles que desejam se tornar um hacker é muito vasta. Livros sobre esse assunto são encontrados em diversas plataformas. Pode-se adotar uma linha de aprendizado, partindo de níveis mais baixos até conteúdos mais avançados.

Esse material está disponível na internet em lojas físicas e virtuais de livros e cursos. Mesmo em plataformas online como o YouTube, existem vídeos ensinando técnicas de como desenvolver *malware* e outros ataques.

2.4 TIPOS DE HACKERS

Quando se ouve a palavra "hacker", além dos estereótipos já comentados, tem-se a ideia de que eles são todos iguais e que são indivíduos malvados e criminosos. Mas existe uma grande variedade de classificação sobre os níveis de conhecimento tecnológico dos hackers de acordo com seus objetivos.

Enquanto uns usam sua sabedoria para cometer crimes, outros a utilizam para aperfeiçoar a segurança cibernética. A seguir, destacam-se alguns desses tipos de hackers.

Black hat hacker

Também conhecidos como *cracker*, o black hat hacker é um criminoso cibernético que realiza extorsões, rouba dados, entre outras ações maliciosas.

White hat hacker

Por outro lado, o *white hat hacker* é considerado como o "hacker bom". Também conhecido como *ethical hacker*, ele utiliza seu conhecimento para desenvolver tecnologia de segurança cibernética. Existem, inclusive, eventos anuais de *white hacking* dedicados a pesquisadores.

Grey hat hacker

Grey hat hacker é aquele indivíduo que tem todo conhecimento da tecnologia hacker, porém atua por dinheiro. Ele não tem necessariamente uma conduta ilegal, podendo atuar como *white hat* ou *black hat*.

2.5 PERFIS DOS ATACANTES CIBERNÉTICOS

Além de terem objetivos diferentes (ganhar dinheiro ou desenvolver a tecnologia, preservar a segurança ou destruí-la etc.), os atacantes cibernéticos apresentam diversas ideologias que os movem. Isso também varia em relação aos seus objetivos e à forma como seus conhecimentos são utilizados.

Apesar de os motivos sempre serem vastos, o terrorismo cibernético tem quatro objetivos principais: espionagem, sabotagem, desestabilização e ganhos financeiros.

Terroristas cibernéticos

Quando se fala sobre o grupo Al-Quaeda e a Jihad islâmica, costuma-se pensar em grupos terroristas com homens-bomba e pessoas com fuzis matando seus oponentes, mas poucas pessoas imaginam que existem os braços cibernéticos *Cyber-Jihad* e a *Cyber Al-Quaeda*. Uma das maiores diferenças em relação aos outros grupos de hackers está no fato de que os terroristas cibernéticos estão preocupados em promover atos de destruição e disseminar o medo (CHEN; JARVIS, 2014, p. 01).

Entre suas atividades, esses grupos "recrutam" computadores ao redor do mundo para usar seu poder de processamento. Uma determinada porcentagem do poder computacional dessas máquinas é cedida por seus seguidores para a causa terrorista, por exemplo, que utilizará esse processamento para minerar bitcoins ou para realizar ataques baseados em negação de serviços. Depois, o dinheiro obtido por meio de crimes cibernéticos é revertido em armas físicas.

Espiões cibernéticos

Outra categoria ideológica dos hackers são os espiões cibernéticos. Espionagem cibernética é a prática de usar computadores e tecnologia da informação para adquirir informação confidencial de um adversário. De modo diferente da espionagem tradicional, as técnicas de espionagem cibernética são mais sofisticadas e difíceis de serem detectadas.

Talvez o espião cibernético mais conhecido seja Edward Snowden. Ele entregou documentos que a Agência Nacional de Segurança (NSA) dos EUA tinha sobre vários países, inclusive sobre o Brasil. Acabou precisando fugir de seu país e se exilar na Rússia. Ele é considerado um herói por alguns, pois deixou sua antiga vida para expor ao mundo o quanto as pessoas e governos eram espionados pela NSA.

Além disso, a espionagem cibernética não está relacionada apenas a pessoas. Ela também é realizada por meio de equipamentos. A maior parte das infraestruturas de rede de empresas e organizações brasileiras está baseada em tecnologia estrangeira, e, desse modo, *não há capacidade de se inspecionar* todos os equipamentos vindos de outros países. Quem, por exemplo, pode garantir que os roteadores de alguma empresa não foram comprometidos?

Hacktivistas

Talvez os indivíduos que tenham a maior aproximação entre seus princípios éticos e a política sejam os *hacktivistas*. Esse tipo de atacante virtual invade sistemas de computação por motivos políticos ou sociais (CHEN; JARVIS, 2014, p. 02). Apesar de existirem vários grupos, como o Lulzsec e o Team Web Ninjas, o mais famoso deles na mídia é, sem dúvida, o Anonymous. Seus alvos são os valores e as atitudes de empresas e governos contrários aos direitos humanos, políticos e ambientais. Por exemplo, uma usina hidrelétrica será construída e destruirá a natureza, então eles atacam a empresa que fará essa construção.

Guerreiros cibernéticos

São pessoas que se engajam na guerra cibernética por dinheiro, caracterizando-se também dentro do grupo *gray hat hackers*. Normalmente, são pessoas com excelente formação acadêmica e profissional que vendem seus serviços para diversas atividades e organizações. Eles podem, inclusive, ser contratados para analisar vulnerabilidades de um sistema por meio de técnicas de hacking ou para anulá-las antes que os inimigos as explorem.

Por isso, existem diversas formas de se contratar legalmente um guerreiro cibernético, como se contratasse uma empresa qualquer. Em algumas plataformas dedicadas a esse tipo de serviço, basta especificar o alvo atacado e a forma do ataque. Com isso, é aberta uma concorrência em que diversos *hackers* oferecem seus serviços com preços e prazos distintos. Existem aqueles, por exemplo, que fazem propostas com prazos de alguns meses por um preço menor. Existem outros com propostas mais altas, porém mais efetivas e rápidas. O cliente analisa o custo-benefício, escolhe e contrata o hacker específico.

2.6 O FATOR HUMANO

O elo mais fraco da segurança da informação é o ser humano, por diversos motivos. Quando o assunto é segurança cibernética de infraestruturas críticas, então, os ataques de hackers *não são os únicos fatores de risco* e de incidentes que podem parar ou degradar um serviço. Os próprios profissionais de uma empresa são potencialmente uma ameaça quando não têm educação e conscientização sobre a segurança cibernética.

Os seres humanos podem cometer erros, introduzir vulnerabilidades no ambiente industrial e enfraquecer as medidas de monitoramento e proteção adquiridas. Eles levam seus próprios dispositivos para a planta industrial, como acontece com o *Bring Your Own Device* (BYOD), por exemplo. Eles abrem links maliciosos em redes de automação e estabelecem conexões não autorizadas.

Essas fraquezas não ocorrem apenas por atitudes mal-intencionadas. Podem acontecer também por desconhecimento e descuido. Alguns operadores de plantas industriais levam, por exemplo, seus celulares para o trabalho e ativam o roteamento 3G/4G para acessar a internet através de máquinas da rede de automação. Isso introduz um enorme e inconsequente risco, já que, ao conectar-se à internet pela rede do celular, o operador dribla toda a proteção estabelecida pelas soluções de segurança implementadas e abre a rede de automação para ataques externos.

Além disso, os seres humanos são suscetíveis a golpes por engenharia social. Essa técnica se refere à manipulação psicológica para induzir ações e para subtrair informações confidenciais. Convencer um funcionário a entregar uma senha ou persuadir alguma pessoa a passar seus dados bancários são formas de aplicar a engenharia social.

Usuário "clicador feliz"

Usuários despreparados em relação à segurança cibernética tendem a não perceber as várias intenções secundárias e maldosas que os circundam. Com isso, não percebem o quão problemático é clicar em links cuja procedência é desconhecida ou suspeita. Eles acessam simplesmente qualquer site ou arquivo, o que compromete consideravelmente a proteção de uma infraestrutura.

Apesar de ser facilmente solucionado por meio da educação e conscientização, na grande maioria das vezes, esse é um problema bastante comum nos ambientes domiciliares e profissionais. Sites e arquivos maliciosos induzem os usuários a determinadas ações sem considerar os riscos, o que pode causar problemas sérios a qualquer infraestrutura.

Insiders: a ameaça interna

Os insiders são pessoas dentro da própria organização, como funcionários, ex-funcionários, contratados ou parceiros de negócios, que são ameaças. Eles podem praticar atos de sabotagem ou servir como espiões vendendo informações por ganância ou por vingança. Pense em uma grande empresa com milhares de funcionários. Será que em seu quadro não existe nenhuma pessoa insatisfeita? Será que dentro dessa empresa não existe nenhum funcionário que acredita ganhar pouco? Ou gerentes ressentidos e revoltados por não terem sido promovidos?

Em 2018, o presidente-executivo da empresa Tesla, Elon Musk, afirmou, por exemplo, que sua companhia tinha sofrido uma extensa e danosa sabotagem. Segundo ele, o *insider* era um funcionário revoltado por não ter conseguido uma promoção. Esse sabotador teria feito diversas alterações nos códigos de programação do sistema, além de ter enviado informações sigilosas para terceiros. Isso é mais comum do que parece, pois se alia à insatisfação do funcionário com motivações externas.

BYOD

Bring Your Own Device (BYOD) é um conceito empresarial em que a ideia é dar liberdade ao funcionário para que ele possa usar seus próprios aparelhos e dispositivos dentro da rede da empresa. A partir de seu equipamento particular, ele pode acessar e modificar informações e sistemas corporativos. No entanto, o processo de implementação do BYOD não é simples. Empresas precisam se preocupar com toda a gama de questões de segurança e flexibilidade que seus funcionários terão. Quais aparelhos poderão acessar quais dados? Como será feita a ponte entre ambos? Quais serão as restrições? Como garantir que esses equipamentos não infectarão a rede da empresa com *malware*?

Em infraestruturas críticas, o desafio é estabelecer um ambiente extremamente seguro para permitir que funcionários acessem os sistemas de controle sem impor riscos à produção. Por isso, a maioria das indústrias ou proíbe completamente o BYOD ou não tem nenhum tipo de controle sobre esse tipo de prática. Apesar de conseguir aumentar o número de plataformas para a operação, essa é uma estratégia muito perigosa quando a empresa não tem nenhum tipo de fiscalização sobre os equipamentos de seus funcionários.

2.7 CRIMES CIBERNÉTICOS

O objetivo principal do crime cibernético é o lucro financeiro. O cibercrime é um negócio que movimenta bilhões de dólares. Segundo o relatório "The Economic Impact of Cybercrime", ele teve um impacto de aproximadamente 500 bilhões de dólares na economia mundial em 2018, crescendo constantemente ano após ano.

Ataques de *phishing*, de espionagem industrial, de roubo de identidades, de roubo de dados corporativos e de dados pessoais, de spam, de sequestro browser, de abertura de pop-ups *são conduzidos todos os dias e giram em torno do dinheiro.*

O cibercrime é um negócio. Mas, onde ele ocorre? Quem o financia? Quem compra serviços de um hacker? Onde essas transações ilegais acontecem? Existe um lugar para isso: a Dark Web.

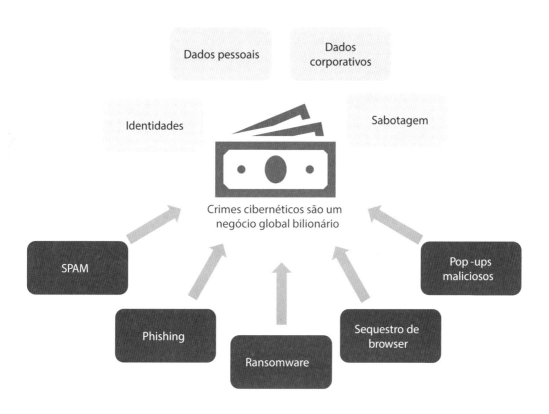

FIGURA 7 — Crimes cibernéticos são um negócio bilionário

Conceitos apresentados neste capítulo

Constantemente, os usuários comuns acreditam que a internet é a única rede de computadores existente. Porém, como será apresentado, existem inúmeras outras comunicações que não podem ser realizadas por navegadores simples.

Por meio de formas de anonimato adquiridas com browsers especiais como o TOR, comunicações restritas possibilitam negociações de produtos ilegais (armas, drogas, remédios controlados, dados roubados, *toolkits* para hacking etc.), criando uma rede obscura de computadores à margem da lei, chamada de Dark Web.

CAPÍTULO 3

A DARK WEB

3.0 INTRODUÇÃO

Imagine a internet como aquela rede de pano indicada na introdução do Capítulo 1. Cada nó que a entrelaça representa uma conexão entre um dispositivo eletrônico e outro. Para ficar um pouco mais complexo e real, imagine agora que essa rede tem quilômetros e mais quilômetros de tamanho, o que significa que ela é composta, também, por bilhões, ou mesmo trilhões, de nós.

Mas, essa rede não está plenamente estendida. Ela está amontoada em algum canto. Como ela é imensa, alguns de seus nós ficam mais próximos da superfície, e outros ficam soterrados. Em tese, todos os entrelaçamentos dela estabelecem conexões entre si mesmos. Isto é, pode-se percorrer de um ponto a outro, desde que se siga os caminhos e voltas de seus fios. Em alguns casos, esse percurso é mais curto e facilitado; em outros, é mais longo e complicado, com voltas e emaranhamentos.

Supondo que cada nó dessa rede fosse um site, seria muito difícil estabelecer uma comunicação se não se soubesse para qual nó a mensagem deve ser enviada. Como se cada um deles tivesse um endereço, seria necessário também um catálogo informando onde encontrar o nó que estabeleceria a comunicação desejada. Para se evitar o trabalho de procurar e identificar nó por nó, existem programas chamados *web crawlers* ou *spiders*. Eles são os rastreadores da rede, cuja função é buscar, identificar e indexar as páginas existentes na internet de forma metódica e automatizada.

É assim que o Google consegue possibilitar buscas avançadas e complexas de bilhões de páginas do mundo todo. Seus robôs fazem o trabalho pesado de encontrar todos os nós possíveis, pulando de um a um, a fim de facilitar a vida de quem navega na internet. No entanto, frequentemente esses buscadores se deparam com endereços da rede que não podem ser acessados nem indexados (GEHL, 2018, p. 127). Ou seja, encontram sites restritos por diversos motivos e bloqueados com senhas e outras proteções.

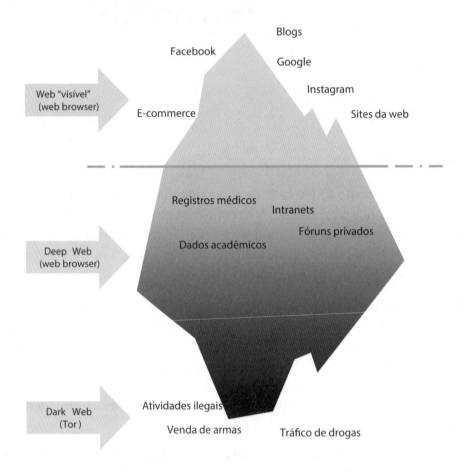

Figura 8 — Representação gráfica da *Web*

A partir desse momento, surge o que se chama de Deep Web. A rede vai se aprofundando e o acesso aos seus nós vai ficando mais difícil. Isso não significa que a Deep Web seja sinônimo de criminalidade ou algo semelhante. Ao contrário, ela é essencial por vários motivos, incluindo a privacidade. Por exemplo, o acesso ao e-mail e às mensagens pessoais compõe essa parte mais profunda da web. Redes privadas de organizações, empresas e governos também. Os motores de busca não podem indexá-las, isto é, tornar o seu acesso público, para proteger dados sigilosos.

Conforme essa rede se aprofunda, no entanto, algumas características começam a mudar. Os rastreadores de rede não apenas não podem mais acessar os nós, como também não conseguem mais, porque os parâmetros mudam. A partir disso, precisam-se de novos programas, navegadores e mesmo de novas informações, para se poder estabelecer alguma comunicação. Nesse momento, o caráter de anonimato ganha uma relevância maior, e o objetivo de tais dados estarem escondidos também fica mais obscuro.

As partes mais profundas da rede são desconhecidas para a maioria das pessoas. Com fins diversificados e o acesso dificultado, comunicações ilegais passam a ser estabelecidas. Nesse ponto, a Deep Web recebe outra definição: Dark Web. Nela, negociações sobre drogas, armas, remédios controlados, compartilhamento de pedofilia, fóruns extremistas (CHEN, 2012, p. 45) são comuns. É um lugar em que dados roubados e serviços de hacking são comercializados livremente.

Apesar de não ser visualizada por navegadores e buscadores comuns, estima-se que a Deep Web somada à Dark Web sejam maiores do que a superfície da rede. Para acessá-las, são necessários programas que atuam como navegadores peculiares, além, claro, da exigência de senhas, de níveis de autorização e de endereços específicos. Entre eles, estão o TOR, a *Freenet* e a I2P, que realizam conexões a redes específicas priorizando o anonimato dos usuários.

3.1 THE ONION ROUTER (TOR)

Para acessar sites na Dark Web, são necessários programas específicos como o TOR.

"TOR" é um acrônimo para *The Onion Router*, que, em tradução literal, significa "o roteador cebola". Esse nome se deriva de seu funcionamento em camadas. Para garantir o anonimato de seus usuários, o TOR criptografa os dados, incluindo o IP e o nó de destino, e os envia para uma série de retransmissores dentro de sua própria rede. A seleção desses retransmissores é feita de modo aleatório, e cada um deles decifra apenas uma camada, a fim de descobrir qual será o próximo retransmissor.

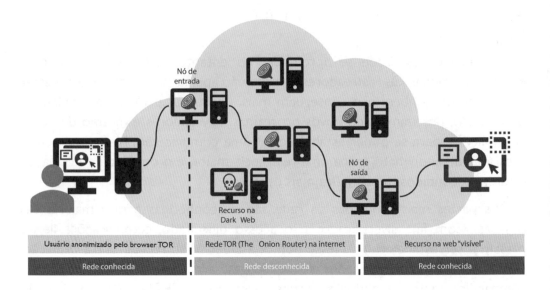

Figura 9 — Anonimato de dados que trafegam na rede TOR

Isso acontece várias vezes até que os dados cheguem ao seu destino. Somente o último nó decifra completamente a mensagem para o usuário. Com isso, a rede TOR garante o anonimato, já que cria uma série de obstáculos e de caminhos para que a comunicação seja estabelecida. Eliminando, assim, o contato direto entre os pares comunicantes, a troca de informações também fica mais lenta, já que precisa dar vários saltos em diversos servidores do mundo para ser concluída. Porém, fica muito mais segura e completamente anônima.

Em outras palavras, o TOR quebra a lógica do envio de dados e requisições para um provedor de internet que retransmitirá ao servidor e/ou ao destino final. Ao se ter acesso a esses provedores e servidores, pode-se facilmente identificar o IP do usuário, sua localidade e demais informações. Como os dados são criptografados e retransmitidos constantemente no caso da rede TOR, se torna quase impossível ter acesso aos *logs* sobre essa comunicação. Para se acessar as informações trafegadas nessa rede, toda a cadeia de nós deveria ser conhecida e, em seguida, inúmeros processos e pedidos judiciais em diversos países deveriam ser abertos requisitando os *logs*. Isso tudo sem falar do esforço necessário para decifrar os dados.

Vale notar que, embora seja usado também por pessoas mal-intencionadas, o anonimato possibilitado pela rede TOR é um importante aliado da liberdade. Em países onde a vigilância governamental e empresarial não respeita a privacidade e compromete a segurança dos usuários, essa rede possui um valor essencial.

Imagine, por exemplo, governos ditatoriais que perseguem jornalistas apenas por serem opositores. O TOR ajuda a garantir que a comunicação seja segura e, desse modo, acaba atuando em prol também da democracia.

Apesar de sua matemática e criptografia computacionais sofisticadas, existe um grande esforço para se encontrar vulnerabilidades nos aplicativos utilizados por essa rede. Em 2013, por exemplo, Edward Snowden revelou uma série de documentos que demonstravam como a Agência de Segurança Nacional (NSA) dos EUA atacava as redes TOR a fim de identificar seus usuários. Estudos financiados exclusivamente com essa finalidade são constantes, e o próprio projeto TOR não é contrário a eles, já que isso ajuda com a descoberta de vulnerabilidades e o aperfeiçoamento de sua segurança.

De qualquer modo, a rede TOR e outras redes de navegação anônima caem na seguinte polêmica com bastante frequência: os resultados positivos que ele oferece valem a pena diante dos usuários que utilizam seu anonimato para cometer atos criminosos? Em sua rede, uma espécie de dimensão paralela e *underground* parece se fortalecer. Por meio da disseminação de serviços e produtos ilegais, certas regiões da Deep Web se transformam em Dark Web.

3.2 O MERCADO ILÍCITO DA DARK WEB

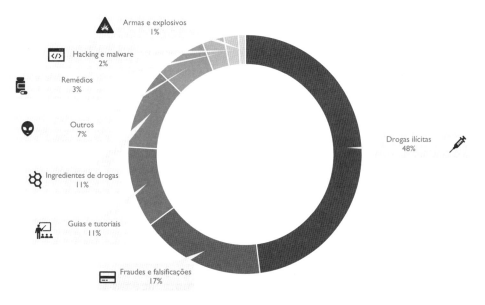

Fonte: EMCDDA e Europol, Drugs and the darknet, novembro de 2017, p. 15

Figura 10 — Transações comerciais na Dark Web

A Dark Web é um local bastante adequado, devido à sua natureza e *modus operandi*, para a comercialização de produtos e serviços ilegais. Quase a metade das transações comerciais da Dark Web está relacionada à venda e compra de drogas ilícitas, e 17% delas, a fraudes e dados sigilosos, como os de cartões de crédito (Figura 10).

O anonimato atrai vendedores e estimula produtores de drogas e outros produtos ilícitos, já que também se utilizam moedas virtuais, como os bitcoins (também criptografadas e anônimas) e darkcoins (criptomoedas normalmente usadas para transações ilegais), como meios de pagamento.

Visão geral: confiabilidade e credibilidade

Apesar da complexidade em relação ao funcionamento do anonimato na Dark Web, as compras realizadas nela são, em geral, bastante simples. No início, pede-se um login apenas para comprovar que, de fato, é uma pessoa que está acessando os serviços, e não um programa. Para se cadastrar, não há nenhuma exigência formal, como o requerimento de CPF ou algum outro documento. Apenas o login e a senha são exigidos. Em seguida, basta navegar pelo site e escolher seus produtos. Como foi dito, o pagamento é realizado com criptomoedas como bitcoins e darkcoins. Como esses pagamentos são realizados anonimamente, também não é possível perseguir a trajetória do dinheiro.

O ponto central desses sites é a sua confiabilidade e credibilidade. Isso é adquirido por meio da avaliação dos compradores. Eles avaliam diversas características, como o recebimento dentro do prazo, a qualidade do produto etc. Para garantir essa reputação, os sites se esforçam para que os serviços comercializados tenham qualidade. Por exemplo, se algum usuário compra drogas, o site vendedor garante que esse produto chegará dentro de um prazo pré-estipulado, caso contrário, pode-se pedir o reembolso ou o reenvio gratuito. A ideia disso tudo é que os cibercriminosos tenham a reputação sempre muito bem avaliada e possam continuar vendendo cada vez mais.

Serviços e produtos ilegais disponíveis na web

Embora serviços e produtos ilegais pareçam compor apenas uma parte da rede bastante escondida como a Dark Web, existem sites semelhantes na superfície da web. Eles oferecem serviços de hacking relacionados à espionagem, quebras de acessos, entre outros. Nesses sites, é possível encontrar ofertas que garantam de 97% a 99% de efetividade em se conseguir, por exemplo, senhas de redes sociais e de contas de e-mails por valores que giram entre 350 a 550 dólares, e acessos indevidos a celulares controlados remotamente por 1.200 dólares. O ponto é que, por mais que pareçam distantes, as ações ilegais e as ameaças rondam constantemente todos os usuários das redes de computadores.

CONCEITOS APRESENTADOS NESTE CAPÍTULO

Entre seus principais conceitos, este capítulo abordará as *ilhas de automação* e analisará seu percurso histórico de convergência com as redes de T.I. Se, por um lado, a aproximação entre as redes de automação e as demais redes trouxe avanços essenciais para a qualidade e a produtividade, por outro, ela também demonstra a fraqueza existente nos protocolos de comunicação das redes de T.O., criando uma série de desafios de segurança cibernética para as redes e sistemas de controle industriais.

CAPÍTULO 4

DESAFIOS EM SEGURANÇA CIBERNÉTICA INDUSTRIAL

4.0 INTRODUÇÃO

Há mais de 1.500 anos, um general chinês chamado Sun Tzu escreveu um livro que sobreviveria através dos séculos: *A Arte da Guerra*. Nessa obra, existem treze capítulos abordando estratégias militares. No entanto, ele vai além do campo de batalha. Sun Tzu propõe uma refinada análise comportamental, na perspectiva bélica tanto de quem é o atacante quanto de quem se defende.

Apesar de existirem controvérsias sobre a história de Sun Tzu, é inegável a ampla contribuição de *A Arte da Guerra*. Seus ensinamentos são aproveitados ainda hoje e se estendem por áreas diversas: economia, psicologia e, é claro, entre inúmeras outras abordagens, a própria guerra. Mas o que um livro com quase dois milênios de idade tem a ver com segurança cibernética? Antes da resposta, veja os seguintes ensinamentos de Sun Tzu.

O general afirma que é necessário "estares perto quando o inimigo acredita que estás longe; teres uma vantagem real quando o inimigo pensa ter-te infringido algumas perdas; te ocupares de algum trabalho útil quando ele acredita que estás paralisado no repouso" (2006, p. 37). Sun Tzu compreende a realidade como uma perspectiva que o inimigo não pode conhecer de fato. Ou melhor, ele acredita saber o que está acontecendo, porém, sua percepção é errada. Desse modo, o atacante não apenas terá dados falsos, como também sentirá constantemente sua presença. Por isso, quando se está longe, é importante fazer com que pensem que está perto; e quando se está perto, fazer com que pensem que se está longe.

Esse jogo de interpretações confunde o inimigo e possibilita vantagem a quem utiliza tal estratégia. Para isso, no entanto, é preciso, antes de qualquer coisa, ter uma postura de autoconhecimento.

> Conhece teu inimigo e conhece-te a ti mesmo; se tiveres cem combates a travar, cem vezes serás vitorioso.
>
> Se ignoras teu inimigo e conheces a ti mesmo, tuas chances de perder e de ganhar serão idênticas.
>
> Se ignoras ao mesmo tempo teu inimigo e a ti mesmo, só contarás teus combates por tuas derrotas. (TZU, 2006, p. 23)

Esse ensinamento se difundiu e obteve interpretações diferentes. Ao mobilizá-lo na perspectiva bélica, Sun Tzu demonstra a importância de conhecer a si e ao inimigo como uma forma de preparação para a guerra. No caso contrário, a derrota é a única certeza. Aqui, a pergunta anterior retorna: o que tais ensinamentos milenares têm a ver com segurança cibernética?

Apesar de as formas de guerra terem sido ampliadas do espaço físico para o espaço cibernético, as táticas bélicas se mantiveram. Conhecer a si mesmo significa conhecer suas fraquezas a fim de impedir que os inimigos as explorem e vençam a batalha. Conhecer o inimigo significa, por sua vez, conhecer as fraquezas deles e as explorar para garantir a vitória. A partir disso, se torna quase óbvia a relação entre as estratégias de guerra, as vulnerabilidades de segurança cibernética e a importância de se conhecer e de conhecer seus inimigos.

4.1 AS ILHAS DE AUTOMAÇÃO

Os sistemas SCADA atuais que compõem as redes de controle das infraestruturas críticas pouco se parecem com suas primeiras versões, lançadas nos anos 1970. Naquela época, quando uma empresa era automatizada, as operações eram implementadas separadamente, em "ilhas", e seres humanos eram os responsáveis por sincronizar as etapas da produção. As ilhas de automação tinham arquiteturas fechadas e exclusivas conforme o fabricante. Tais plantas industriais eram projetadas para controlar uma área com perímetro muito bem definido e, sobretudo, uma área que não se comunicava com as outras redes da empresa.

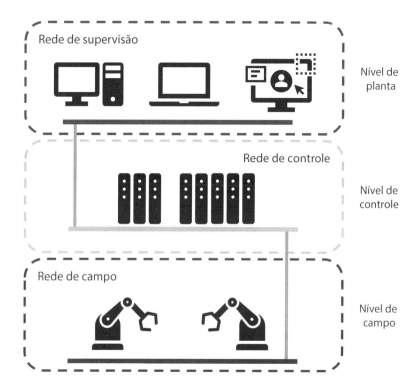

Figura 11 — Arquitetura básica SCADA

As ilhas de automação ainda existem hoje devido a sistemas herdados, antigos ou descontinuados, por um lado, e, por outro, devido a projetos planejados com objetivos específicos para não disponibilizar os dados.

4.2 EVOLUÇÃO DOS SISTEMAS DE CONTROLE INDUSTRIAIS

O pleno controle dos sistemas industriais como conhecemos hoje foi possível, em sua essência, com a integração das áreas isoladas anteriormente denominadas como *ilhas de automação* às outras redes da empresa. Essa integração começou a surgir quando foram lançadas soluções para *Enterprise Resource Planning* (ERP) no mercado. Os ERPs começaram a demandar informações, entre outras, de quanto foi produzido e em qual qualidade, e esses dados precisariam vir diretamente dos sistemas de controle industriais (GARCÍA, 2018, p. 03). A partir disso, as conexões internas começaram a ser feitas, integrando a rede corporativa às redes de chão de fábrica.

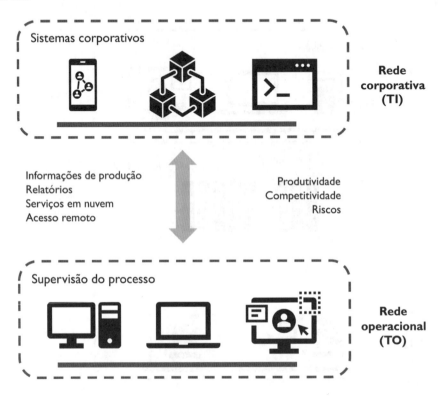

Figura 12 — Integração das redes de T.I. e T.O.

Por meio dessas conexões, os pacotes de dados começaram a ser trocados entre as redes de automação e a rede corporativa, isto é, a comunicação sobre o que era produzido e/ou distribuído passou a ser realizada em tempo real. A qualidade e a quantidade dos produtos receberam maior fiscalização e orientação. Sob uma perspectiva financeira, isso permitiu que a produtividade e competitividade das empresas também crescessem.

Em outras palavras, as empresas começaram a conectar suas redes de T.I. com suas redes de T.O., abrindo caminho para integrações com a própria internet (Figura 12). No entanto, como ainda não existiam ou eram poucos os ataques cibernéticos, não havia um cuidado em estabelecer tais conectividades de modo seguro. A segurança de borda não era levada em conta.

Rotas de comunicação comuns e desprotegidas foram criadas entre as redes. Embora tenha sido necessária por uma série de motivos, essa evolução se tornou também um grande problema de segurança cibernética, sobretudo para empresas com infraestruturas críticas. Agora as redes industriais estão conectadas a outras redes e passaram a também ser alvos de ataques hackers.

4.3 CONVERGÊNCIA ENTRE AS REDES DE T.I. E T.O.

Ao longo das últimas décadas, as redes de tecnologia da informação e tecnologia de automação realizaram um movimento convergente entre si. Em outras palavras, elas se aproximaram uma da outra, integrando-se em uma única rede.

Quando a análise se atenta à década de 1970, pode-se perceber a completa separação entre os sistemas de informação em relação à automação de chão de fábrica das empresas. Os computadores dedicados ao processamento de T.I. não se conectavam com os dispositivos de controle direto (GARCÍA, 2018, p. 06-08).

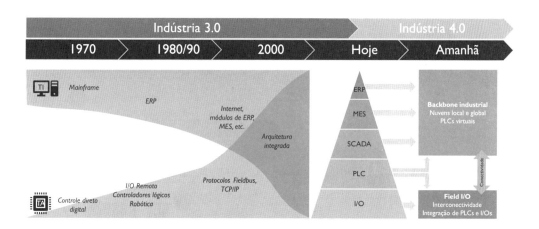

FIGURA 13 — Convergência entre as redes de T.I. e T.O. ao longo do tempo

Conforme surgiram os ERPs e os PLCs, esse cenário foi se modificando, até se integrarem no início da década de 2000, se transformando em uma única rede. Com isso, surgiu a chamada *arquitetura integrada*, representada pela pirâmide de automação em suas camadas 0, 1, 2, 3 e 4.

A pirâmide de automação também está se transformando, inclusive para acompanhar o movimento do mercado em que as indústrias estão se digitalizando e passando a operar no modelo de *Indústria 4.0* (Figura 13), que será apresentado em detalhes adiante neste livro.

O conceito de Indústria 4.0 engloba o *backbone* industrial. Em uma tradução literal, significa "espinha dorsal" ou "coluna vertebral". Associado à biologia, *backbone* utiliza uma grande infraestrutura de servidores ligados entre si a longas distâncias, como se mantivesse, de fato, um corpo em pé. Os dados são armazenados e trafegam por computação em nuvem, ampliando ainda mais o conceito de rede industrial. Equipamentos virtualizados e uma série de outros itens são conectados ao chão de fábrica, progredindo em direção à ideia de Internet das Coisas.

4.4 AS FRAQUEZAS DAS REDES INTEGRADAS

O ambiente com as redes de T.I. e T.O. integradas estabelece as condições perfeitas para um ataque cibernético, pois as redes de automação têm pouca maturidade em relação aos controles de segurança cibernética.

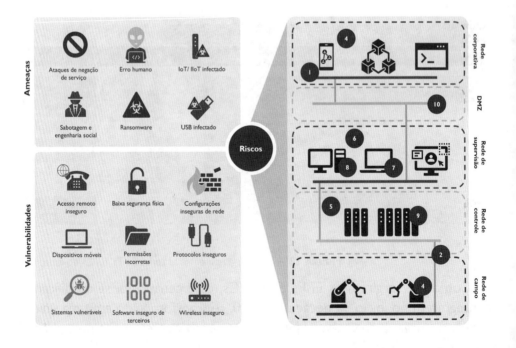

#	Ameaça	Vulnerabilidade	Rede	Exemplo de risco
1	Ataques de negação de serviço	Sistemas vulneráveis	Corporativa	Ataques direcionados à empresa podem impedir sua comunicação com sistemas externos ou mesmo expor outras vulnerabilidades que permitam um ataque mais direcionado.
2	Ataques de negação de serviço	Sistemas vulneráveis	Controle e campo	Sistemas vulneráveis podem ser paralisados com ataques de negação de serviço simples, direcionados a dispositivos de campo e sistemas de controle.
3	Erro humano	Acesso remoto inseguro	Corporativa	Usuários podem vazar credenciais de acesso remoto e viabilizar a entrada de atacantes remotos.
4	IoT/IIoT infectado	Protocolos inseguros	Campo	Dispositivos podem vir contaminados de fábrica e interromper processos de campo de forma não programada.
5	Sabotagem	Baixa segurança física	Todas	Sabotadores podem alterar ou interromper processos de negócio ao comprometer dispositivos fisicamente.
6	Engenharia social	Wireless inseguro	Todas	Um atacante pode induzir colaboradores a usar uma rede não autorizada, insegura, para roubar suas credenciais e interferir no processo produtivo.
7	Ransomware	Dispositivos móveis	Todas	Ransomware pode se instalar em máquinas móveis e se alastrar quando conectado em qualquer rede da empresa.
8	USB infectado	Permissões incorretas	Todas	Um dispositivo USB infectado pode contaminar máquinas sem as restrições apropriadas e contaminar computadores das redes.
9	Script kiddies	Software inseguro de terceiros	Controle	Curiosos podem usar scripts da internet para testar a segurança de sistemas na rede de controle e comprometer seu funcionamento correto.
10	Infecção na operadora MPLS ou satelital	Configurações inseguras de rede	Todas	Operadoras infectadas podem vazar infecções e criar canais para criminosos que queiram interferir ou fazer mau uso da rede de automação.

Figura 14 — Vetores de ataque em uma rede industrial

Algumas empresas acreditam que suas redes de automação estão protegidas por não estarem conectadas à internet. Porém, existem ataques realizados internamente. Entre outros exemplos, uma empresa terceirizada pode ser contratada para algum serviço e, ao realizá-lo, introduzir acidentalmente ou intencionalmente programas maliciosos. Além disso, a baixa segurança física é uma fraqueza imensa. Empresas distantes das zonas urbanas podem se iludir achando que sua localização remota as protege.

Essa postura subestima qualquer potencial atacante, que poderá explorar uma série de vetores em uma planta industrial específica. As infraestruturas industriais têm uma superfície de ataque muito grande. Suas redes corporativas, de supervisão, de controle e externas representam frentes de batalha para um atacante com diversos componentes. Sistemas podem estar vulneráveis, PLCs podem estar infectados, configurações de *firewall* podem estar malfeitas, entre vários outros pontos. Mesmo uma DMZ pode ser atacada por estratégias diversas (Figura 14).

4.5 DISPOSITIVOS INDUSTRIAIS EXPOSTOS NA WEB

Equipamentos comuns em redes de automação como PLCs e dispositivos inteligentes podem estar incorretamente configurados e ser facilmente encontrados por sites de busca. Existe uma ferramenta específica e muito conhecida na comunidade hacker usada para detectar, procurar e mostrar vulnerabilidades em equipamentos expostos chamada Shodan (Figura 15). Ela pode ser acessada em www.shodan.io/ por qualquer pessoa conectada à internet.

Fazer uma procura no Shodan é bastante simples. Basta escrever algumas palavras-chave, e ele procurará ativos expostos na internet. Caso encontre algo, o Shodan trará todas as informações necessárias para o hacker realize seu ataque. Se for um PLC, por exemplo, ele exibirá o endereço IP, o modelo e marca do PLC, a versão de *firmware*, enfim, o endereçamento completo com tudo o que é necessário para realizar o ataque. Às vezes, a vulnerabilidade é tão grande, que basta pegar o endereço IP e digitá-lo em um browser para conseguir acesso direto ao equipamento.

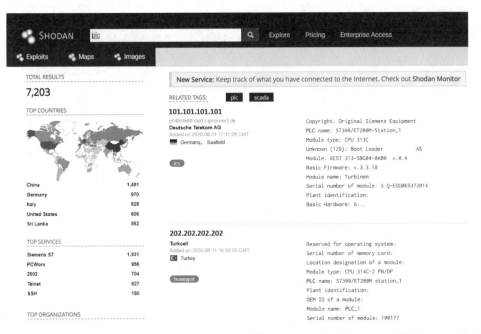

Figura 15 — Resultado de busca por "PLC" no site Shodan

O grande problema é que, em grande parte das instalações industriais do mundo, os PLCs são configurados com sua senha padrão. Poucos gestores tomam o cuidado em trocar as configurações de segurança iniciais desses equipamentos. Desse modo, o hacker simplesmente verifica o modelo de PLC que o Shodan mostra, baixa o manual dele na internet e encontra o usuário e a senha padrões. Com isso, o atacante poderá entrar na interface de configuração do PLC, trocar a senha de acesso, alterar configurações e até mesmo desligá-lo. O usuário autorizado na planta não apenas perderá a operação, como também pode não conseguir retomá-la.

Por isso, uma das primeiras atitudes que os gestores de segurança devem tomar para evitar ataques provenientes da internet é procurar o nome de sua empresa no Shodan e verificar se existem ativos industriais listados. Caso encontre algum ativo, é preciso tomar atitudes imediatas para que ele não seja mais listado e trocar a senha de configuração, caso esteja sendo usada a senha padrão do equipamento.

4.6 DESAFIOS DE SEGURANÇA DAS REDES INDUSTRIAIS

Redes industriais têm imensos desafios em relação a sua segurança. Pode-se acreditar que a simples adoção de software atualizado e hardware tecnologicamente avançado sejam medidas eficazes. No entanto, embora essas medidas sejam extremamente importantes, uma série de outras práticas devem ser tomadas a fim de garantir a eliminação de vulnerabilidades e o afastamento de ameaças.

TER VISIBILIDADE E CONTROLE DE SISTEMAS, APLICAÇÕES E USUÁRIOS

Um dos principais fatores para garantir a segurança cibernética de uma rede industrial é estabelecer a visibilidade e o controle sobre os processos e aplicações que executam na rede. Quais os protocolos industriais que estão trafegando? Quais usuários estão conectados e como estão atuando nos sistemas de controle? Quais aplicações estão sendo executadas?

São perguntas bastante difíceis de ser respondidas com um grau razoável de certeza, pois elas dependem de uma complexa implementação prática de soluções tecnológicas. No entanto, são essenciais para se perceber e aprofundar a visibilidade e o controle de uma rede de automação.

PROTEGER SISTEMAS DESATUALIZADOS

Sistemas desatualizados são um problema comum em redes industriais, e muitas vezes apresentam soluções complexas. Diferente das redes de T.I., as aplicações e os sistemas de redes de automação não podem ser simplesmente atualizados por meio de *patches*. Essas atualizações dependem de paradas que, se não forem bem planejadas, podem afetar tanto a produção quanto a qualidade dos produtos. Por esse motivo, muitas infraestruturas ainda têm máquinas com sistemas operacionais antigos e, às vezes, até equipamentos ultrapassados controlando os sistemas.

Atualizá-los demandaria, consequentemente, o replanejamento de arquiteturas inteiras, além de grandes gastos financeiros. Fora a atualização das máquinas, sistemas e aplicações industriais, também é necessária uma nova certificação por parte do fabricante.

No entanto, alguns sistemas já não são mais suportados pelo próprio fornecedor ou têm restrições tecnológicas, o que torna impossível sua atualização. Nesse caso, é necessário projetar um modelo de segurança em camadas para proteger esses ativos mais vulneráveis e dificultar os ataques ao chão de fábrica.

Conviver com protocolos inseguros

Como muitos protocolos industriais não podem ser alterados, deve-se intensificar as medidas de controle e visibilidade sobre eles, além das estratégias de segurança em camadas. O Modbus, um dos principais protocolos industriais do mercado, tem estrutura aberta e flexível, e suas especificações estão disponíveis na internet. Desse modo, qualquer hacker pode obtê-las e planejar seus ataques. Na realidade, o framework Metasploit, que será visto adiante neste livro, tem centenas de ataques já prontos que exploram as vulnerabilidades do Modbus.

Realizar controle comportamental

Como foi dito, soluções de segurança, hardware avançado e software atualizado precisam de complementos a fim de que os ataques não sejam percebidos apenas por meio dos alertas emitidos e dos logs registrados. Tais casos apenas demonstram que o ataque já ocorreu. São necessárias, antes de tudo, soluções que antecipem as ameaças e evitem, consequentemente, os ataques. Isso implica no controle comportamental fundamentado em intensas e contínuas análises sobre a normalidade dos processos.

Proteger a interconexão das redes industriais

As interconexões das redes industriais são um desafio para a segurança cibernética. A convergência das redes de T.O. com as demais redes da empresa é feita, muitas vezes, de maneira não planejada e implementada de forma insegura, instaurando diversos riscos, uma vez que a visibilidade das aplicações e o controle dos pacotes que transitam entre as redes podem ser ineficientes ou até inexistentes.

Como evitar que um pacote de dados malicioso vindo de outra rede possa contaminar a rede de automação? Como garantir que máquinas conectadas por VPNs com a rede industrial estejam limpas? Esses e outros problemas devem ser pensados antes mesmo de conectar a rede de automação a outras redes.

Conceitos apresentados nesse capítulo

Este capítulo faz um levantamento de importantes ataques cibernéticos ocorridos em infraestruturas críticas e suas consequências. Com isso, também evidencia ataques direcionados utilizados por hackers, sua forma de construção e o grande conjunto de *malware* existente.

CAPÍTULO 5

HISTÓRICO DE ATAQUES E ARMAS CIBERNÉTICAS

5.0 INTRODUÇÃO

No século XVIII, um pensador irlandês chamado Edmund Burke disse a seguinte frase: "O povo que não conhece sua história está condenado a repeti-la." Apesar desse pensamento ser autoexplicativo, é interessante dar uma ênfase a ele, pois Burke percebe a importância da história para uma sociedade. A importância desse pensamento vai além da política; ele abrange desde as esferas individuais até as esferas sociais.

Esse conhecimento também se aplica à área de segurança cibernética. Apesar da tecnologia se modificar em alta velocidade, a história pode ensinar posturas mais sérias e sólidas em relação à segurança. Os ataques que ocorreram podem auxiliar na prevenção para que não se repitam e na identificação de novas ameaças e de possíveis riscos.

5.1 BANCOS DE DADOS DE INCIDENTES

O RISI, acrônimo para *Repository for Industrial Security Incidents* (em tradução livre, Repositório de Incidentes de Segurança Industrial) é uma base de dados que relata incidentes e acidentes em sistemas industriais ao redor do mundo. Seu objetivo principal é compartilhar, de um modo seguro, os incidentes de segurança cibernética em infraestruturas industriais críticas.

Apesar de seu site estar desatualizado desde 2015, ele pode ser acessado em www.risidata.com e ainda tem informações relevantes para estudos de casos. Nesse banco de dados, podem-se listar os incidentes pelo tipo de indústria (energia, petróleo e gás, manufatura etc.), além de ter outros filtros. Suas informações revelam fatores interessantes, como o valor financeiro do prejuízo, o ataque que foi realizado, as consequências e os desastres ambientais, além das mortes, caso tenham ocorrido.

Todos esses dados eram disponibilizados, no entanto, somente após as correções de segurança ter sido realizadas.

No Brasil, a TI Safe, por meio de seu centro de pesquisa e desenvolvimento, lançou o Incident Hub (Figura 16), um banco de dados público que, assim como o RISI, compartilha dados e detalhes de incidentes industriais, com a vantagem de estar atualizado até os dias atuais. O Incident Hub pode ser acessado em https://hub.tisafe.com.

Figura 16 — Tela de abertura do TI Safe Incident Hub

5.2 HISTÓRICO DE INCIDENTES CIBERNÉTICOS

Há mais de 2 mil anos, um filósofo chamado Aristóteles escreveu em seu livro *Física*: "a arte imita a natureza." Posteriormente, essa frase ficou muito conhecida no mundo todo como "a arte imita a vida". Ela tem um aspecto bastante amplo, podendo ser utilizada em diversas esferas artísticas. Em algumas condições, no entanto, sua veracidade causa, no mínimo, certo receio. Esse é o caso da segurança cibernética em infraestruturas críticas diante de filmes, séries e livros de ficção científica que retratam cenários caóticos.

Não é recente a ideia de que ataques cibernéticos podem causar a destruição de sociedades inteiras e, em perspectivas mais apocalípticas, do mundo todo. Em 1983, quando o mundo ainda estava longe de imaginar seu intenso grau de conexão com a internet e seu avanço nas redes de automação, um filme chamado *Wargames* mostrou algo que parecia impossível. O personagem, David Lightman, protagonizado por Matthew Broderick, era um jovem universitário que teve acesso a supercomputadores do sistema de defesa dos EUA. Com isso, ele acionou os alertas norte-americanos em plena Guerra Fria, o que poderia ter ocasionado uma guerra nuclear com a União Soviética.

Quase três décadas depois, em 2007, o filme *Duro de matar 4* reproduziu esse mesmo risco em seu roteiro. Os equipamentos mudaram com a tecnologia mais sofisticada, mas a segurança cibernética em infraestruturas críticas ainda é motivo de preocupação. Nesse filme, um grupo terrorista tem um braço cibernético que trabalha em conjunto com seu braço armado. Em dado momento, por exemplo, enquanto o protagonista, o ator Bruce Willis, persegue os terroristas, hackers controlam o sistema de semáforos da cidade, tornando o trânsito caótico e auxiliando na fuga dos bandidos. Eles causam blecaute, explosão em uma refinaria e uma série de outros transtornos que, à primeira vista, pareciam mera ficção. O problema é que todos esses ataques não só são possíveis como já aconteceram na realidade.

Bomba lógica destrói oleoduto na Sibéria (1982)

Antes de tudo, o que é uma bomba lógica? É um fragmento de código-fonte escondido em um programa válido, cuja função é prejudicar, de algum modo, os componentes em que está inserido. Ela é acionada com algum gatilho preestabelecido (uma data, uma hora ou até algo mais específico, como o *set point* de uma variável de controle atingir um valor). Secreta e anteriormente introduzida, quando "explode", a bomba lógica é capaz de ocasionar graves problemas a uma infraestrutura.

Foi o que aconteceu no oleoduto da Sibéria em junho de 1982, como é relatado no banco de dados RISI. Durante a Guerra Fria, os planos de um sofisticado sistema de controle foram roubados de uma empresa canadense pela espionagem da URSS (antiga União Soviética). No entanto, a CIA alega que sabia desse interesse antes do roubo e armou uma cilada, inserindo uma bomba lógica no sistema a fim de sabotar os interesses soviéticos.

O oleoduto específico era o transiberiano, com dimensões continentais, cortando praticamente todo o território atual da Rússia. A bomba lógica teria sido executada durante testes e teria dobrado a pressão usual dos oleodutos, causando uma enorme explosão equivalente a três quilotons, ou seja, equivalente a três mil toneladas de TNT. A explosão foi tão poderosa, que os satélites norte-americanos enviaram alertas nucleares aos centros de controle dos EUA.

De acordo com RISI, a sabotagem teve dois impactos relevantes. O primeiro foi econômico, pois a explosão interrompeu o fornecimento de gás e, com isso, causou também a interrupção do ganho de moedas estrangeiras pela URSS. O segundo impacto foi psicológico, pois não havia como saber quais eram os equipamentos seguros. Isto é, todos os lugares que utilizaram o software poderiam ser afetados com explosões mais cedo ou mais tarde.

Oleoduto explode em Bellingham, EUA (1999)

Este incidente ocorreu na cidade de Bellingham, nos Estados Unidos, em 1999. Falhas no sistema de controle resultaram na explosão de um oleoduto. Prejuízos financeiros, a morte de três funcionários e o ferimento de oito pessoas, além de danos ambientais, foram contabilizados. A gasolina atingiu dois rios nas cidades de Bellingham e Washington. Mais de 236 mil galões de combustível foram liberados, e a explosão causou um incêndio que devastou 26 hectares de árvores e vegetação.

Essa explosão causou uma cortina de fumaça tóxica dentro da cidade, além de poluir a água potável de seu principal rio. Apesar de estar longe de ter sido o maior incidente ambiental registrado no mundo, esse exemplo demonstra em detalhes o conceito de risco em automação. Ademais, seria possível quantificar o prejuízo de um incidente como esse? Quanto custaria para reparar o meio ambiente, indenizar as famílias das pessoas que morreram, auxiliar financeiramente os feridos e consertar o oleoduto que explodiu?

Enfim, esse caso leva à reflexão: quais seriam os custos relativos a um incidente em uma rede de automação?

Ataque à estação de tratamento de resíduos no condado de Maroochy, Austrália (2000)

Outro exemplo relevante para a segurança cibernética em infraestruturas críticas aconteceu no condado de Maroochy, na Austrália. Entre 1999 e 2001, a companhia de água dessa cidade contratou uma empresa chamada Hunter Watertech para desenvolver o sistema de controle e automação da ETR. Após o projeto ter sido entregue, a empresa desenvolvedora foi dispensada, e parte da equipe ficou desempregada. Um desses ex-funcionários, chamado Vitek Boden, ficou desapontado e decidiu, por vingança, começar a atacar o sistema de controle da ETR. Enquanto ainda era funcionário e trabalhava na planta, ele preparou o ataque roubando um laptop configurado com as bibliotecas de desenvolvimento SCADA e um rádio com link direto para a planta industrial. Usando esses equipamentos, ele então fazia ataques via linha de comando dentro do servidor que controlava algumas bombas distribuídas nessa planta de tratamento de resíduos.

Por meio da alteração dos valores de algumas variáveis de controle, ele ligava as bombas no momento em que elas não poderiam estar ligadas. Consequentemente, elas jogavam o esgoto em várias áreas da cidade.

O atacante conseguiu alagar um terreno de um hotel próximo, um parque e um rio com mais de 1 milhão de litros de esgoto bruto. O ataque foi realizado de modo muito sequenciado. No começo, as bombas menores foram os primeiros alvos; em seguida, o ataque foi evoluindo, até que, em determinado momento, o gestor da planta não tinha a menor ideia do que estava acontecendo.

Note que o incidente aconteceu em 2000, isto é, uma época em que quase não se falava em ataques cibernéticos. Coloque-se no lugar do gestor da ETR e imagine que, nessa época e com um grande grau de desinformação, uma bomba de sua planta tenha ligado sem explicação aparente. O mais óbvio em um primeiro momento seria acreditar que esse equipamento tinha algum defeito, e o mais indicado seria substituí-lo. Foi o que aconteceu, e a equipe da companhia de águas trocou a bomba. No dia seguinte, no entanto, o problema se repetiu em outra bomba. Isso levou o gestor a acreditar que o problema não estava em um equipamento determinado, mas, sim, no cabeamento da bomba ou algo parecido.

Foi essa sequência de ataques e dúvidas que causou um prejuízo ambiental imenso. Várias investidas foram realizadas sem que os responsáveis internos soubessem os motivos do "mal funcionamento" de sua infraestrutura.

Vitek Boden, como ex-funcionário da empresa desenvolvedora, passou a fazer parte do rol de suspeitos da sabotagem, e, em uma batida policial, o laptop e o rádio roubados foram encontrados em seu carro. Ele então foi formalmente acusado de sabotagem, e em 31 de outubro de 2001 foi condenado a cumprir dois anos de cadeia.

Ataque a centro de comando derruba satélite (2008)

ROSAT (abreviação para *Röntgensatellit*) foi um satélite alemão lançado em 1990 e equipado com uma série de equipamentos telescópicos. Em 2008, investigadores da National Aeronautics and Space Administration (NASA) reportaram que uma falha nesse satélite estava ligada a uma invasão cibernética no Goddard Space Flight Center (centro de comando do satélite) e havia comprometido os sistemas de controle do ROSAT.

Após sucessivas falhas nos anos seguintes, em outubro de 2011, o satélite alemão ROSAT explodiu ao entrar na atmosfera terrestre. Os destroços caíram em áreas inabitadas do planeta e não causaram vítimas, mas o satélite foi perdido.

Novamente, pode-se levantar inúmeros questionamentos: quanto custa o desenvolvimento de um satélite? Quais são os investimentos financeiros e geopolíticos para colocá-lo em órbita? Quais os benefícios que tais projetos proporcionam? Enfim, ataques desse tipo geram prejuízos incalculáveis.

Ataque ao programa nuclear iraniano, o surgimento do Stuxnet (2010)

A atenção aos danos que um ataque cibernético a uma infraestrutura insegura pode causar cresceu após as datas dos incidentes demonstrados. As técnicas computacionais evoluíram e se aproximaram ainda mais de questões geopolíticas. Em 2010, ocorreu o primeiro ataque cibernético registrado, admitido e direcionado a uma infraestrutura crítica. Ele foi realizado por meio de um *malware* chamado Stuxnet.

Esse programa ficou muito famoso, pois ele foi um divisor de águas, iniciando uma nova era de *malware* classificados como *Advanced Persistent Threat* (APT). Um APT é uma arma cibernética desenvolvida para atacar uma infraestrutura específica. No caso, o alvo do Stuxnet foram as plantas de enriquecimento de urânio do Irã, que supostamente estavam sendo utilizadas no projeto do país para ter armas atômicas. As usinas nucleares atingidas foram as de Bushehr e Natanz.

Para construir uma bomba atômica, ou mesmo para utilizá-la como fonte de energia, é necessário enriquecer o urânio em um processo que consiste, basicamente, em centrifugá-lo a uma velocidade de 1.600 RPM durante determinado tempo.

O *malware* acelerava as centrífugas existentes nas plantas nucleares sem que os controladores percebessem e alertassem. O Stuxnet reprogramou os PLCs das linhas Siemens S7-300 e S7-400 que existiam nessas usinas nucleares para acelerar em 1% cada centrífuga a cada dia. Quando se aumenta 1% da velocidade de rotação centrífuga de um equipamento que está a 1.600 RPM, o movimento, por ser muito rápido, é praticamente imperceptível aos olhos humanos. Ao mesmo tempo, o *malware* congelou a interface de supervisão dos operadores para que os dados coletados aparentassem normalidade, exibindo sempre a velocidade de 1.600 RPM. Como o Stuxnet tornou esse processo constante aumentando a rotação ao longo de vários dias, as centrífugas não resistiram à enorme velocidade e acabaram explodindo quase todas ao mesmo tempo.

Ataques globais por *ransomware* (2017)

O dia 12 de maio de 2017 foi marcado por uma série de ataques em escala global, fazendo uso de versão atualizada do crypto-*ransomware* WannaCrypt0r, mais conhecido como Wannacry. Notícias e relatórios apontam que organizações públicas e privadas ao redor do mundo foram impactadas.

Os ataques Wannacry iniciaram seu ciclo na organização por meio de um ataque de *phishing* via e-mail, que inclui um link ou documento PDF maliciosos. O ataque de *phishing*, obtendo sucesso, resulta na entrega do *ransomware* Wannacry na máquina local. Uma vez infectada uma máquina na rede, o *malware* tenta se espalhar em larga escala utilizando protocolo SMB, atacando a vulnerabilidade "EternalBlue" (CVE-2017-0144) em sistemas operacionais Windows. Essa vulnerabilidade foi corrigida em março de 2017 com o *patch* MS17-010.

No Reino Unido, um pesquisador conhecido pelo apelido "Malware Tech" conseguiu acidentalmente interromper a propagação do Wannacry.

O pesquisador percebeu que o programa tentava contatar um endereço de internet incomum (iuqerfsodp9ifjaposdfjhgosurijfaewrwergwea.com), que não estava registrado. Ele gastou o equivalente a R$35,00 para comprar esse endereço e percebeu que a operação de registro interrompeu o processo de propagação do *malware*.

FIGURA 17 — Tela com pedido de resgate do malware WannaCry

No entanto, o estrago já havia sido feito, e as consequências foram desastrosas para empresas e governos ao redor do globo. Mais de 200 mil organizações em 150 países, incluindo empresas de distribuição de energia, transportes ferroviários, indústrias automobilísticas e governos, foram afetadas.

O sistema de trens alemão, administrado pela empresa Deutsche Bahn (www.deutschebahn.com), foi vítima do ataque por Wannacry e ficou paralisado por duas horas. Apesar de duas horas parecerem pouco tempo para uma paralisação, o sistema de trens da Alemanha é bastante sofisticado. Seus horários são respeitados com rigor, o que o torna pontual e onde minutos de atraso causam enorme irritação nos usuários. O Wannacry conseguiu infectar os sinóticos que divulgam as informações (horários de partida e chegada dos trens, plataformas etc.) aos passageiros, impossibilitando seu funcionamento.

Esse tempo de paralisação foi curto devido somente à preparação dos sistemas alemães. Ou seja, a equipe de segurança da Deutsche Bahn tinha um plano de continuidade de negócios preparado e testado para recuperar as funcionalidades básicas de seus sistemas rapidamente em caso de ataques cibernéticos e outros incidentes. Entretanto, não foi essa a realidade de diversas empresas e órgãos governamentais. No Brasil e no mundo, tribunais, fábricas e até hospitais foram obrigados a interromper suas atividades.

Como já era previsto, pouco tempo depois dos ataques por Wannacry, uma nova geração de ataques ainda mais poderosa ocorreu no dia 27 de junho de 2017, dessa vez baseado em uma nova geração de *ransomware* denominado NotPetya.

O *modus operandi* do *ransomware* NotPetya é basicamente o mesmo do Wannacry, porém, com uma diferença importante: o Wannacry criptografava o acesso aos arquivos, enquanto o NotPetya bloqueava completamente o acesso ao computador.

A máquina infectada pelo NotPetya perdia imediatamente a capacidade de oferecer acesso ao Windows. Enquanto o Wannacry fazia com que hospitais não tivessem acesso a prontuários de seus pacientes, por exemplo, o NotPetya conseguia ocultar o sistema operacional e impedia a vítima de fazer qualquer uso da máquina.

Empresas situadas em diversos países também sofreram prejuízos com a onda de ataques. Na Ucrânia, ao tentar realizar um simples saque de dinheiro nos caixas eletrônicos, os usuários eram saudados com uma mensagem dos hackers requisitando uma quantia equivalente a R$1.000 para conseguir acessar sua conta bancária e realizar operações.

Ataques cibernéticos durante a pandemia de COVID-19

Ninguém esperava que uma pandemia fosse transformar o mundo do modo que aconteceu em 2020. A necessidade de estabelecer novos processos de trabalho devido à ameaça de contágio pela COVID-19 acelerou a transformação digital em praticamente todas as empresas do mundo. Em poucas semanas, pequenas, médias e grandes corporações foram obrigadas a possibilitar, repentinamente, atividades em *home office*, a instalar serviços online, a modificar a forma que atendiam seus clientes e como vendiam os seus produtos.

Figura 18 — Cenário de ataques ocorridos durante a pandemia

A quarentena e o isolamento social necessários para controlar a disseminação do novo coronavírus e diminuir as taxas de mortes se tornou, desse modo, um momento propício para que os ataques cibernéticos se potencializassem. Isso não apenas por conta do aumento nos serviços disponibilizados na internet, mas também devido ao próprio isolamento social dos hackers, que aumentou seu tempo e sua dedicação a tarefas ilegais. A pandemia revelou, na perspectiva virtual, um cenário bastante problemático para a segurança cibernética.

As armas e os ataques utilizados pelos hackers durante a pandemia não se modificaram tanto. Aplicações falsas, domínios falsos na web, ataques por meio de *phishing*, roubo de informações e *ransomware* continuaram fazendo parte constante de seus arsenais. No entanto, o cenário ao qual essas armas foram direcionadas mudou. As pessoas e as empresas ficaram mais expostas. Afinal, com pouca ou nenhuma preparação de segurança, elas foram obrigadas a viabilizar que seus funcionários exercessem seus trabalhos remotamente (Figura 18).

No gráfico da Figura 19, pode-se notar que a curva de crescimento de casos de COVID-19 no Brasil está diretamente relacionada com o aumento de atividades suspeitas e ameaças verificadas nas ferramentas de segurança gerenciadas pelo ICS-SOC. A linha tracejada representa as conexões externas controladas, e as barras verticais representam a quantidade de chamados de atendimento. No início do ano, de janeiro a junho, foi notado um aumento de 23% no tráfego nas empresas monitoradas e um crescimento de 130% dos chamados.

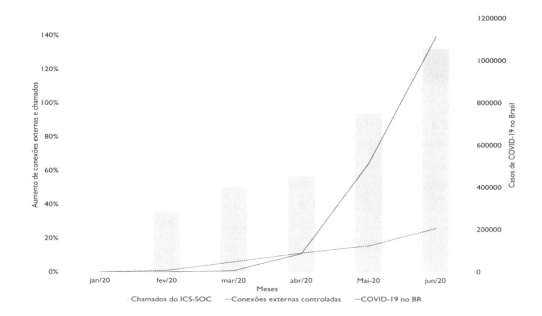

Figura 19 — Aumento dos ataques durante a pandemia

Claro que, em relação aos chamados, existiam muitos fatores relacionados aos acessos remotos. Porém, eles também estavam relacionados com o reforço de regras e melhorias de segurança a fim de que o novo cenário não potencializasse ainda mais as ameaças. O interessante é que os números anteriores do ano de 2019, no mesmo período, não apresentavam taxas tão altas. Mas essa foi uma pequena parte do problema. Na verdade, a alta desses dados mostrados no gráfico também se refere ao crescimento dos ataques de uma forma global.

Plantas industriais no mundo todo foram atacadas enquanto a pandemia se manteve. O sistema elétrico norte-americano, por exemplo, estava sendo tão atacado, que o presidente Donald Trump declarou emergência nacional devido à ameaça de hackers estrangeiros aos sistemas que controlam a energia elétrica dos EUA. Isso porque as ameaças atuais não eram mais ataques não direcionados, ou melhor, sem um alvo preciso. Ao contrário, se tratavam de ataques precisos e desenvolvidos com o objetivo claro de atingir empresas de energia.

Os ataques a empresas de eletricidade têm a evidente finalidade de comprometer a infraestrutura crítica de um país, seja para se aproveitar de tal criticidade chantageando, seja para imobilizar, de fato, a produção econômica e social de uma nação. É importante notar que os ataques às empresas de energia começam, na maioria das vezes, pela rede de T.I., e somente depois avançam para as redes operativas.

Embora sejam extremamente graves, ataques às redes de T.I. não são os piores que podem acontecer às empresas. Eles podem manchar a imagem da empresa para a população, travar alguns serviços de atendimento aos clientes, prejudicar o faturamento da empresa etc. No entanto, um ataque com a mesma magnitude a uma rede de T.O. de uma empresa de energia poderia, em casos específicos, causar quedas no fornecimento de energia elétrica (blecautes) e afetar diretamente a população. Isso significa que um ataque cibernético à rede de controle pode ser muito mais destrutivo e danoso que um ataque à rede corporativa.

Pode-se imaginar como tais ataques se agravaram em meio à pandemia de COVID-19. Com inúmeros mortos diariamente no mundo todo e a vida de pessoas garantida por respiradores artificiais, imaginem as consequências caso um hospital fique sem energia elétrica para manter seus equipamentos. Imagine como uma cidade cuja economia passou a ser dependente da internet e, por conseguinte, ainda mais da energia elétrica, sofreria caso as pessoas ficassem dias sem energia. As atividades em *home office* parariam drasticamente. Ambos os casos demonstram que os ataques, comuns anteriormente, se tornaram ainda mais potentes devido ao cenário da pandemia.

O futuro dos ataques cibernéticos a infraestruturas críticas

Tudo indica que os ataques globais iniciados em 2017 foram apenas o começo de algo muito pior que vem por aí. O sucesso dos primeiros ataques certamente incentivará grupos hackers de todo o mundo a desenvolver ataques cibernéticos cada vez mais poderosos e focados na paralisação de serviços essenciais em redes de infraestruturas críticas.

Assim como o EternalBlue, usado para o desenvolvimento do Wannacry, existem muitos outros *exploits* (inclusive os que exploram vulnerabilidades do tipo *zero day*) que serão usados por grupos hackers nos próximos ataques. A tendência é a de que cada ataque global seja mais poderoso que o anterior e que use vulnerabilidades ainda sem *patches* conhecidos, o que fará com que os ataques não possam ser parados.

As empresas precisarão investir mais na segurança de suas infraestruturas críticas e ter um tempo de resposta mais rápido para evitar danos irreversíveis. O nível de maturidade de suas defesas deverá aumentar, de acordo com as boas práticas de normas como a ISA/IEC 62433 e a NERC-CIP, ou serão vítimas de novos e poderosos ataques que poderão levá-las a sair do mercado.

EXERCÍCIOS DE REVISÃO

1. Qual vetor de risco representa maior grau de ameaça?

    a) *Hackers*
    b) *Governos de outros países*
    c) *Insiders*
    d) *Script Kiddies*

2. Qual é tipicamente o objetivo de segurança mais importante para um sistema de controle industrial?

    a) *Autorização*
    b) *Confidencialidade*
    c) *Integridade*
    d) *Disponibilidade*

3. Qual é o quinto domínio da guerra?

    a) *Mar*
    b) *Informação*
    c) *Ar*
    d) *Espaço*

4. Denominação do conjunto de máquinas escondidas na internet que requerem software e configurações específicas para acesso:

   a) *Internet das Coisas*
   b) *Extranet*
   c) *IPV6*
   d) *Dark Web*

5. Qual item não é uma infraestrutura crítica?

   a) *Instituições de ensino*
   b) *Empresas de telecomunicações*
   c) *Empresas de eletricidade*
   d) *Usinas hidroelétricas*

6. O que foi o Projeto Aurora?

   a) *Simulação de ataque cibernético realizado no laboratório nacional de Idaho*
   b) *Criação de repositório de incidentes de segurança industrial*
   c) *Conjunto de boas práticas para minimizar o risco de ataques aos sistemas de controle industriais*
   d) *Desenvolvimento de arquitetura que cria DMZ para equipamentos vulneráveis*

7. O que é o RISI?

   a) *Metodologia para segurança por meio de um fluxo de análises de riscos*
   b) *Método para conectar a instrumentação de campo aos autômatos programáveis*
   c) *Navegador de software livre que fornece anonimato ao usuário*
   d) *Banco de dados de incidentes de segurança cibernética industrial*

8. O que significa o acrônimo SCADA?

    a) *Supervisory Control And Data Acquisition*
    b) *Supervisory Control And Digital Acquisition*
    c) *Sensor Control And Data Acquisition*
    d) *Sensor Control And Digital Acquisition*

9. Marque a opção que NÃO representa um tipo de atacante virtual.

    a) *Terroristas cibernéticos*
    b) *Hackers "Black Hat"*
    c) *Insiders*
    d) *Hackers éticos*

10. Quais equipamentos o Stuxnet danificou nas instalações de usinas nucleares iranianas?

    a) *Os reatores nucleares das usinas*
    b) *As piscinas usadas para o resfriamento das pastilhas de urânio*
    c) *As bombas de resfriamento dos reatores nucleares*
    d) *As centrifugas usadas para enriquecimento de urânio*

MÓDULO 2

ANÁLISE DE RISCOS E PLANEJAMENTO

Conceitos apresentados neste capítulo

Este capítulo aborda conceitualmente o risco. Nele são apresentados os motivos que levam aos riscos e quais são as consequências que advêm deles. Além disso, serão diferenciados os termos ameaça, ativo, vulnerabilidade, risco e impacto. Em seguida, é demonstrado como realizar uma avaliação de riscos levando em consideração inúmeros fatores existentes em um cenário. Por fim, é abordada a classificação de infraestruturas críticas a partir do modelo ANSSI.

CAPÍTULO 1

INTRODUÇÃO AO RISCO

1.0 INTRODUÇÃO

Para que uma análise de riscos seja efetiva, são necessárias metodologias e estratégias específicas. Como se realizasse tanto um diagnóstico quanto um prognóstico, o analista precisa estar ciente das possíveis causas que podem afetar a segurança de uma infraestrutura crítica. Além disso, precisa também conhecer as consequências que podem ser geradas por tais causas.

Para isso, existem conceitos e termos específicos que diferenciam determinadas situações, tipos de ataque e classificações de risco a ponto de se considerar uma infraestrutura como crítica ou não. Esses saberes permitem que as medidas de segurança sejam tomadas em suas devidas proporções — nem excessivas e nem escassas (LEWIS, 2020, p. 23). Tais medidas se refletem, por sua vez, em todos os setores de uma infraestrutura.

Essa atitude positiva em relação à segurança cibernética, por muitos chamada de "ciberatitude", é fruto de um longo processo de conscientização corporativa sobre a importância da prevenção e da segurança. Com o passar do tempo, as empresas e organizações perceberam que a segurança não é um gasto, mas, sim, um investimento. Identificar os possíveis riscos e investir contra eles significa, sobretudo, economizar em custos que seriam desnecessários e, em alguns casos, incalculáveis; é transmitir uma imagem positiva, proteger o meio ambiente e, claro, resguardar a vida de colaboradores e da sociedade. Garantem-se, dessa forma, chances muito maiores de que a produtividade de infraestruturas críticas mantenha sua normalidade. Por conseguinte, as cidades também permanecem em seus ritmos de costume.

Além disso, a análise de riscos permite a preparação e a elaboração de planos de contingência e planos de funcionamento alternativos, mesmo que a produção continue de forma degradada. Isso significa que, caso haja algum incidente, a produtividade não será plenamente interrompida; e, se for, os danos serão amenizados, tanto em relação aos custos financeiros quanto ao tempo para que as operações voltem a ser normalizadas.

Em infraestruturas críticas, essa análise é ainda mais essencial, já que a interrupção de seus serviços e produtos gera situações caóticas na sociedade, na política, na economia e no meio ambiente. Com isso, as consequências de ataques em redes de automação são maiores e mais intensas do que os ataques às redes de tecnologia da informação. Como será visto, demonstrar as diferenças entre T.O. e T.I. se faz necessário para que não se utilizem os mesmos procedimentos e estratégias de segurança cibernética em ambas.

Conhecendo, então, as fragilidades históricas que recaem sobre as plantas industriais, a análise de riscos almeja a proteção contra vulnerabilidades em protocolos, em projetos, em implementações, em configurações inadequadas, além da conscientização de seus colaboradores. Para isso, conhecer as ameaças e os efeitos dos ataques cibernéticos é imprescindível para que sejam adquiridas boas práticas de segurança em infraestruturas críticas.

1.1 CAUSAS E CONSEQUÊNCIAS

Antes de iniciar uma análise de riscos, é extremamente necessário ter consciência sobre a real dimensão de sua importância. Para isso, as causas e consequências relacionadas aos riscos precisam ser expostas.

As indústrias geralmente são atingidas por *malware* comum (vírus, *spyware*, *worm* etc.), ataques direcionados por *ransomware* e falhas humanas.

Essas causas levam aos três principais impactos que os incidentes cibernéticos provocam: humano, ambiental e financeiro (Figura 20). Os impactos humanos envolvem vidas e patrimônios históricos e culturais. Os ambientais estão relacionados aos danos causados à fauna e à flora, à degradação de recursos naturais como a água, à poluição do ar e do solo. Os impactos financeiros são derivados de prejuízos em equipamentos, de interrupção na produção e no lucro, de multas, de aquisições emergenciais, além de outros impactos na cadeia produtiva.

Quando um incidente em uma rede de T.I. é comparado com um incidente em uma rede de automação, nota-se que o custo humano é baixo. Isto é, ninguém morre no caso de uma invasão a uma rede de T.I. O meio ambiente não é necessariamente degrado caso alguma informação seja vazada. Nesses ataques, o que ocorre são prejuízos materiais, perdas financeiras e danos à imagem da empresa.

Figura 20 — Impactos derivados de incidentes

Mas, por que essa comparação é importante? Porque atualmente existe uma inversão nos investimentos das empresas: investe-se muito na segurança cibernética de redes de T.I., enquanto os recursos destinados à segurança das redes de automação são bem menores, quando existem. Esses investimentos não condizem com o valor dos prejuízos que a interrupção ou o mal funcionamento de uma infraestrutura crítica pode ocasionar. São as redes de automação que garantem o lucro de uma empresa. Elas possibilitam não apenas a produção, mas também a agilidade, a precisão e a sofisticação de seus produtos.

Para além do âmbito econômico, os custos humanos e ambientais causados por incidentes em redes de T.O. podem ser incalculáveis. O meio ambiente pode ser afetado drasticamente caso haja derramamento de produtos químicos e tóxicos.

Poluição, desabastecimento e mortes são custos reais quando o investimento na segurança de redes de automação não é feito.

1.2 CONCEITOS

De modo semelhante a outras áreas, a segurança cibernética tem conceitos que especificam situações, processos e fatos. Para uma análise de riscos, deve-se diferenciar, desse modo, o que é ameaça, vulnerabilidade, ativo, risco e impacto. Apesar de existirem por si, esses termos podem estar intimamente entrelaçados, evidenciando contextos problemáticos para a segurança cibernética de infraestruturas críticas (Figura 21).

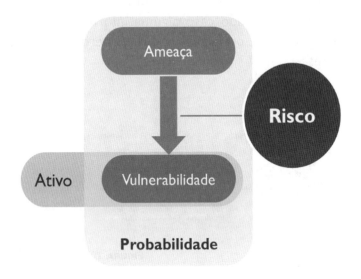

Figura 21 — Composição do risco

Ameaça

Uma ameaça se caracteriza por algo que possa afetar um ativo. Ela pode ter origem humana ou não, interagindo por meio de vulnerabilidades com determinados ativos. Um ladrão é uma ameaça semelhante a um hacker. Mas podem existir outras em potencial, por exemplo, erros humanos, programas e ataques maliciosos, falhas de software e equipamentos etc.

Ativo

Pode ser um computador, um PLC, um veículo; em suma, um ativo pode ser qualquer coisa que, de fato, seja utilizada para a produção industrial. As pessoas também podem ser consideradas como ativos, desde que estejam envolvidas nos processos da empresa, como diretores e demais colaboradores. Desse modo, serviços, dados, software, hardware, equipes e equipamentos compõem esta categoria.

Vulnerabilidade

A vulnerabilidade é um ponto frágil em um ativo. As ameaças exploram essas fragilidades e, quando as encontram, interagem diretamente com elas. Alguns exemplos de vulnerabilidades são: configurações malfeitas, portas de comunicação abertas, senhas fracas, transmissões de dados não protegidas etc.

Risco

O risco é a junção da ameaça que encontra a vulnerabilidade. Sem um desses componentes (ameaça ou vulnerabilidade) o risco não é, tecnicamente, constituído. A intensidade (nível de risco) é medida pelo produto da probabilidade de ocorrência (diretamente relacionada às ameaças e vulnerabilidades existentes) pelo impacto potencialmente causado. Para minimizar os riscos, podem ser estabelecidos controles que impeçam as ameaças de agir ou que reduzam as vulnerabilidades.

Impacto

O impacto existe apenas após o risco se concretizar. Ou seja, quando a ameaça obtém sucesso ao explorar determinada vulnerabilidade. Entre os impactos, encontram-se desde o vazamento de dados confidenciais até danos ambientais e humanos. Quando se mitigam os riscos, diminuem-se os impactos em uma infraestrutura industrial.

1.3 AVALIAÇÃO DE RISCOS

A determinação de riscos se dá pelo produto entre a probabilidade de ocorrência e o impacto no caso de concretização do risco. A probabilidade está diretamente ligada a fatores como nível de conectividade da empresa, complexidade dos sistemas tecnológicos instalados e os tipos de atacantes.

Uma avaliação de riscos pode ser qualitativa ou quantitativa. A primeira oferece uma abordagem mais rápida para a priorização de riscos, enquanto a segunda permite uma análise mais precisa da relação custo/benefício entre os riscos identificados e as contramedidas de segurança associadas.

Uma das formas de comparar o nível entre diferentes riscos é estabelecer uma matriz de probabilidade versus impacto, como o da Figura 22.

Esse método permite classificá-lo como baixo, médio e alto.

Essa classificação é bastante genérica, no entanto, serve como uma excelente referência para se criar um modelo mais completo e em maior conformidade com as peculiaridades de cada empresa. Podem-se inserir mais linhas, mais colunas e, assim, compor um cruzamento mais refinado do nível de risco de uma infraestrutura específica.

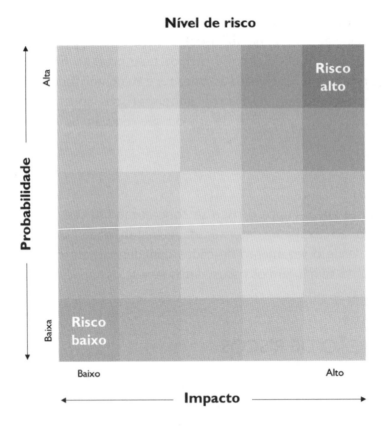

Figura 22 — Níveis de risco a partir do impacto e da probabilidade

Em alguns casos, a análise não será apenas qualitativa, mas também quantitativa. Ou melhor, serão postos os valores para cobrir os danos em determinadas ocasiões. Por exemplo, caso uma chuva forte danifique algum equipamento, quanto custará para consertá-lo e em quanto tempo isso será feito? Desse modo, a análise se torna mais realista e mais precisa, caso planos de contingência precisem entrar em ação.

1.4 CENÁRIO DE RISCOS

Um cenário de riscos é um conjunto de fatores. Ou seja, a análise precisa se concentrar em inúmeras variáveis para conseguir prever e se preparar para possíveis problemas de segurança, sobretudo em relação às infraestruturas críticas. Para isso, o cenário é composto por atores, tipos de ameaça, eventos, ativos e tempo.

ATORES

Os atores envolvidos no risco podem ser colaboradores insatisfeitos, como os *insiders*, por exemplo. Podem ser concorrentes que financiam uma ação ou mesmo terroristas que agem pelo simples prazer de interromper uma operação. Apesar desses casos serem ataques conscientes, os riscos também podem ocorrer acidentalmente por um parceiro ou mesmo um fabricante.

Como atualmente várias infraestruturas estão conectadas a outras, os parceiros têm acesso remoto e, durante suas conexões, podem acabar transmitindo algum *malware* que comprometa a operação industrial.

Em suma, os atores que compõem o cenário de riscos são:

- Colaboradores
- *Insiders*
- Concorrentes
- Terroristas
- Parceiros
- Fabricantes

TIPOS DE AMEAÇA

As ameaças podem ser causadas por várias naturezas: ação maliciosa ou acidental, por erro ou falha e por condições naturais, como um tornado ou uma pandemia. Podem ser também ocasionadas por algum requerimento externo, por exemplo, uma empresa que é surpreendida por alguma nova exigência legal e não tem as condições de cumprir esse requerimento. Quando se fala sobre tais aspectos legais enquanto uma "ameaça", o ponto de vista de que se parte é o mercadológico. No entanto, isso pode acabar afetando a própria preparação da segurança tecnológica.

Enfim, os tipos de ameaça são:

- Maliciosa
- Acidental
- Erro ou falha
- Natural
- Requerimento externo

Eventos

Um evento é um acontecimento que geralmente vai além do cotidiano de uma empresa, modificando ou influenciando seus processos de produção. Ele pode ser uma interrupção de um processo individual, como a rápida parada de uma esteira que carrega minério em uma siderúrgica ou uma parada maior que pode modificar a linha de produção e, com isso, gerar também um produto indesejado, que será refeito ou eliminado e ocasionará na perda da matéria-prima. Os eventos podem também ser exposições de dados de clientes, dados de fornecedores ou o uso inapropriado dos ativos. Entre outros, são:

- Interrupção
- Modificação
- Exposição
- Utilização inapropriada de dados e ativos

Ativos

Como já foi explicado, os ativos são pessoas, processos, equipamentos e instalações. Caso não se tenha o controle de todos eles, o cenário de risco se intensifica. Os ativos basicamente são:

- Pessoas e competências
- Processos

- Instalações físicas
- Infraestrutura T.I./T.O.
- Dados e informações

Tempo

Em relação ao tempo, a análise se pauta em suas condições, na exposição dos ativos e nos momentos de ocorrência. Nesses casos, deve-se analisar o tempo de resposta para que a normalidade dos processos seja mantida. O cenário de risco do fator tempo é composto por:

- Duração
- Momento de ocorrência
- Detecção
- Tempo de resposta

Esses fatores atuam ao mesmo tempo nas infraestruturas, compondo o cenário de riscos, como apresentado na Figura 23:

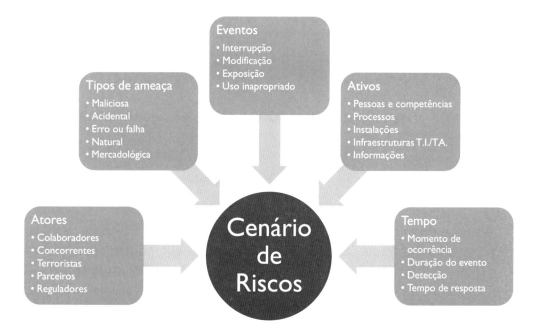

Figura 23 — Cenário de riscos

Gestão de riscos (norma ISO 31000)

A análise de riscos é uma parte do processo da gestão de riscos. A ISO 31000 é uma norma criada em 2009 pela International Organization for Standardization. Seu objetivo é estabelecer princípios e orientações genéricas sobre gestão de riscos. Ela é utilizada para estabelecer os princípios e orientações a partir de um framework universal e especifica diretrizes para os diversos fatores a serem considerados para a gestão de riscos, tais como:

- Identificação de riscos;
- Classificação ou avaliação de riscos;
- Respostas a riscos significativos por meio de:
    - tolerância
    - tratamento
    - transferência
    - eliminação
- Controles e monitoramento dos ativos;
- Planejamento de reação;
- Controle e monitoramento do desempenho de riscos;
- Revisão sobre o gerenciamento de riscos.

A diferença entre análise de riscos e análises de vulnerabilidades/ *pentest*

É importante notar que algumas pessoas confundem testes de penetração (*pentest*) e análise de vulnerabilidades com análise de riscos.

A análise de vulnerabilidades é uma parte do processo de análise de riscos cujo fim é identificar as fraquezas de uma rede industrial que podem ser exploradas por alguma ameaça. Ela deve ser realizada, sempre de modo não intrusivo, por meio da análise de dados provenientes de espelhamentos de segmentos da rede industrial (TAPs) ou da coleta de pacotes (PCAPs) para checagens posteriores em laboratório.

O *pentest* é um pouco diferente: como se desse um passo a mais, o *pentest* identifica as vulnerabilidades e, de fato, as explora a ponto de ganhar um acesso indevido por meio delas.

Por serem testes intrusivos, eles não são, de nenhuma forma, recomendados para serem realizados em sistemas industriais. Quando um *pentest* é executado contra uma rede industrial, os recursos da rede de automação e servidores críticos são exigidos, podendo levá-los involuntariamente ao colapso. Desse modo, a iniciativa que visava proteger a rede industrial de ações maliciosas pode acabar gerando interrupções indevidas e, em casos extremos, paradas de produção e graves incidentes.

1.5 CLASSIFICAÇÃO DE REDES INDUSTRIAIS

Para classificar uma determinada empresa como uma "infraestrutura crítica", é necessário que ela preencha uma série de requisitos. Essa classificação é feita a partir de um modelo desenvolvido pela Agence Nationale de la Sécurité des Systèmes d'Information (ANSSI), ou, em tradução literal, Agência Nacional da Segurança de Sistemas de Informação. Essa agência foi criada em 2001 com a finalidade de intensificar a defesa e segurança nacional da França e desenvolveu uma documentação bastante completa sobre segurança cibernética, conhecida como *modelo ANSSI*.

O Modelo ANSSI e seus níveis de classificação

O modelo ANSSI objetiva classificar um sistema de controle industrial em três classes, de acordo com sua criticidade. A classificação pode ser aplicada a uma planta inteira, a uma parte específica ou a um sistema de controle industrial distribuído em vários sites. Os níveis de segurança cibernética são definidos conforme seus impactos reais e prováveis na sociedade, no meio ambiente e em suas instalações.

A primeira classe é voltada para as infraestruturas de baixo impacto e que não precisam de nenhum tipo de obrigação formal em relação à proteção. No entanto, elas têm um guia a ser seguido e que é chamado de "higienização de segurança cibernética".

As infraestruturas de Classe 2 e 3 são empresas que geram maior impacto caso sofram ataques cibernéticos. No entanto, enquanto a Classe 2 pode ser ou não auditada pelo governo francês, as infraestruturas de Classe 3 são obrigatoriamente auditadas.

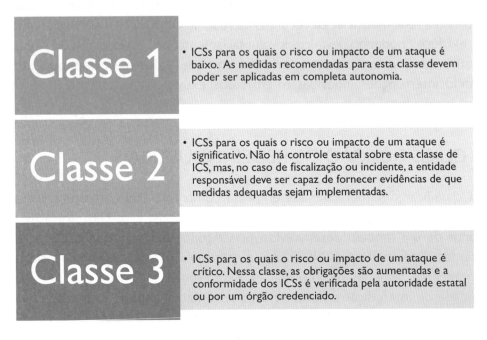

Figura 24 — Classificação de sistemas de controle segundo o modelo ANSSI

Escala de classificação

A escala de classificação ocorre com relação aos impactos e às probabilidades. A classe de risco é definida com base em uma tabela de questionários destinada a cada tópico: usuários, atacantes, conectividade, funcionalidade, exposição, impactos e probabilidade (Figura 25).

Nela, os impactos são medidos a partir dos possíveis danos ao meio ambiente, das possíveis mortes e dos prejuízos econômicos e financeiros que uma empresa pode causar se sua produção for interrompida. No caso da probabilidade, tem-se um processo de construção a partir de algumas perguntas, como: de que forma os atacantes veem sua empresa? Como é a relação com os usuários e os controladores? Qual o grau de exposição dessa empresa para o mundo?

O atacante pode ser, por exemplo, um *script kiddie*. Esses atacantes estão iniciando no mundo do hacking e ainda não têm a capacidade de compreensão e de criação de ferramentas complexas de ataque. Mas existem ameaças com níveis mais elevados de conhecimento e com intenções claramente maliciosas. Pode haver casos, inclusive, de outros países tentando atacar uma infraestrutura crítica a partir de grandes financiamentos. Quanto maior o nível do atacante, pior é a pontuação para o ANSSI.

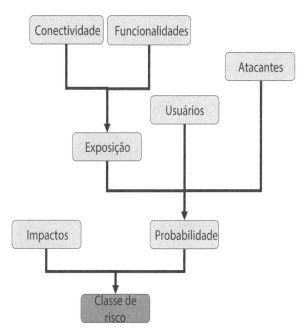

FIGURA 25 — Fluxograma para a classificação de riscos

No caso de usuários, a pontuação começa a partir de classificações mais rasas (quando todos os usuários são controlados e se tem ciência exata do que eles fazem). Na situação contrária (quando não se tem controle nenhum sobre os usuários, quando as senhas são compartilhadas etc.), a pontuação e a classificação pioram. Isso significa que as plantas não são retratadas com confiança e precisão e que, portanto, elas podem estar em um risco maior.

Para compor o resto dessa pontuação da probabilidade, tem-se o grau de exposição, que é composto por dois outros fatores: conectividade e funcionalidade. A conectividade está relacionada ao modo como uma infraestrutura se conecta com o resto do mundo. Isso pode acontecer desde o nível mais baixo (nenhuma conexão) até o nível mais alto (uso de redes de telefonia móvel, extensões de redes etc.). No contexto da Indústria 4.0, o nível de conectividade tende a aumentar cada vez mais, sobretudo com a tecnologia 5G, em que os dispositivos IoT (Internet das Coisas) compõem uma rede em nuvem.

No caso das funcionalidades, a escala inicia-se com a ausência de automação complexa, até atingir o nível que tem sistema de ERP, de integração com sistema de vendas, de integração com diversos temas, a ponto de o nível de funcionalidades no ambiente começar a crescer e ficar mais complexo. Quanto maior for a quantidade de funcionalidades oferecidas e quanto mais conectividade uma rede tiver, maior será também seu grau de exposição.

Desse modo, somando o nível de exposição com a forma com que se lida e se controlam seus usuários e os possíveis tipos de atacante ao qual uma rede é suscetível, tem-se a probabilidade. Somando-se a probabilidade com os impactos econômicos, ambientais e humanos, tem-se essa tabela de correspondência, onde é possível determinar se a empresa é de Classe 1, 2 ou 3 (Figura 26).

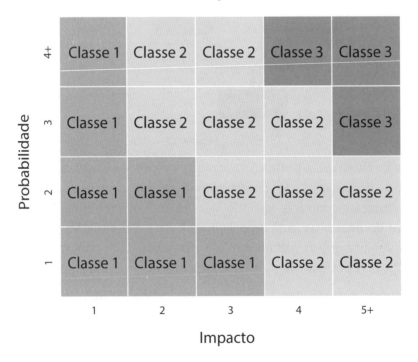

Figura 26 — Escala de classificação entre impactos e probabilidades

No Brasil, a maioria das empresas é classificada como Classe 2 ou 3, porque seus impactos são bem maiores do que os de empresas francesas, por exemplo. Como as empresas são muito grandes e atendem a um número muito elevado de pessoas, o impacto das infraestruturas brasileiras é enorme. De qualquer modo, essa escala é muito adequada para se entender como uma rede pode ser classificada a partir de sua criticidade.

Conceitos apresentados neste capítulo

Neste capítulo, é abordada a análise de riscos realizada por meio da metodologia *ICS.SecurityFramework*®. As características principais das análises estática e dinâmica entram em cena, além de suas diferenças e das possíveis e necessárias comparações existentes entre elas. Ao final, é apresentada a construção do relatório de análise de riscos, produto da análise.

CAPÍTULO 2

ANÁLISE DE RISCOS

2.0 INTRODUÇÃO

A análise de riscos realizada por meio da metodologia *ICS.SecurityFramework*® é dividida em duas partes: estática e dinâmica (Figura 27).

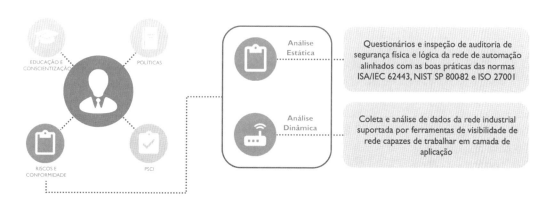

FIGURA 27 — Análise de riscos na metodologia *ICS.SecurityFramework*®

A análise estática é realizada a partir de questionários que almejam fazer um levantamento sobre a segurança física e lógica da planta industrial que está sendo analisada. Esses questionários são realizados em conjunto com os administradores e gestores das plantas, a fim de se compreender como a segurança cibernética da planta industrial em questão está estruturada.

A análise dinâmica é baseada na coleta de pacotes de dados da rede de automação e posterior análise em laboratório para a detecção de ameaças e vulnerabilidades.

Ao final, obtém-se a composição dos dados levantados na análise estática com os dados adquiridos por meio da análise dinâmica para a elaboração do relatório da análise de riscos (LEWIS, 2020, p. 41).

2.1 ANÁLISE ESTÁTICA

Nesta etapa da análise de riscos, são verificados diagramas da rede, vistoriados os ambientes operacionais e respondidos os questionários de auditoria de segurança física e lógica da rede de automação, previamente desenvolvidos com base nas boas práticas das normas de segurança cibernética industrial.

A Tabela 1 ilustra as normas mais utilizadas e a abordagem em que elas são aplicadas.

ABORDAGEM	DOCUMENTO	DESCRIÇÃO
Questionários para análise estática	Família ISA/IEC 62443	Série de documentos de padronização de segurança para redes de controle industrial. Baseada em riscos específicos para ambientes industriais, estabelece metodologias e critérios de segurança cibernética, bem como define papéis e responsabilidades para operadores, integradores e fabricantes.
Questionários para análise estática	NIST SP 800-82	Orientações para a proteção de sistemas de controle industrial (ICS), incluindo Sistemas de Supervisão e Aquisição de Dados (SCADA), com base em ameaças e vulnerabilidades em arquiteturas típicas.
Questionários para análise estática e inspeção física (específico para empresas de energia)	NERC-CIP North American Electric Reliability Corporation – Critical Infrastructure Protection	Conjunto de documentos que estabelecem critérios mínimos de segurança cibernética e proteção dos sistemas elétricos nos EUA.

Questionários para análise estática e segurança física	ISO/IEC 27001 Tecnologia da informação – Técnicas de segurança – Sistemas de gestão da segurança da informação – Requisitos	Especificação de requisitos para estabelecer, implementar, manter e melhorar continuamente um sistema de gestão da segurança da informação. Além disso, a documentação inclui requisitos para a avaliação e tratamento de riscos de segurança da informação
Questionários para análise estática e segurança física	ISO/IEC 27002 Tecnologia da informação – Técnicas de segurança – Código de prática para controles de segurança da informação	Diretrizes para práticas de gestão de segurança da informação e normas de segurança da informação para as organizações, incluindo a seleção, a implementação e o gerenciamento de controles, levando em consideração os ambientes de risco da segurança da informação da organização
Questionários para análise estática (específico para empresas de energia)	ISO/IEC 27019 Tecnologia da informação – Técnicas de segurança – Controles de segurança da informação para serviços de energia	Orientações com base na ISO/IEC 27002 para a proteção de sistemas de controle de processos. Ênfase em instalações de geração, transmissão e distribuição de energia.

Tabela 1 — Normas utilizadas em análises de riscos de plantas industriais

A visita presencial às instalações permitirá a identificação dos controles ou contramedidas de segurança física e lógica já existentes nas redes, avaliando, na medida do possível, as condições nas quais os controles se encontram instalados e em uso e a adequação às necessidades.

Para que a avaliação seja abrangente, serão consideradas as categorias de controles sugeridas pelas normas ISA/IEC-62443 e NIST SP800-82 (controles gerenciais, operacionais e técnicos) para a rede de automação e pelas normas ISO/IEC 27001/27002 (controles gerenciais, operacionais e técnicos) para a inspeção física dos datacenters industriais. Em casos de análises específicas para ambientes de redes de energia elétrica, também pode ser utilizada a norma NERC CIP. A avaliação será realizada mediante o preenchimento de formulários com uma lista de controles que compõem as bases de conhecimento de riscos das normas descritas anteriormente.

Como já foi exposto brevemente no início deste livro, a metodologia *ICS. SecurityFramework*® é dividida em seis grandes domínios de segurança da informação (Figura 28): governança e monitoramento, segurança de borda, proteção da rede industrial, controle de *malware*, segurança de dados, e educação e conscientização. Quando realizamos a análise estática, perguntas e verificações relativas a cada um destes seis domínios devem ser elencadas.

Figura 28 — Domínios da metodologia *ICS.SecurityFramework*®

Governança

Em relação à governança, uma das principais questões é verificar se a planta industrial tem uma política de segurança específica, testada e implementada. Muitas infraestruturas críticas adotam modelos de outras empresas ou de outras áreas e acabam, por conseguinte, estabelecendo um modelo de segurança ineficiente. Em alguns casos, as políticas de T.I. são usadas também nas estratégias de proteção das redes de T.O., o que é completamente errado, já que as necessidades e os objetivos de ambas são bastante diferentes.

Por isso, a área de automação precisa ter sua política de segurança própria. Além disso, é necessário que *logs* estejam disponíveis para a análise, a fim de verificar se existe algum problema no ambiente industrial. Outras questões, como o plano de recuperação de desastres, a revisão em códigos escritos e a análise de software adquirido, também devem ser verificados durante a análise de riscos estática.

Segurança de borda

Um dos primeiros e mais essenciais destaques da segurança de borda é, sem dúvida, a existência ou não de um *firewall* de próxima geração assegurando o perímetro da rede de automação. Esse tipo de segurança é, basicamente, a proteção que segrega a rede de automação de quaisquer que sejam as conexões externas a ela. Além disso, a análise de riscos deve verificar a existência de outros controles de segurança de borda, tais como sistemas de detecção de intrusos, uso de criptografia para comunicações seguras, autenticação de usuários para VPN, proteção contra ataques por negação de serviços, entre outros.

Proteção da rede industrial

A análise de riscos em relação à proteção de rede industrial deve fazer o levantamento de itens essenciais e o entendimento dos fluxos de acesso a equipamentos dos níveis 0 e 1 (do modelo Purdue) dentro das redes industriais. Também é importante analisar se a rede industrial está contida em si mesma, ou melhor, se ela não utiliza serviços de outras redes externas ou da rede de T.I.

Além da proteção física, os componentes críticos, como PLCs, precisam estar assegurados por redundância, caso haja alguma falha.

Controle de *malware*

É fundamental que a análise de riscos estática verifique a existência de controles de proteção contra infecções por *malware*, tais como a aplicação de medidas restritivas em relação ao uso de portas USB na rede de automação, uso de software *antimalware* de próxima geração, atualizações de sistemas operacionais e aplicações devidamente homologadas pelos fabricantes industriais, dentre outros.

Segurança de dados

Para este item, existem dois pontos fundamentais a serem analisados: o backup e o controle dos acessos à rede de automação e seus arquivos privados. É muito comum que os backups sejam incompletos, mal testados, e que não funcionem na hora quando se necessita recuperar algum ambiente. Além disso, as senhas complexas e as credenciais de acesso não devem ser compartilhadas. Outro problema comum aos backups são os locais físicos e virtuais em que estão armazenados. Algumas vezes, esses locais são comprometidos com o restante da rede. Além disso, existem questionários e análises específicas que devem ser considerados para a privacidade dos dados de pessoas físicas protegidas pela LGPD (Brasil) ou GDPR (Exterior).

Educação e conscientização

Por fim, a análise de riscos estática engloba também a conscientização e a educação dos funcionários das redes de automação. Treinamentos e palestras periódicas sobre segurança cibernética industrial devem ocorrer na empresa a fim de que os pontos de segurança, sobretudo as possíveis vulnerabilidades, se tornem conhecidos e, com isso, evitados e amenizados.

2.2 ANÁLISE DINÂMICA

A análise dinâmica verifica as ameaças e vulnerabilidades da rede industrial por meio da checagem do conteúdo dos pacotes de dados (PCAPs) que trafegam na rede industrial. Essa verificação é feita de forma não intrusiva, sem causar nenhum impacto ou risco ao tráfego de dados da rede industrial, por meio da configuração de interface(s) em modo TAP conectada ao tráfego real (*Port Mirror/SPAN Port*) nos *switches core* das redes industriais, o que faz com que o tráfego de diversos segmentos de rede seja copiado para uma ou mais portas específicas do *switch*.

Os pacotes de dados recebidos na(s) porta(s) espelhada(s) são então analisados por meio de ferramentas de segurança capazes de trabalhar em camada de aplicação (Camada 7 do modelo OSI), tais como *firewalls* de próxima geração e IDSs industriais.

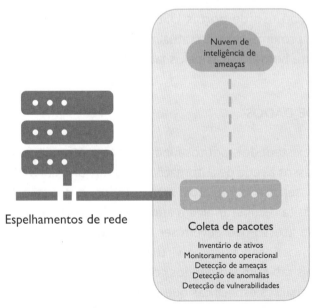

Figura 29 — Espelhamentos de rede para análise dinâmica

Por meio dessas ferramentas, é possível obter um completo inventário dos ativos da rede de automação e um panorama das vulnerabilidades e ameaças de cada ativo da rede (Figura 29).

A análise dinâmica conta com o apoio de nuvens de inteligência de ameaças dos fabricantes para ajudar a compreender os tipos de ações que são realizadas em uma rede industrial com base em assinaturas e comportamentos.

A análise baseada em assinaturas detecta se o pacote realiza comportamentos maliciosos já conhecidos e catalogados; já a baseada em comportamentos é realizada quando o pacote de dados não tem uma assinatura listada como *malware*, mas tem um comportamento suspeito. Neste caso, é realizada uma análise em uma *sandbox*, onde são testados diversos controles sobre esse pacote de dados, a fim de verificar se seu comportamento responde de forma benigna ou maligna.

Pilares da análise dinâmica

A análise dinâmica é baseada em três grandes pilares. O primeiro deles é a visibilidade, ou seja, o conhecimento sobre quais aplicações estão sendo executadas na rede industrial.

O segundo é o controle: quais são os dados que trafegam na rede de automação e suas principais vulnerabilidades? Quais são as ameaças que estão trafegando?

Por fim, o terceiro pilar de uma análise dinâmica é a detecção de ameaças. Existe *malware* na rede? Em quais máquinas?

Para cada um desses pilares, podem-se destacar os seguintes itens:

- Visibilidade sobre:
  - As aplicações a partir de classificação nativa em Camada 7;
  - As principais aplicações percorrendo a rede;
  - As aplicações de alto risco presentes no ambiente.

- Controle sobre:
  - As vulnerabilidades de aplicativos encontradas;
  - *Spyware* e vírus descobertos na rede;
  - Os arquivos e tipos de arquivo percorrendo a rede.

- Detecção de ameaças:
  - Incidências de *malware* descobertas na rede;
  - Volumetria das amostras analisadas;
  - Superfície de exploração;
  - Anatomia do *malware* detectado.

2.3 ELABORAÇÃO DO RELATÓRIO DA ANÁLISE DE RISCOS

Os dados coletados pela análise estática serão processados segundo critério qualitativo, com escalas de probabilidade e impacto. Para cada conjunto ameaça/vulnerabilidade, será atribuída, a partir de informações coletadas em entrevistas com a equipe da planta analisada, uma probabilidade de ocorrência e um impacto (em função das consequências).

De forma complementar, os dados advindos da análise dinâmica realizarão a comprovação e gerarão evidências das informações provenientes da análise estática de riscos. Durante a consolidação dos dados das análises estática e dinâmica, estabelecem-se comparações importantes.

Em relação à governança, por exemplo, pode-se verificar se o inventário de ativos da rede industrial que os funcionários utilizam corresponde, de fato, aos ativos existentes na planta industrial. Com o passar dos anos, a evolução das redes com trocas, modificações e atualizações de ativos pode impor diferenças significativas entre os desenhos da arquitetura conhecida e o que foi detectado pelas ferramentas de análise.

Sobre o controle de *malware*, é possível identificar se existe algum programa malicioso em determinada rede, se os equipamentos estão atualizados e se estão funcionando corretamente.

Em relação à proteção da rede industrial, devem-se detectar quais são os serviços utilizados que são realmente necessários. Por exemplo, se existir uma operação que não necessita de nenhum tipo de compartilhamento de arquivos, mas tem um servidor de FTP (que serve essencialmente para o compartilhamento de arquivos), pode-se recomendar no relatório o desligamento desse serviço. Se não se utiliza em um servidor a porta 8080, ela não precisa ficar aberta.

Cada porta aberta, cada serviço utilizado, deve ser não apenas monitorado, como, sobretudo, ter uma função bem definida dentro dos objetivos de determinada infraestrutura. Desse modo, evita-se não apenas mais um ativo para ser monitorado, como também as vulnerabilidades que ele carrega consigo.

No caso da segurança de dados, é necessário detalhar, por exemplo, se as informações e os processos trafegados são feitos de forma criptografada ou não, e se dados privados de pessoas físicas estão sendo extraviados das redes, ferindo as definições das leis gerais de proteção de dados como a LGPD (Brasil) e a GDPR (Exterior). Também é necessário conhecer quais são os programas utilizados para estabelecer tais conexões e comunicação criptografadas.

O resultado da união das informações coletadas durante as análises estática e dinâmica deve ser consolidado em um documento único denominado "Relatório da Análise de Riscos", que será entregue aos gestores da empresa.

Alguns itens que devem constar do relatório são os seguintes:

- Sobre os autores/Agradecimentos aos participantes;
- Resumo da metodologia adotada;
- Escopo da análise de riscos;
- Detalhes dos dados obtidos, tais como listagens de ativos, tabelas de acompanhamento, riscos por ativo, análise de controles de segurança existentes e avaliação de conformidade;
- Recomendações para a correção ou manejo de problemas encontrados;
- Resumo executivo.

Conceitos apresentados neste capítulo

O Planejamento de Segurança Cibernética Industrial (PSCI) será tratado neste capítulo a partir de considerações específicas para uma estratégia de segurança. Isso deve levar em conta as regulamentações, os impactos ambientais, sociais e econômicos, as práticas de mercado e as necessidades de negócio. Desse modo, o PSCI visa formular planos para a segurança cibernética de infraestruturas críticas indicando soluções de proteção efetivas.

CAPÍTULO 3

PLANEJAMENTO DE SEGURANÇA CIBERNÉTICA INDUSTRIAL

3.0 INTRODUÇÃO

Após realizada a análise de riscos, o horizonte sobre as possíveis melhorias na segurança de uma planta industrial se torna mais claro. Para saber exatamente quais serão os objetivos a serem alcançados, deve-se, no entanto, fazer um planejamento cuidadoso. Na metodologia *ICS.SecurityFramework*®, esse planejamento segue alguns passos bastante específicos que são estabelecidos após uma análise detalhada sobre os regulamentos, os impactos ambientais, sociais e econômicos, as práticas e as necessidades de mercado.

REGULAMENTAÇÃO

Uma das primeiras questões a ser tratada é a regulamentação. Ela tem duas vertentes: por um lado, as obrigações legais estabelecidas por determinado governo na sociedade em que a empresa atua. Por outro lado, a regulamentação também necessita ser pensada e elaborada a partir dos contratos com os clientes.

Impactos ambientais, sociais e econômicos

Entre as prioridades do planejamento, devem-se adotar os critérios relacionados aos impactos ambientais, sociais e econômicos. Caso haja um ativo que tenha alguma vulnerabilidade que possa ser explorada, os controles para minimizar os impactos deverão ser exercidos. É imprescindível que o planejamento prepare a infraestrutura crítica para quaisquer impactos ambientais, sociais e econômicos em potencial que possam vir a ocorrer.

Práticas de mercado

A segurança cibernética industrial vai além da rede de automação. Isso porque quaisquer riscos que recaiam sobre ela podem afetar economicamente a empresa. Com isso, adotam-se critérios para transmitir confiança aos investidores. Essas práticas incluem também o estabelecimento dos limites do mercado (se será restrito ou aberto) nos quais a empresa participará. Aumentar ou diminuir esses limites significa, portanto, reformular o planejamento de segurança cibernética industrial.

Necessidades do negócio

Dentro das estratégias de segurança, entram também as necessidades do negócio. Apesar de isso estar relacionado também com a parte administrativa de uma empresa, é exatamente a consciência sobre tais necessidades que permite compreender quais serão as soluções de segurança a serem utilizadas nas operações e nos processos da infraestrutura. Desse modo, a atualização de antigos e a aquisição de novos ativos de segurança são fundamentais em um planejamento de segurança.

Uma infraestrutura que está migrando para a Indústria 4.0, por exemplo, se deparará com o surgimento de novos serviços em sua rede, e, consequentemente, novos ativos de segurança compatíveis serão necessários. Assim, as necessidades de negócio estão intimamente relacionadas com o planejamento da segurança cibernética.

3.1 ELABORAÇÃO DO PLANO

O PSCI está intimamente ligado à análise de riscos, não apenas no formato da documentação elaborada, mas também em seu próprio vocabulário (Figura 30).

Segundo a metodologia *ICS.SecurityFramework*®, o PSCI deve ser elaborado a fim de orientar como a segurança cibernética deverá ser implementada na planta industrial previamente analisada. Ele deve definir os objetivos e estipular os prazos relativos aos procedimentos de implementação dos controles de segurança cibernética. Desse modo, o plano objetiva prever os investimentos para aumentar o grau de conformidade de cada infraestrutura com as normas consideradas para o projeto de segurança.

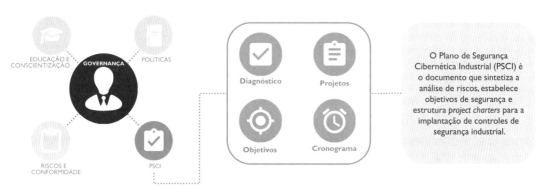

Figura 30 — PSCI na metodologia *ICS.SecurityFramework*®

Se, por exemplo, a análise de riscos tiver detectado que não existem senhas para controlar os acessos à planta industrial, o PSCI deverá detalhar essa fragilidade e indicar a necessidade da implantação de ferramentas para o acesso seguro.

A metodologia *ICS.SecurityFramework*® aborda quatro elementos fundamentais na composição de um PSCI: o diagnóstico, os objetivos, os projetos e o cronograma.

Diagnóstico

Este item deriva da análise de riscos feita previamente. Ele detalha uma visão geral sobre os possíveis riscos e impactos que a infraestrutura pode sofrer.

Objetivos

Os objetivos precisam considerar os procedimentos de segurança a serem tomados e seus objetivos: Qual o nível de maturidade de segurança cibernética que se deseja para as plantas industriais da empresa? Quais riscos são aceitáveis e quais deverão ser eliminados com a execução dos projetos definidos no plano?

Projetos

Os objetivos aliados aos diagnósticos serão a base da elaboração dos projetos e suas metas. Estes devem detalhar as soluções pessoais e tecnológicas de segurança a serem implantadas, especificando-as em folhas de projeto (*project charters*).

Cronograma

O cronograma deverá estabelecer o prazo para que cada objetivo seja alcançado por meio da implementação dos projetos de segurança. Isso deixa o PSCI mais organizado e influencia positivamente na conquista das metas. Além disso, serve para medir os avanços e os atrasos reais do plano.

EXERCÍCIOS DE REVISÃO

1. O conceito de gestão de riscos pode ser descrito como:

   a) A gestão de riscos reduz o risco ao definir e controlar as ameaças.
   b) A gestão de riscos identifica e calcula seus impactos na organização.
   c) A gestão de riscos determina os ativos organizacionais e seus valores.
   d) Todas as alternativas anteriores.

2. Em que consiste um Plano de Segurança Cibernética Industrial?

   a) Auditoria de segurança física e lógica da rede de automação baseada nas normas IEC 62443, NIST SP 800-82 e ISO 27001.
   b) Oferece o estabelecimento da segurança em um fluxo permanente de análise de riscos, planejamento, estabelecimento de controles e monitoramento contínuo.
   c) Documento que sintetiza a análise de riscos, estabelece objetivos de segurança e estrutura *project charters* para a implantação de controles de segurança industrial.
   d) Realiza normalização e correlação imediata de eventos para detecção de ameaças e geração de relatórios de conformidade.

3. Quando ocorre o risco?

   a) O risco ocorre quando uma ameaça explora um impacto causando uma vulnerabilidade.

b) O risco ocorre quando uma ameaça explora uma vulnerabilidade causando impacto.

c) O risco ocorre quando uma vulnerabilidade explora um ativo causando um impacto.

d) Nenhuma das alternativas anteriores.

4. Um passo anterior à implantação de contramedidas é:

   a) Realizar uma análise de riscos na planta a ser protegida.

   b) Definir quem pode acessar um determinado sistema ou informação.

   c) Realizar um BIA (Business Impact Analysis).

   d) Realizar teste de penetração na rede industrial para verificar vulnerabilidades.

5. Qual das atividades a seguir não faz parte de uma etapa da análise de riscos?

   a) Entrevistas com os gestores para a análise estática.

   b) Implementação de NGFW para segurança de borda da rede industrial.

   c) Coleta de pacotes de dados da rede industrial para análise dinâmica.

   d) Vistoria técnica do datacenter industrial para análise de segurança física.

6. A análise de segurança física não contempla a inspeção de quais elementos?

   a) Cabeamento.

   b) Climatização.

   c) Energia e circuitos elétricos.

   d) Acesso remoto via VPN.

7. A coleta de dados para a realização da análise dinâmica não oferece riscos à performance da rede industrial, pois:

   a) Utiliza espelhamentos do tráfego da rede industrial.
   b) É realizado na rede corporativa.
   c) É realizada em linha com o tráfego da rede industrial.
   d) Nenhuma das alternativas anteriores.

8. A sigla PSCI significa:

   a) Programa de Segurança Cibernética Industrial
   b) Plano de Segurança Cibernética Industrial
   c) Práticas de Segurança Cibernética Industrial
   d) Políticas de Segurança Cibernética Industrial

9. Não faz parte de um PSCI o seguinte item:

   a) Cronograma.
   b) Projetos de segurança cibernética.
   c) Propostas comerciais das soluções de segurança a serem adotadas.
   d) Controles de segurança a serem implementados.

10. Qual dos módulos a seguir não faz parte da metodologia *ICS.SecurityFramework*®?

    a) Segurança de dados
    b) Segurança de borda
    c) Proteção da rede industrial
    d) Inteligência artificial

CONTROLES DE SEGURANÇA CIBERNÉTICA INDUSTRIAL

Conceitos apresentados neste capítulo

Este capítulo aborda a importância da educação para a sedimentação dos conceitos de segurança cibernética para colaboradores de ambientes industriais. Ele apresenta métodos de ensino e boas práticas que devem ser usados no dia a dia de operações industriais seguras. Além disso, indica também como deve ser desenvolvido um planejamento de educação e conscientização para a área de automação da empresa, relacionando treinamentos, certificações, eventos e outras ferramentas de ensino apropriadas e específicas para a área.

CAPÍTULO 1

EDUCAÇÃO E CONSCIENTIZAÇÃO

1.0 INTRODUÇÃO

A educação está em todos os processos das sociedades atuais. Para praticamente todas as tarefas, é necessário um mínimo grau de estudo e especialização. Isso não significa, é claro, que a educação seja sempre um processo formal. Existem inúmeras formas de se aprender algo e que incluem tanto aprendizados institucionais quanto autodidatas.

No entanto, em relação à segurança cibernética industrial, esse processo precisa ter algumas garantias. Profissionais com experiência teórica e prática são excelentes guias de aprendizagem na condução e na evolução de um indivíduo interessado em aumentar seu conhecimento e se certificar. Na verdade, inúmeras instituições e organizações têm cursos específicos para a certificação de determinados conteúdos em segurança cibernética.

Tais certificações são bastante específicas e apontam para a importância tanto do conhecimento teórico quanto do conhecimento prático. As organizações que as ministram são reconhecidas na área de segurança da informação e realizam, inclusive, processos de certificação de pessoal para diversas empresas do mundo.

Na metodologia *ICS.SecurityFramework*®, a educação e conscientização da equipe responsável pela gestão e operação das redes industriais é vista de modo contínuo.

Apesar da Figura 31 retratá-la como se fosse o último estágio das soluções de proteção, a educação e conscientização é um processo que não apenas permeia todas as etapas de segurança, como também as reforça e as auxilia em sua efetividade.

Figura 31 — Educação e conscientização na *ICS.SecurityFramework*®

Na realidade, o processo de educação e conscientização deve ser, inclusive, realizado no início das etapas de implementação de soluções de proteção, ou mesmo juntamente com a análise de riscos. Isso pode ajudar a demonstrar para a diretoria e para os gestores o quão importante é a segurança cibernética em uma infraestrutura crítica e eliminar mitos como aqueles de que uma rede de automação está "isolada". De qualquer modo, esse é um ponto fundamental e bastante flexível cuja realização deve ser sempre efetivada e atualizada.

1.1 ORGANIZAÇÃO DO PLANO DE TREINAMENTO DA AUTOMAÇÃO

Tanto a ISO 27001 quanto a ISA/IEC 62443 requerem que as empresas desenvolvam um plano de treinamento e conscientização para a equipe de automação, ou seja, capacitação específica em segurança cibernética industrial. Esse pensamento é bastante presente nas normas e diretrizes de diversas organizações.

A educação e a conscientização são fundamentais para que a segurança na rede de automação seja, de fato, realizada. Não adianta ter equipamentos de segurança extremamente sofisticados se um leve descuido devido ao desconhecimento de algum colaborador pode pôr a perder todo esse investimento.

Por exemplo, a equipe de segurança pode instalar, na borda da rede de automação, um Next Generation Firewall. Essa medida de segurança pode levar à falsa impressão de que a rede está protegida, como se estivesse isolada fisicamente de todas as possíveis ameaças exteriores. No entanto, se algum colaborador, por descuido ou ignorância, conectar um computador de dentro da rede de automação diretamente à internet roteando a rede móvel de seu celular, a proteção estabelecida por esse firewall será simplesmente ignorada e a rede de automação estará completamente exposta.

Figura 32 — Tríade de educação e conscientização

Por isso, é fundamental desenvolver e aplicar periodicamente um plano de educação e conscientização direcionado aos colaboradores da automação, estabelecendo os conteúdos e objetivos a serem aprendidos. Cursos e palestras ocasionais são muito pouco efetivos quando o planejamento e a continuidade não existem. É importante que uma rotina seja estabelecida com seriedade e definição sobre suas metas.

Esse plano deve definir os objetivos de conhecimento sobre a segurança cibernética industrial para os colaboradores de maneira sistemática. Ele deve estabelecer quais competências e ações de aprendizado são necessárias e qual tipo de métrica haverá para saber se a equipe realmente aprendeu e está capacitada para atuar no cotidiano da rede de automação.

A partir disso, se estabelece uma tríade para a educação e conscientização. Ela é baseada no conhecimento, na habilidade e na atitude em relação à segurança e às suas temáticas. Em suma, não basta apenas conhecer os pontos sobre segurança cibernética, é necessário ter habilidade e atitude para aplicá-la e propagá-la dentro da organização conforme os momentos e os locais corretos.

O plano de educação e conscientização deve ter etapas (Figura 33). Nelas, definem-se quais conhecimentos e habilidades serão necessários para a equipe de automação.

Os colaboradores da T.O. precisam lidar com a tarefa de proteção de sistemas de controle em redes de infraestruturas críticas e, por isso, precisam também de treinamentos e conhecimentos bastante específicos que devem ser realizados até que sejam atingidos os níveis desejados de conhecimentos e habilidades. Ao final de cada etapa do plano, é importante medir se cada indivíduo atingiu os níveis desejados por meio de testes internos e provas de certificação.

Sugere-se que o plano de treinamento e conscientização deva ser definido e executado com periodicidade anual, e que deva ser gerenciado pelo gestor de segurança da informação dentro do ambiente industrial em conjunto com o departamento de recursos humanos. Esse plano deverá ser repetido periodicamente e atualizado conforme a mudança de funcionários e das ferramentas de capacitação disponíveis no mercado.

Data	Atividade	Formato	Participantes
Permanente	Conscientização de visitantes	Folheto entregue na portaria	Visitantes
Mensal	Mesa redonda	Leitura dos indicadores e revisão das ações de segurança	Colaboradores e seus líderes
Maio	Evento TI Safe CLASS	Congresso	Gerentes e coordenadores
Outubro	Treinamento em IDS industrial	Curso de 20h	Fulano e Beltrano

Figura 33 — Etapas do planejamento de educação e conscientização

1.2 FERRAMENTAS PARA EDUCAÇÃO E CONSCIENTIZAÇÃO

Um plano de treinamento deve ter uma organização específica e, com ela, ferramentas que podem e devem ser utilizadas para efetivá-lo. Essas ferramentas podem ser utilizadas para toda equipe indiscriminadamente ou, também, ser especificadas para alguns grupos conforme uma série de critérios: função e objetivo de cada colaborador, diversidade e variação metodológica etc.

No geral, é interessante que todos os funcionários tanto da rede de automação quanto de outros setores (administrativos e redes de informação) tenham acesso vasto, contínuo e intenso a tais ferramentas estabelecidas no planejamento. Para esse propósito, podem ser usadas estratégias de capacitação internas, tais como treinamentos online, apresentações e workshops, artigos na internet ou informativos, vídeos, mensagens ocasionais (por e-mail, intranet, entre outros meios), mídias sociais, comunicação pessoal e diária etc.

Treinamentos online

Os treinamentos de curta duração online que explicam os principais tópicos da política de segurança da empresa são excelentes formas de se transmitir o conhecimento necessário. Eles podem ser acessados conforme a disponibilidade dos colaboradores e podem estar ligados a bônus para incentivar.

Apresentações e workshops internos

Reuniões curtas devem ser organizadas para explicar o que são as novas políticas e os procedimentos de segurança cibernética que estão sendo implementados na empresa. Deve-se atentar para que elas não sejam muito maçantes a ponto de causar desatenção e cansaço. Ao contrário, elas devem ser realizadas breve e objetivamente com diversas metodologias aplicadas.

Artigos na intranet ou informativos

Histórias simples (com o máximo de exemplos possíveis) que ajudem os colaboradores a entender a importância da segurança cibernética industrial ser propagada continuamente, com diversas perspectivas baseadas em especificações técnicas, curiosidades etc.

Vídeos curtos

A utilização de vídeos de curta duração é um poderoso método tanto para a efetivação da educação e conscientização sobre a segurança. Eles podem ser distribuídos por e-mail, intranet, plataforma de educação a distância etc..

Mensagens ocasionais (via e-mail, intranet e mídias sociais)

Esse tipo de mensagem pode ser usado não apenas para distribuir vídeos, mas também para enviar notícias relevantes, dicas para continuidade de negócio e curiosidades para despertar o interesse e a consciência dos funcionários.

Comunicação pessoal de forma diária

A comunicação pessoal feita diariamente e informalmente é uma das ferramentas mais efetivas para a conscientização dos colaboradores da empresa. Sempre que possível e, de preferência de maneira informal, deve-se tentar explicar os benefícios da segurança cibernética industrial dentro da empresa.

1.3 TREINAMENTOS E CERTIFICAÇÕES

Existem diversos treinamentos e certificações disponíveis no mercado e focados em segurança cibernética industrial. A seguir temos algumas indicações para fundamentar e ampliar o planejamento de educação e conscientização elaborado.

Formação em Segurança de Automação Industrial

Figura 34 — Formação em Segurança de Automação Industrial

Curso de segurança cibernética em automação industrial ministrado na sede da empresa TI Safe na cidade do Rio de Janeiro (Figura 34), ou pela internet em formato

EAD (Ensino a Distância). Os participantes recebem apostilas e material didático complementar em formato digital (disponíveis em português e inglês).

O curso é baseado nas etapas de implementação do CSMS (Cyber Security Management System) recomendado pela norma ISA/IEC-62443 e é ministrado por instrutores com anos de experiência em segurança de automação industrial. O objetivo é capacitar profissionais de T.I. e T.O., apresentando de forma teórica e prática as aplicações reais da segurança cibernética de acordo com a metodologia *ICS.SecurityFramework*®.

A formação é segmentada em cinco módulos de conhecimento:

- Módulo 1 – Introdução aos sistemas de controle industriais;
- Módulo 2 – Riscos e planejamento;
- Módulo 3 – Controles de segurança cibernética industrial;
- Módulo 4 – Monitoramento;
- Módulo 5 – Ataques e contramedidas na prática.

Ao concluir o treinamento, o aluno recebe um certificado de conclusão emitido pela academia TI Safe.

ISA/IEC 62443

O programa de certificação ISA/IEC 62443 é indicado para profissionais de T.I. que exercem funções de segurança cibernética em sistema de controle industriais. O objetivo principal do curso é sedimentar conceitos sobre segurança de ambientes industriais e dissecar o material incorporado à norma ISA/IEC 62443.

O material do treinamento está disponível em inglês. Os certificados de segurança cibernética ISA/IEC 62443 são concedidos àqueles que concluírem com êxito um programa de treinamento designado e passarem em um exame de múltipla escolha realizado na Prometric.

Os seguintes certificados são emitidos:

- Certificado 1: ISA/IEC 62443 Cybersecurity Fundamentals Specialist;
- Certificado 2: ISA/IEC 62443 Cybersecurity Risk Assessment Specialist;
- Certificado 3: ISA/IEC 62443 Cybersecurity Design Specialist;

- Certificado 4: ISA/IEC 62443 Cybersecurity Maintenance Specialist.

Os indivíduos que obtiverem os Certificados 1, 2, 3 e 4 serão designados como "Especialistas em Segurança Cibernética ISA/IEC 62443".

SANS ICS410

O treinamento SANS ICS/SCADA Security Essentials (código ICS410) fornece um conjunto fundamental de habilidades e conhecimentos padronizados para profissionais de segurança cibernética industrial. Esse curso é ministrado em inglês.

O curso foi desenvolvido para garantir que a força de trabalho envolvida no suporte e na defesa de sistemas de controle industriais seja treinada para manter o ambiente operacional seguro, resiliente e protegido. Em suma, para que seja capacitada contra as ameaças cibernéticas atuais e emergentes.

A formação é composta de cinco módulos:

- ICS410.1: ICS Overview;
- ICS410.2: Field Devices & Controllers;
- ICS410.3: Supervisory Systems;
- ICS410.4: Workstations and Servers;
- ICS410.5: ICS Security Governance.

Certificação TI Safe CASE

A certificação CASE determina se um profissional tem o conhecimento adequado para proteger corretamente uma rede industrial com sistemas de controle e monitoramento. Totalmente em português, a certificação oferece aos administradores de redes industriais e seus gestores uma medida objetiva de competência, bem como um padrão reconhecível de conhecimentos.

A prova para a certificação CASE é composta de sessenta perguntas de múltipla escolha a serem respondidas em até noventa minutos. Realizada no site da Prometric, a prova é supervisionada durante todo o tempo por meio da câmera do computador. O aluno será aprovado caso obtenha quantidade de acertos igual ou superior a 70% do valor total dos pontos atribuídos ao exame.

Em caso de aprovação e atendimento dos pré-requisitos, o candidato receberá o certificado CASE emitido pela academia TI Safe em formato digital.

Certificação CSSA

O Certified SCADA Security Architect (CSSA) é um exame online composto por cem perguntas selecionadas aleatoriamente com duas horas de duração. Ele é realizado por meio de prova online em inglês. A certificação CSSA engloba os seguintes domínios de conhecimento:

- Desenvolvimento de política de segurança de automação;
- Padrões de segurança cibernética industrial e melhores práticas;
- Controle de acesso;
- Problemas de segurança em protocolos industriais;
- Proteção das comunicações de campo;
- Autenticação e autorização de usuários;
- Detecção de ataques cibernéticos em sistemas de controle industriais.

Se aprovado, o candidato receberá um certificado emitido pelo Infosec Institute.

Certificação GCIP

Emitida pela Global Information Assurance Certification (GIAC), a certificação GCIP auxilia os profissionais que suportam os sistemas críticos a manter a rede funcionando atendendo aos requisitos regulatórios do NERC CIP, bem como estratégias práticas de implementação para alcançar os objetivos de segurança cibernética.

O exame GCIP é realizado pelo PearsonVUE, tem 75 perguntas com duração de 3 horas e é supervisionado durante todo o tempo. O candidato que atingir mais de 70% dos acertos será considerado aprovado.

Não é exigido nenhum curso anterior para se fazer o exame da certificação GCIP, porém a GIAC oferece treinamento para todas suas certificações.

Eventos internacionais

A participação em eventos internacionais focados em segurança cibernética industrial é fundamental para que a equipe conheça as técnicas e soluções mais recentes do mercado e possa empregá-las em seus projetos de segurança cibernética.

Segue uma pequena lista de alguns dos principais eventos internacionais recomendados, com seus respectivos endereços eletrônicos:

- S4 Events — www.s4xevents.com
- RSA Conference — www.rsaconference.com
- ICS Cybersecurity Conference — www.icscybersecurityconference.com
- Hannover Messe — www.hannovermesse.de/en/
- Cyber Security for Critical Assets — www.cs4ca.com
- CLASS — www.class.tisafe.com

1.4 FILMES, DOCUMENTÁRIOS E SÉRIES

Um plano de treinamento e conscientização em segurança cibernética industrial deve ser incrementado com o uso de filmes, documentários e séries que contenham conteúdo relevante e que apresentem casos, reais ou simulados, de situações que possam levar a incidentes em sistemas de controle e redes industriais críticas para a vida dos seres humanos e para o funcionamento das empresas.

Segue uma lista de filmes, documentários e séries que têm esse conteúdo:

- *Duro de matar 4* (2007): Esta quarta parte da popular franquia de filmes de Bruce Willis envolve um desonrado terrorista cibernético do departamento de defesa (interpretado por Justin Long) lançando um ataque cibernético em larga escala para desativar a vulnerável infraestrutura de computadores dos EUA e quebrar a economia. O personagem principal, John McClane — um detetive de Nova York que está "sempre no lugar errado na hora errada" (interpretado por Bruce Willis) — mais uma vez encontra-se na posição invejável de ter de salvar o dia. Só que desta vez ele faz isso com a ajuda de um jovem hacker (interpretado por Timothy Olyphant).

- *Jogos de Guerra: O Código Mortal* (2008): Will Farmer (Matt Lanter) descobre um jogo online em uma rede de jogos restritos conhecida como Ripley, mas, com isso, invade um sistema nacional de defesa que investiga e identifica grupos terroristas. Ele acaba virando alvo do Ripley e expõe sua família, seus amigos e sua cidade natal. Will tem de correr contra o tempo para impedir que Ripley acabe com tudo.

- *A Senha: Swordfish* (2001): Em *Swordfish*, um hacker de elite (interpretado por Hugh Jackman) que havia sido preso por infectar um programa do FBI foi recentemente libertado da prisão. Ele é recrutado por uma mulher e seu empregador criminoso (interpretados por Halle Berry e John Travolta) com o propósito de fazê-lo escrever um *worm* para roubar US$9,5 bilhões de um fundo do governo. Mas nem tudo é o que parece.

- *Firewall: Segurança em Risco* (2006): Quando sua família é feita de refém, um especialista em segurança (Harrison Ford) que projeta sistemas de computador à prova de roubo para instituições financeiras deve invadir seu próprio sistema e roubar milhões de dólares para pagar seu resgate.

- *We Are Legion: The Story of the Hacktivists* (2012): Este documentário, ainda sem versão em português, nos leva para dentro da complexa cultura e história do Anonymous. O filme explora os primeiros grupos hacktivistas como Cult of the Dead Cow e Electronic Disturbance Theater, e depois se muda para o próprio início raivoso e indisciplinado do Anonymous no site 4Chan. Por meio de entrevistas com membros atuais — alguns recentemente retornados da prisão, outros ainda aguardando julgamento —, bem como escritores, acadêmicos e grandes atores em vários "ataques", o documentário traça a evolução de tirar o fôlego do coletivo de alegres brincalhões para um movimento global completo, equipado com novas armas de desobediência civil para um mundo online.

- *Isolados do Mundo* (2013): Mais de um milhão de celulares recebem simultaneamente uma mensagem de duas palavras, seguida pelo colapso da rede elétrica e pânico generalizado. Um grupo de pessoas que encontra abrigo em uma cabana logo descobre como é viver em um mundo pós-apocalíptico.

- *O Jogo da Imitação* (2014): *O Jogo da Imitação* é sobre uma época durante a Segunda Guerra Mundial, quando o MI6, a recém-criada agência de inteligência britânica, recruta o matemático Alan Turing (interpretado por Benedict Cumberbatch) e sua equipe para decifrar o código da máquina Enigma, utilizada pela Alemanha para cifrar códigos durante a guerra.

- *Blackhat* (2015): Em *Blackhat*, quando uma usina nuclear em Hong Kong e a bolsa de valores de Chicago são hackeadas, o FBI e o governo chinês se unem para rastrear os cibercriminosos responsáveis pelos ataques. Eles trazem um hacker condenado (interpretado por Chris Hemsworth) para ajudar na investigação. Este filme sobre hackers foi elogiado por muitos especialistas em segurança cibernética e comunidades de hackers por causa de sua precisão em alguns aspectos — por exemplo, a maneira como um ataque a uma rede bancária ocorre a partir de uma mídia USB comprometida.

- *Deep Web* (2015): O cineasta Alex Winter entrevista as pessoas por trás da Deep Web e do bitcoin e segue a prisão e o julgamento de Ross Ulbricht (Dread Pirate Roberts), fundador do mercado negro online Silk Road.

- *Invasão de Privacidade* (2016): O magnata da aviação Mike Regan contrata temporariamente um consultor de T.I. para fazer um trabalho em sua casa e fica tão impressionado, que lhe dá um emprego em tempo integral. Ele é demitido quando ultrapassa os limites e busca vingança contra o empresário e sua família.

- *Snowden* (2016): *Snowden* é uma biografia do ex-contratado da Agência de Segurança Nacional (NSA), Edward Snowden, que se tornou um dos espiões mais famosos do mundo. Ele descobriu e compartilhou detalhes sobre a montanha virtual de dados que estava sendo coletada em governos estrangeiros aliados e cidadãos norte-americanos.

- *The Great Hack* (2019): *The Great Hack* é um documentário sobre uma sociedade que, vivendo em um mundo interligado, entregou seus dados pessoais a empresas de tecnologia, não reguladas, que os exploram em negócios multimilionários e que não dão garantidas de privacidade. O escândalo da Cambridge Analytica, em que uma empresa usou dados de usuários do Facebook para manipular resultados eleitorais nos EUA e no Reino Unido, é detalhado neste documentário.

Além dos filmes e documentários listados, também são recomendados seriados com temática similar. Esses seriados podem ser encontrados em plataformas de streaming como a Netflix e o Amazon Prime Video. Segue uma lista dos principais seriados sugeridos:

- *Mr. Robot* (2015): *Sociedade Hacker* (título no Brasil) é um suspense de tecnologia em que Elliot, um jovem programador, trabalha como engenheiro de segurança cibernética durante o dia e como hacker justiceiro à noite. Elliot se vê em uma encruzilhada quando o misterioso líder de um grupo hacker do submundo o recruta para destruir a firma que é pago para proteger.

- *CSI: Cyber* (2015): *CSI: Cyber* é o terceiro spin-off e quarta série da franquia *CSI*, que estreou em 2015, nos Estados Unidos pela emissora CBS. Inspirada no trabalho de Mary Aiken, uma cyber-psicóloga irlandesa, a série gira em torno da Agente Especial Avery Ryan (Patricia Arquette), encarregada da divisão de crimes cibernéticos do FBI, em Quântico, Virgínia.

- *Hacker, Todo Crime Tem um Início* (2016): Quando sua família passa a ter problemas financeiros, Alex Danyliuk busca no crime uma solução para a situação. Com a ajuda de Sye, um bandido conhecedor dos caminhos do crime pela internet, Alex descobre o mundo do mercado negro dos negócios na rede, onde passa a roubar a identidade das pessoas e a cometer desvios de dinheiro.

- *You Are Wanted* (2017): Lukas Franke (Matthias Schweighöfer) se vê vítima de um ataque hacker realizado com suas informações online, implicando-o como o idealizador de um ataque cibernético em Berlim que deixa a cidade sem luz. Suspeito por terrorismo, Lukas tenta achar uma maneira de descobrir por que foi escolhido como alvo, enquanto sua família e seus amigos começam a duvidar de sua inocência.

1.5 JOGOS EDUCACIONAIS

Atividades lúdicas como jogos de tabuleiro ou online devem fazer parte de planos de treinamento e educação em segurança cibernética industrial. Eles devem ser usados durante atividades em grupo (workshops) e fazer parte de bibliotecas e áreas de convivência das empresas.

Alguns jogos indicados para esse treinamento e conscientização são os seguintes:

CIBER SUSPEITO (2020, TI SAFE & CCI) — JOGO DE TABULEIRO (EM PORTUGUÊS)

Neste jogo, cada jogador assumirá o papel de um investigador de segurança cibernética e utilizará suas habilidades de dedução para descobrir quem, onde, como e por que um incidente, que culminou na paralisação de uma planta industrial, foi causado.

FIGURA 35 — Tabuleiro do jogo Ciber Suspeito

Este jogo é uma ferramenta profissional de conscientização e treinamento em segurança cibernética, tanto para provedores quanto para administradores e usuários de aplicações de controle industriais e sistemas, mas foi especialmente desenvolvido para sensibilizar os diretores das organizações.

ThreatGEN®: Red vs. Blue (2019, ThreatGEN) — Jogo Online (em inglês)

Desenvolvido por hackers éticos e *pentesters*, *ThreatGEN: Red vs. Blue* foi projetado para ensinar segurança cibernética do mundo real.

ThreatGEN: Red vs. Blue é um jogo de estratégia baseado em turnos jogado de forma muito parecida com jogos de tabuleiro de dominação global populares. Em vez de um mapa-múndi, o tabuleiro do jogo consiste em uma rede de computadores em que os jogadores competem pelo controle. Em vez de terminais de computador simulados, os jogadores escolhem e cometem ações usando "cartões de ação" semelhantes a um jogo de cartas de negociação.

Conceitos apresentados neste capítulo

Este capítulo aborda diversas normas e legislações relacionadas às infraestruturas críticas que embasam a governança e o monitoramento aplicadas a redes industriais. Para isso, antes de tudo, demonstram-se as diferenças relevantes e essenciais entre as redes de informação (T.I.) e redes de automação (T.O.), combatendo algumas noções incorretas na implementação da segurança cibernética em tais redes.

Embasados nos conceitos regulatórios e nas diferenças entre as redes, é então apresentada uma metodologia para o desenvolvimento da política de segurança de automação e, em seguida, a implementação da gestão de continuidade de negócios em ambientes industriais.

CAPÍTULO 2

GOVERNANÇA E MONITORAMENTO

2.0 INTRODUÇÃO

A governança e o monitoramento são os primeiros pontos das soluções de proteção da metodologia *ICS.SecurityFramework*® (Figura 36). As normas e legislações balizam o funcionamento seguro das infraestruturas, como também orientam e indicam boas práticas para que as indústrias garantam a disponibilidade de seus processos produtivos.

Figura 36 — Governança na metodologia *ICS.SecurityFramework*®

Governança significa, basicamente, o ato ou o efeito de governar. Isso indica que, no limite, quando não existe uma política de segurança baseada nesse conceito, a empresa e suas políticas estão sem um rumo definido.

Aparentemente, essa noção leva à ideia de bagunça ou de desorganização plena nas instalações industriais. No entanto, isso não é verdade. Ações bastante organizadas também podem ter uma governança falha. Por exemplo, uma empresa pode ter uma política não documentada para fazer análises, monitoramentos e atualizações constantes dos ativos, mas se ela não aplica e incentiva a educação e conscientização de seus funcionários, eles podem representar um ponto de vulnerabilidade, o que também demonstra uma falha nas questões de governança.

Desse modo, é importante documentar todas as ações, para que elas sejam transparentes em relação tanto aos funcionários quanto aos detalhes que ela tenta abarcar. São tais detalhes que podem concentrar os maiores pontos de vulnerabilidade de uma rede de automação. Ao mesmo tempo, o monitoramento precisa ser amplo e alcançar todos esses pontos possivelmente frágeis. Ambas as esferas trabalham em conjunto, e o monitoramento vai além da vigilância sobre os equipamentos e sobre as ameaças externas.

A governança é o processo de transparência da gestão de riscos e da concretização de políticas e teorias sobre os controles de segurança de uma planta industrial. Assim, ela se correlaciona com a saúde e a segurança do trabalho e do meio ambiente, com a conformidade legal de seus processos, com a demanda operacional de sua infraestrutura, com os segredos industriais, com o valor agregado de seus produtos e com a transparência aos investidores e gestores.

Desse modo, os custos com a segurança dependem das necessidades do planejamento de segurança em conformidade com as obrigações legais aos quais as empresas estão submetidas. Esses custos são, na verdade, investimentos, pois preservam tanto a normalidade da produção quanto a confiança de investidores e clientes, além de impedir que sanções e multas recaiam sobre a empresa. Com isso, a performance, confiabilidade e flexibilidade dos sistemas de controle industriais se mantém alinhados com a segurança cibernética.

2.1 SEGURANÇA PARA REDES DE T.I. E T.O.

As redes de T.I. e T.O. precisam ser diferenciadas quando se trata da implementação de segurança cibernética. Elas têm distinções estruturais em relação às suas prioridades, aos seus ativos e aos seus colaboradores. Por isso, não se deve aplicar as mesmas soluções de segurança indiscriminadamente a ambas.

A primeira diferença clara está, como foi dito, nas prioridades da T.I. em relação à T.O.. Enquanto a perspectiva das redes de tecnologia de informação é a confidencialidade, a das redes de automação é a disponibilidade. É imprescindível lembrar que a segurança da informação tem, em geral, três pilares fundamentais: a confidencialidade, a integridade e a disponibilidade. Existe, portanto, uma radical distinção entre eles.

Essa diferença é bastante clara, visto que, no primeiro caso, quando se perde a confidencialidade da informação, pode-se, consequentemente, perder negócios, levar multas, expor dados de clientes etc. No segundo caso, quando uma rede de automação se torna indisponível, sobretudo de infraestruturas críticas, o impacto é imenso na sociedade e no meio ambiente.

Os ativos existentes nessas redes também são muito diferentes. Enquanto os ativos das redes de T.I. são bastante conhecidos (computadores, notebooks, smartphones etc.), os das redes de automação ainda não fazem parte do cotidiano da maioria das pessoas. No entanto, o conjunto de dispositivos da T.O. é grande e variado.

Desde a década de 1970, ele vem se transformando e crescendo não apenas em relação aos robôs e PLCs. Novos protocolos, sistemas e *hardware* são desenvolvidos com frequência. Muitos desses ativos são criados e aperfeiçoados em laboratório, para somente depois serem utilizados em campo. Por isso, as tecnologias de segurança sobre esses dispositivos e processos precisam se adaptar.

Além disso, os colaboradores mudam não apenas em relação aos indivíduos, como, sobretudo, em relação à formação tecnológica deles. Deve-se levar em conta que o conceito de segurança cibernética em redes de T.I. existe há mais de trinta anos e, desse modo, já é bastante difundido. Existe uma vasta e consolidada literatura sobre a segurança cibernética para redes de tecnologia da informação. Diversas certificações e pessoas capacitadas atuam no mercado.

A segurança de redes de automação é, no entanto, relativamente nova. A maioria dos profissionais atuantes em redes de T.O. não está plenamente consciente sobre as necessidades de segurança que recaem sobre a rede. Não existe uma carreira definida para essa área, além de haver poucas certificações e poucos cursos disponíveis no mercado, o que acaba tornando o processo de segurança das redes de automação mais caro, restrito e com poucos profissionais atuando.

Diversos conceitos de segurança de T.I. têm uma abordagem completamente diferente quando aplicados ao mundo da automação industrial. Os itens a seguir apresentam essas principais diferenças.

Os requerimentos de performance são diferentes

T.I.	T.O.
Não opera em tempo real.	Opera em tempo real.
Resposta tem de ser confiável.	Tempo de resposta é crítico.
Aceitáveis baixos níveis de *throughput*.	Demanda alto nível de *throughput*.
Delays são aceitáveis.	*Delays* são uma séria preocupação.

TABELA 2 — Diferenças entre requisitos de performance de T.O. e T.I.

Os requerimentos de confiabilidade são diferentes

T.I.	T.O.
Operações agendadas.	Operação contínua.
Falhas ocasionais toleráveis.	Interrupções são intoleráveis.
Testes de versões beta são aceitáveis.	Testes de qualidade são necessários antes da entrada em produção.
Modificações possíveis com pouca burocracia.	Certificação formal pode ser requerida depois de qualquer alteração.

TABELA 3 — Diferenças entre os requisitos de confiabilidade de T.O. e T.I.

Diferentes objetivos de gerência de riscos

T.I.	T.O.
Objetiva a integridade dos dados.	Objetiva a segurança humana.
Impacto dos riscos é a perda de dados e perda das operações do negócio.	Impacto dos riscos é o impacto ambiental ou a perda de vidas, equipamentos ou produtos.
Recuperados por meio de *boot* da máquina.	Tolerância a falhas é essencial.

TABELA 4 — Diferenças entre os objetivos de gerência de riscos de T.O. e T.I.

Essas diferenças nos objetivos significam enormes diferenças em práticas aceitáveis de segurança.

Diferentes sistemas operacionais e aplicações

Sistemas de Automação têm aplicações e sistemas operacionais pouco usuais no mundo de T.I.

Em sistemas industriais, a maioria das soluções de software do mundo de T.I. provavelmente não operará corretamente, interferirá com sistemas de processos e introduzirá *overheads* inaceitáveis.

Diferentes arquiteturas de segurança

Em uma rede de T.I., o servidor central é crítico para a proteção do equipamento (não o cliente de borda). Já em redes de automação, os equipamentos de borda ou o elemento de controle inteligente final, como um PLC ou controladora de disco inteligente, é considerado mais importante que um servidor central, como um servidor de dados históricos.

Diferentes práticas de Governança

T.I.	T.O.
Treinamento e conscientização em segurança de sistemas é razoavelmente alto.	Treinamentos em segurança de sistemas raramente ocorrem.
Auditorias de segurança são necessárias e realizadas rotineiramente.	Auditorias de segurança da informação normalmente não são realizadas.
Equipamentos normalmente trocados ou substituídos a cada três a cinco anos.	Equipamentos usados por longos períodos, sem substituição.

Tabela 5 — Diferenças entre as práticas de governança de T.O. e T.I.

2.2 PADRÕES, NORMAS E LEIS

Para falar de governança, é preciso abordar as normas de referência em segurança cibernética e os aspectos legais que regulamentam as redes de automação. Esse é também um aspecto diferenciador entre T.I. e T.O.. Como as empresas com infraestruturas críticas estão submetidas a leis específicas, esse ponto se torna fundamental. O objetivo disso é bastante simples: fornecer maior confiança aos investidores e sustentabilidade às organizações.

Com isso, as empresas assumem boas práticas corporativas e, sobretudo, evitam ser penalizadas criminalmente ao se manterem em conformidade com as leis de cada país. Apesar de tais obrigatoriedades, os aspectos legais ampliam a cultura de ética profissional e a quantidade de profissionais com formação de qualidade e própria para redes de tecnologia de automação.

Nesse sentido, a relação entre governança e as normas legais é bastante positiva. Quando as empresas são obrigadas a tomar certas atitudes, os colaboradores e os ativos em geral também precisam se adequar a tais normas, o que conduz as infraestruturas críticas ao estabelecimento e à manutenção constante de seus controles internos. Desse modo, pode-se afirmar que tais normas geram não apenas investimentos em relação à segurança cibernética, como também olhares mais atentos aos seus ativos e às suas vulnerabilidades.

Os padrões e as normas são bastante variados. A primeira norma desenvolvida especificamente para a segurança cibernética de infraestruturas críticas foi a ANSI/ISA-99. Composta por um conjunto de relatórios, essa norma evoluiu bastante, se disseminou mundialmente e acabou sendo englobada pela International Electrotechnical Commission (IEC), uma organização internacional que padroniza tecnologias elétricas, eletrônicas e suas afins. A partir disso, nasceu a norma ISA/IEC 62443, atualmente utilizada como base para o trabalho das equipes de segurança das redes de automação.

Além dessas organizações, o National Institute of Standards and Technology (NIST) também regulamenta e estabelece documentos voltados para a segurança cibernética industrial. A partir do atentado terrorista em 11 de setembro de 2001 nos EUA, o NIST começou a receber um orçamento bastante elevado para o desenvolvimento de normas que garantam a segurança operacional das infraestruturas críticas norte-americanas. Entre suas publicações, existe uma série chamada *Special Publication* (SP), que indica diretrizes, especificações técnicas, recomendações e materiais. Entre essas publicações, a SP 800 se refere à segurança de computadores, com destaque especial para a SP 800-82.

Outra organização dos EUA, a North American Electric Reliability Corporation (NERC), tem uma vertente específica para a segurança de infraestruturas críticas, chamada Critical Infrastructure Protection (CIP). Apesar de ser um órgão norte-americano, a especificidade da NERC-CIP nesse setor com mais de noventa documentos acabou tornando-a uma referência muito utilizada no mundo para a segurança cibernética de empresas de energia.

Além dessas organizações, existe ainda um consórcio aberto com mais de 250 membros, chamado Industrial Internet Consortium (IIC). Esse grupo foi criado com o intuito de acelerar o desenvolvimento, a adoção e a utilização de máquinas e dispositivos interconectados. O IIC divulga e fortalece, desse modo, o conceito de Indústria 4.0 e desenvolveu um framework específico para a segurança de ambientes de IIoT (IoT industrial, como será visto adiante neste livro).

No Brasil, foi instaurada uma política nacional de segurança de infraestrutura crítica em 2018 a partir de um decreto. Esse documento define uma base para orientar as empresas nacionais em relação à segurança industrial.

Norma ANSI/ISA 99, atual ISA/IEC 62443

A norma ISA/IEC 62443 fornece uma estrutura flexível para combater e mitigar vulnerabilidades em sistemas de automação e controle industriais. A ISA/IEC 62443 pode ser entendida por meio de uma visão geral que explicita seus conceitos e suas métricas, além de suas políticas e seus procedimentos, sistemas e componentes.

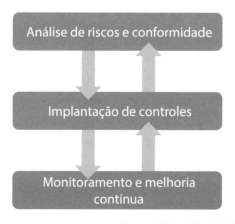

Figura 37 — Modelo CSMS da norma ISA/IEC 62443

A ISA/IEC 62443 define os elementos necessários para se estabelecer um Cyber Security Management System (CSMS) para a automação industrial e controle de sistemas. Ela oferece um guia para a implementação do CSMS, além do gerenciamento de patches e dos requisitos para os provedores de sistemas de controle industriais.

O CSMS é um framework que define uma abordagem de implantação de segurança em ambientes industriais com três etapas distintas e sequenciais: análise de riscos, implantação de contramedidas e monitoramento com melhoria contínua (Figura 37).

- Etapa 1: Análise de Riscos: Racional do negócio, identificação de riscos, classificação e análise.

- Etapa 2: Endereçar riscos com contramedidas de segurança, tais como políticas, segurança física, segmentação de rede, controle de acesso, autenticação e autorização etc. Implementar um programa de gerência de riscos e resposta a incidentes.

- Etapa 3: Monitorar e melhorar o CSMS, para garantir sua qualidade e atualizar suas diretivas.

Esse framework é a base da metodologia *ICS.SecurityFramework®*.

Guia NIST 800-82

Este guia objetiva o estabelecimento de sistemas de segurança para ICS. Ele é direcionado a definir a segurança cibernética de forma explícita e tem um nível de detalhamento maior das boas práticas de segurança regidas pela norma ISA/IEC-62443.

O guia fornece uma rápida apresentação sobre sistemas de controle industriais e suas topologias típicas. Ele também identifica ameaças típicas e vulnerabilidades nesses sistemas, apresentando recomendações e contramedidas de segurança para mitigar os riscos associados. Como existem diferentes tipos de sistemas de controle industriais, com variados níveis de risco e impacto, o documento fornece uma lista de diferentes métodos e técnicas para segurança desses sistemas.

O escopo do guia inclui sistemas de controle industriais que são tipicamente usados em energia, água e resíduos, óleo e gás natural, química, farmacêutica e indústrias de manufatura discreta (automotiva, aeroespacial e bens duráveis).

Apesar de não ser um documento regulatório, empresas do mundo todo o utilizam como uma guia. Esse documento pode ser acessado não apenas no próprio site do NIST, como também no site do Departamento de Defesa (DoD) dos Estados Unidos. Lá, pode-se, inclusive, fazer o download de um aplicativo que auxilia na análise de riscos.

Norma NERC-CIP

A Norma Norte-Americana NERC-CIP (North American Electric Reliability Corporation Critical Infrastructure Protection) é um conjunto de requisitos destinados a proteger os ativos necessários para a operação do sistema elétrico da América do Norte. A norma NERC-CIP é composta de oito normas primárias, que podem ser classificadas em duas categorias: segurança eletrônica e segurança física e pessoal. As seguintes normas podem ser incluídas na categoria de segurança eletrônica:

- CIP-002 — Identificação de ativos cibernéticos críticos
- CIP-003 — Gerenciamento dos controles de segurança
- CIP-005 — Proteção de segurança eletrônica
- CIP-007 — Gerenciamento da segurança dos sistemas
- CIP-008 — Notificação e planejamento de resposta a incidentes
- CIP-009 — Recuperação de desastres

As seguintes normas NERC-CIP podem ser agrupadas na categoria de segurança física e pessoal:

- CIP-004 — Pessoal e treinamento
- CIP-006 — Segurança física dos ativos cibernéticos críticos

As normas NERC-CIP certificam que todas as entidades responsáveis pela confiabilidade dos sistemas elétricos nos EUA identificam e protegem seus ativos cibernéticos críticos

Norma ANSI/ISA 100.11A

A norma ANSI/ISA-100.11a (publicada em 2011), cujo relatório principal foi intitulado "*Wireless systems for industrial automation: Process control and related applications*", foi desenvolvida para fornecer confiabilidade e operação segura sem fio para monitoramento não crítico, alertas, controle supervisório, *loops* de controle abertos e aplicações de *loop* de controle fechadas.

Ela define o conjunto de protocolos, a gestão do sistema, o gateway, e as especificações de segurança para conectividade sem fio de baixa taxa de dados com o apoio de dispositivos fixos, portáteis e em movimento, de consumo de energia muito limitados.

Para atender às necessidades dos usuários sem fio industriais e dos operadores, essa norma fornece robustez na presença de interferências encontradas em ambientes industriais agressivos e com sistemas legados sem fio não compatíveis com os padrões de segurança nela descritos.

O padrão sem fio industrial ANSI/ISA-100.11a oferece confiabilidade, flexibilidade em diversas aplicações, grande capacidade de expansão da rede e cobertura e compatibilidade com uma grande variedade de padrões de comunicação com fio, como Foundation Fieldbus, Hart e Profibus.

Industrial Internet Consortium (IIC)

Como foi dito, o IIC é um consórcio que reúne empresas, governos, universidades e instituições de pesquisa. Esse grupo desenvolveu um framework bastante extenso sobre a segurança cibernética relacionada à Internet das Coisas (IoT). Desse modo, o IIC cria e divulga boas práticas e estratégias de defesa cibernética.

Agence Nationale de la Sécurité des Sistèmes d'Information (ANSSI)

A Agência Nacional de Segurança dos Sistemas de Informação (ANSSI) é uma agência francesa que criou um método para a classificação dos sistemas conforme sua criticidade, como foi visto no capítulo sobre análise de riscos.

Com isso, os franceses conseguiram ser bastante objetivos, já que estabeleceram uma classificação de infraestruturas com níveis de segurança específicos para cada tipo de empresa. A partir dessa classificação, é possível então compreender a classe de risco ao qual determinada infraestrutura está inserida.

Lei Geral de Proteção de Dados (LGPD)

O Brasil sancionou, em 2018, a Lei Geral de Proteção de Dados (LGPD), juntando-se assim a outras 120 nações que já têm políticas de proteção de dados pessoais. O debate sobre o assunto iniciou-se em 2010, mas foi em 2018 que a discussão sobre proteção de dados se intensificou, isso porque, nesse mesmo ano, a União Europeia criou as normas de regulamentação do uso de dados (GDPR).

A lei brasileira impõe às empresas a implementação de sistemas de conformidade para detectar e remediar violações de dados pessoais, pois caso seja identificado um incidente digital em que os dados tenham sido utilizados de forma indevida, a LGPD determina que a empresa sofra penalidades que vão desde sanções até multas que podem chegar a R$50 milhões.

O ambiente corporativo há muito tempo já discute a falta de privacidade e segurança de dados. Como sabemos, o Brasil é hoje o 3° país no ranking de crimes cibernéticos e o 2° em sequestro de dados, e após diversos e sucessivos escândalos de manipulação de dados e vazamentos, o assunto proteção de dados tornou-se central em todas as empresas.

Fato é que o Brasil não tinha, até então, uma lei que tratava do assunto "Proteção de Dados" e, por isso, era visto pelos demais países da Europa como um país em atraso nesse tema. Diante desse cenário, tornou-se mandatório que o Brasil aprovasse uma lei sobre proteção de dados, até porque somente países que têm leis sobre esse assunto podem ingressar na Organização para a Cooperação e Desenvolvimento Econômico (OCDE).

Assim sendo, em 2018, foi aprovada a LGPD, legislação que reconhece o direito fundamental do cidadão, permitindo-lhe ter um maior controle sobre como suas informações serão utilizadas pelo mercado corporativo e setor público. A LGPD é semelhante aos modelos que já estão presentes em mais de 120 países, a exemplo, da GDPR; e no Brasil, a LGPD é considerada a irmã da GDPR.

Ao ser promulgada, a LGPD estabelece um prazo de 24 meses para que todas as empresas e o poder público se adaptem às regras ali estipuladas. Apesar do cenário de muitas empresas e o poder público não terem conseguido concluir sua adaptação, em virtude da aprovação e sanção da MP 959/2020, a LGPD entrou em vigor em 18/09/2020, e as sanções administrativas serão aplicadas a partir de 01/08/2021.

O objetivo da LGPD é estabelecer regras sobre o tratamento dos dados pessoais por empresas privadas e setor público no que tange à coleta, ao armazenamento e compartilhamento, fixando sempre limites para que isso ocorra.

Diante das regras impostas, é necessário a implementação de sistemas que visem detectar vulnerabilidades e inibir incidentes digitais.

A LGPD tem, em sua espinha dorsal, dez princípios que devem ser seguidos no momento da coleta e do tratamento. São eles:

- Finalidade: propósitos legítimos, específicos, explícitos e informados ao titular;
- Adequação: compatível com a finalidade;
- Necessidade: tratar somente os dados necessários;
- Livre acesso: o dono do dado tem total acesso a ele e ao seu tratamento;
- Qualidade dos dados: garantia, aos titulares, de exatidão, clareza, relevância e atualização dos dados;
- Transparência: informação clara, precisa e acessível;
- Segurança: medidas técnicas e administrativas aptas para a proteção dos dados;
- Prevenção: adoção de medidas para prevenir a ocorrência de dano ao titular do dado;
- Não discriminação: impossibilidade de realização do tratamento para fins discriminatórios ilícitos ou abusivos;
- Responsabilização e prestação de contas: demonstração, pelo agente, da adoção de medidas eficazes e capazes de comprovar a observância e o cumprimento das normas de proteção de dados pessoais.

As novas regras trazidas pela LGPD suscetibilizarão o *modus operandi* empresarial, na medida em que não apenas os dados coletados deverão ser protegidos, mas também deve-se aplicar todas as medidas assegurando a não ocorrência de vazamentos.

Em ambientes industriais, muitas vezes dados de pessoas físicas são utilizados como identificadores dentro de processos produtivos. Esses dados estão submetidos às exigências da LGPD e devem receber o adequado tratamento de privacidade e sigilo. Além disso, questões que envolvam ferramentas de inteligência artificial, coleta de dados de biometria dos funcionários e imagens armazenadas a partir de sistemas de câmeras internas de monitoramento são bons exemplos a serem trabalhados.

Deve-se objetivar a facilitação interna da operação de seus equipamentos de segurança, posto que a área industrial necessita de cuidados especiais em seus ambientes de rede, e na ocorrência de qualquer alteração nesse ambiente, o gestor da área industrial tem de ter soluções que lhe permitam mitigar os riscos.

A LGPD define as atribuições do controlador e do operador, identificados como agentes de tratamento de dados, e do encarregado. Ainda que este não seja agente de tratamento, é a pessoa física ou jurídica indicada pelo controlador e pelo operador que atuará como interlocutor entre a empresa, os titulares dos dados pessoais e a Autoridade Nacional de Proteção de Dados.

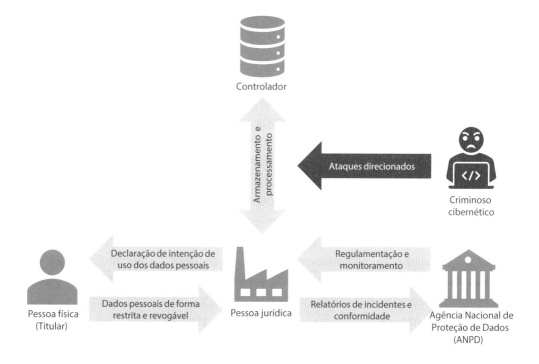

Figura 38 — Papéis e responsabilidades estabelecidas pela LGPD

Para uma eficaz implementação da LGPD na empresa, faz-se necessário que os conceitos por ela trazidos sejam bem interpretados por todos os integrantes do grupo que estão à frente do projeto de implementação. Desta forma, considerando que a garantia da segurança e a prevenção dos dados são pontos centrais da legislação, podemos afirmar que, sem isso, toda a implementação feita na empresa estará comprometida.

No início do projeto de implantação da LGPD, investimentos em infraestrutura devem ser realizados, e para que isso ocorra, empresas com expertise em segurança cibernética industrial devem ser contratadas para realizar uma análise de riscos cibernéticos, o que, inclusive, é uma exigência da própria lei para se dar o início de sua implantação nas empresas, pois o resultado desse diagnóstico ajudará ao gestor a enxergar quais setores e pessoas têm acesso a dados, quais desses dados geram valor real para seu negócio e, principalmente, quais são as vulnerabilidades que a empresa apresenta no quesito segurança da informação e de dados, e, ainda, indique o DPO ou encarregado responsável pela condução da implementação da LGPD, incluindo a área de automação e segurança da informação (respectivamente, T.O. e T.I.). Até mesmo porque os sistemas, sejam eles corporativos ou industriais, são acessados por pessoas cujos dados e logs estão vinculados à sua matrícula funcional.

No que diz respeito às sanções administrativas e financeiras, em virtude de descumprimento da LGPD, estas são de responsabilidade exclusiva da ANPD. São elas: suspensão do funcionamento de banco de dados; advertência com indicação de prazo para adoção de medidas corretivas; proibição do exercício de atividades relacionadas a tratamento de informações por um período de seis meses, prorrogável por igual período em caso de reincidência; indenizações a usuários prejudicados por falhas no tratamento de informações; bloqueio dos dados pessoais a que se refere a infração até a sua regularização; eliminação dos dados pessoais a que se refere a infração; multa simples, de até 2% do faturamento da pessoa jurídica de direito privado, grupo ou conglomerado no Brasil no seu último exercício, excluídos os tributos, limitada, no total, a R$50 milhões por infração; multa diária, observado o limite total a que se refere o inciso anterior; publicização da infração após devidamente apurada e confirmada a sua ocorrência; abriu-se a possibilidade de a empresa negociar diretamente com o usuário uma eventual indenização em caso de vazamento de dados ou por falhas no tratamento de dados. Caso haja acordo, não há necessidade de comunicar à ANPD.

Entretanto, não é pelo fato de a autoridade não ter sido constituída hoje que, em caso de incidente, uma empresa não poderá vir a sofrer um processo administrativo. Muito pelo contrário. O MPDF, por meio da Portaria Normativa PGJ n. 539, de 12/4/2018, instituiu a Comissão de Proteção dos Dados Pessoais, que é a responsável pela abertura de procedimentos administrativos para apurar os vazamentos de dados e seus motivos, bem como propor ações judiciais contra as empresas que foram responsáveis pelos vazamentos.

ETAPA 1	Apresentação, aprovação do cronograma e definição do DPO.
ETAPA 2	Análise de Riscos nos ambientes de T.I. e T.O.
ETAPA 3	Programa de implantação.
ETAPA 4	Revisão de políticas, normas, procedimentos, estrutura de governança de privacidade.
ETAPA 5	Gestão de incidentes de privacidade e incidentes de vazamento de dados e segurança cibernética.
ETAPA 6	Estrutura para gestão de petições de titulares.
ETAPA 7	Revisão dos contratos e análise de gaps.
ETAPA 8	Treinamentos corporativos e apresentação da legislação e do programa de governança da LGPD.
ETAPA 9	Comunicação ao mercado e divulgação de contatos (DPO ou Encarregado)

TABELA 6 — Sugestão de cronograma para implantação da LGPD

2.3 POLÍTICA DE SEGURANÇA DE AUTOMAÇÃO

Uma política de segurança é um conjunto de documentos normativos internos que fornecem suporte aos investimentos, organizam processos e ambientes, atribuem responsabilidades e delegam poderes. Um arcabouço completo de políticas contém documentos em diferentes níveis, do mais abrangente ao mais específico. O formato da documentação pode variar entre as organizações. As mais formais têm documentos ricos em texto, com um nível de detalhes que minimiza interpretações. Outras podem utilizar uma linguagem mais visual e, às vezes, informal. Há casos em que as políticas são traduzidas em folhetos e revistas em quadrinhos.

Independentemente do formato e da estrutura, o conjunto de políticas precisa deixar claro as responsabilidades de cada colaborador, os limites legais e normativos, bem como as sanções aplicáveis nos casos de não conformidade. Todo colaborador deve aderir formalmente, se submetendo às políticas vigentes na empresa.

O primeiro passo para o estabelecimento da documentação normativa é o alinhamento interno com a legislação aplicável e as normas exigidas pelo mercado. A partir desse alinhamento, podem ser definidas as especificidades para aplicação na organização. Recomenda-se que as políticas sejam estabelecidas de forma colaborativa, para melhor adequação à realidade da empresa e de seus funcionários. O trabalho de conscientização e esclarecimento deve ser constante, para que a segurança se torne um hábito, e não uma imposição. Associado a isso, a implantação de controles e as auditorias internas e externas devem ser realizadas de modo a cumprir com as obrigações legais e controlar os riscos.

As organizações e empresas precisam criar seu conjunto de normas e estratégias conforme suas necessidades e seu próprio cotidiano. Uma política de segurança não é, assim, uma "receita de bolo", com orientações e ações repetitivas e irrefletidas. Quando elaborada de modo correto, ela é naturalmente original, já que considera os ativos, processos e objetivos mercadológicos relacionados à rede de automação que será protegida.

A partir de todas essas variáveis, cada empresa deve escolher tanto o formato de sua política de segurança quanto o conteúdo. Apesar de parecer algo menos relevante, o formato de uma política de segurança pode ser a diferença entre o sucesso e o fracasso, não apenas da efetiva segurança física e cibernética de uma infraestrutura, como também da própria conscientização e educação de seus colaboradores.

Existem empresas que formulam suas políticas de segurança em um documento de texto descritivo direto, sem imagens ou quaisquer formas lúdicas de conteúdo. Tais versões têm um caráter mais formal e adequado para transmitir informações indiretamente para esferas mais técnicas. No entanto, pode se transformar em um documento maçante e tedioso, sobretudo quando destinado aos colaboradores sem formação e contribuição técnica e específica para as redes de automação.

Outras empresas preferem mesclar o formato entre o formal, o lúdico e o visual por meio de textos, histórias em quadrinho e infográficos (Figura 39). Com isso, pode-se atingir um número maior de colaboradores, capturando sua atenção e estimulando-os a compreender a política de segurança para pensar criticamente sobre suas próprias atitudes e sobre a importância de um ambiente seguro. A didática consegue ser, dessa forma, bastante variada, contendo notícias, vídeos, imagens, gráficos, estatísticas, charges, testes, dinâmicas e simulações, além de conter, claro, os textos e as explicações conceituais.

GOVERNANÇA E MONITORAMENTO

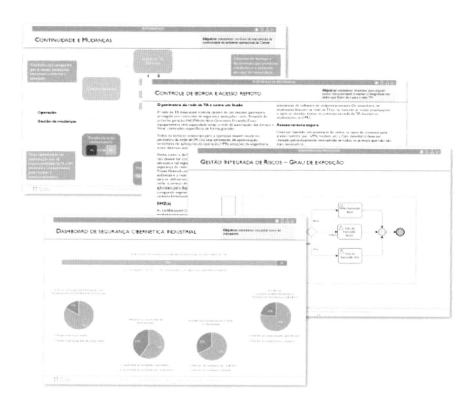

FIGURA 39 — Formato diversificado de uma política de segurança

Notações fundamentadas na metodologia Business Process Modeling Notation (BPMN) também podem ser adotadas. O formato BPMN é uma modelagem de dados que demonstra, em forma visual, os estágios de execução de determinados processos. Por meio de fluxogramas e objetos de conexão, esse framework de modelagem de processos consegue abarcar equipes multidisciplinares, demonstrando a colaboração de cada ativo nas etapas de produção.

De qualquer modo, esse documento precisa essencialmente refletir as boas atitudes e os bons costumes de segurança e trazer à tona as instruções teóricas e práticas para as redes de automação. A construção desses documentos depende do diálogo constante com diferentes partes interessadas com base nos riscos identificados, tomando como ponto de partida as análises realizadas anteriormente.

Isso permite atrelar a política de segurança a determinados indicadores, a fim de monitorar se as estratégias e os objetivos dessa própria política estão sendo alcançados. Nota-se, de fato, se a segurança é efetiva e está sendo bem aplicada.

Arcabouço de políticas

Como foi dito, a política de segurança não é necessariamente um documento único. Ela pode ser um conjunto de documentos com várias perspectivas multidisciplinares que estruturam e demonstram o arcabouço das políticas adotadas (Figura 40). A recomendação é a de que haja um alinhamento com a norma ISA/IEC 62443. Desse modo, cada parte desse conjunto poderá ramificar sua governança, seus controles, seu monitoramento e melhoria contínua para detalhar e aprimorar a própria política de segurança.

Figura 40 — Arcabouço das políticas de segurança

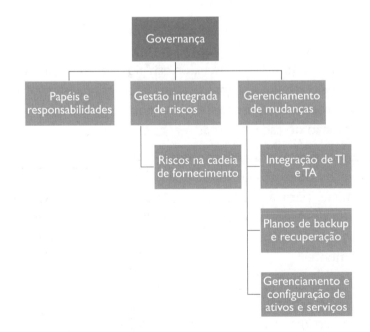

Figura 41 — Detalhes da governança em uma política de segurança

Na parte relativa à de governança (Figura 41), destacam-se questões relacionadas aos papéis e às responsabilidades, à gestão integrada de riscos e ao gerenciamento de mudanças.

A interação entre T.I. e T.O. é, na verdade, problemática, pois, muitas vezes, a primeira não consegue enxergar as necessidades reais das redes de automação.

A gestão integrada de riscos também se destaca na governança de uma política de segurança. Podem-se capturar os riscos das redes de automação e encaminhá-los para o nível mais alto de governança a fim de que eles deixem de ser riscos específicos de um determinado setor para se transformar em riscos da própria empresa. Isso permite a alocação de recursos de forma mais estruturada e direcionada para a resolução de problemas em uma infraestrutura.

Além disso, é muito importante ter uma visão do gerenciamento de mudanças. Com ela, caso haja qualquer tipo de alteração na planta ou em qualquer dos ambientes operacionais, a mudança será realizada de forma organizada e documentada. Desse modo, planos de backup e recuperação se integram tanto a mudanças planejadas quanto a alterações geradas por incidentes. Esse planejamento permite também o gerenciamento e a configuração mais precisa e econômica de ativos e serviços que operam nas redes de automação.

Os controles (Figura 42) abordam os mesmos tópicos vistos na análise de riscos e nas soluções de proteção. Eles abordam a segurança física, os controles de borda, as zonas de segurança e outros, como o controle de malware, além da segurança de dados e da educação e conscientização, comentadas nos capítulos anteriores.

Na parte de monitoramento e melhoria contínua, é importante destacar três itens: controles internos, auditoria e sanções; monitoramento contínuo de segurança; e respostas a incidentes. Os controles internos de uma empresa demandam a adoção de padrões e procedimentos para que seus colaboradores possam contribuir com a segurança, além de compreendê-la.

Esse ponto está atrelado ao monitoramento contínuo, por meio de software específico, da observação frequente dos logs e demais eventos e dados capturados. Tais informações de segurança permitem também a melhoria dos próprios controles, com o reforço e modificação sobre determinados setores e eventos. Por conseguinte, em quaisquer circunstâncias, a equipe de segurança estará preparada para responder a incidentes de modo organizado e estruturado em um ambiente de automação.

Figura 42 — Controles em uma política de segurança

Elaboração da Política

Para a automação industrial, as políticas de segurança devem enfatizar o uso aceitável dos recursos disponíveis, de modo que seu conteúdo tenha diretivas, processos e indicadores. De modo geral, envolvem todos os níveis de uma empresa, incluindo seus funcionários. Mas elas não estão restritas ao seu ambiente interno. O conjunto desses documentos também deve se relacionar com as leis e as normas às quais a empresa se submete, além de seus contratos e SLAs (Service Level Agreement, ou, em português, Acordo de Nível de Serviço).

Mas por que os contratos e SLAs entram em uma política de segurança? Pense o seguinte: uma determinada empresa precisa obrigatoriamente entregar seus produtos dentro de um prazo estipulado. Caso esse acordo não seja cumprido, ela receberá multas e/ou sanções. Se a infraestrutura for interrompida por algum motivo de falha na segurança cibernética, ocorrerão dois custos: um devido à própria parada de sua produção e outro devido às penalidades sofridas.

Nesse caso, tanto a multa quanto o tempo de entrega entram nas políticas como variáveis a serem consideradas. Em outras palavras, juntam-se as questões normativas, os contratos e as boas práticas de mercado para transformá-los e traduzi-los em requerimentos de segurança. Desse modo, evidencia-se também o fato de que as vulnerabilidades em ativos e os potenciais riscos de uma infraestrutura são vulnerabilidades e potenciais riscos da empresa como um todo.

Por isso, as leis e normas, os contratos e SLAs e as boas práticas estão diretamente correlacionadas com as políticas de segurança. Em tais ocasiões, caso os controles de segurança cibernética falhem ou não consigam proteger a infraestrutura, pode haver impactos diretos, como quebras de contrato e mancha na imagem da empresa diante das boas práticas de mercado.

Fluxo de criação de uma política

O fluxo de criação da política de segurança passa, basicamente, por três etapas: o documento inicial, testes e, por fim, a publicação. Um texto inicial é redigido com base nas normas, regulamentações, objetivos de controle e nos interesses específicos da empresa. Ele servirá como uma espécie de projeto onde serão definidos os passos da política de segurança de automação como um guia inicialmente teórico.

Na verdade, esse documento inicial tem a pretensão de ser publicado como, de fato, a política de segurança oficial. No entanto, para que isso ocorra, é necessário verificar se sua teoria é realizável dentro do cotidiano da empresa. Em outras palavras, é preciso saber se existe um alinhamento entre ele e a operação em si. Para isso, a segunda etapa entra em cena, quando são realizados diversos testes para verificar e analisar a funcionalidade e eficácia do documento inicial.

Esses testes visam descobrir se as adequações necessárias do documento devem atuar de forma mais permissiva ou menos permissiva no ambiente operacional. A política será, então, testada em um grupo restrito de usuários e máquinas, para se verificar sua aderência e consistência. O fluxo de criação envolve não apenas a automação, mas também a autogestão, para que se possa compreender quais controles devem ser aplicados.

Algumas provas de conceito de produtos de segurança podem vir a ser realizadas durante a etapa de testes, além da verificação da força dos controles de acessos. Por isso, muitas vezes, para serem realizados, esses testes requerem momentos específicos da operação em paradas programadas, e isso é importante para evitar interrupções indesejadas na produção durante essa fase de criação da política de segurança.

Ainda nesse estágio, indicadores de segurança cibernética serão estabelecidos a fim de reformular as partes necessárias do projeto inicial de segurança. Regula-se, assim, a proposta inicial. Após esses indicadores serem estabelecidos, a política entra em sua terceira etapa. Revisada e consistente, ela será publicada com base na experiência com o grupo menor. Por fim, uma campanha de conscientização deve ser realizada com base em seus preceitos e em suas orientações.

Implantação da política de segurança

Implantar uma política de segurança de automação em uma empresa não é uma tarefa simples, e normalmente encara bastante resistência dos colaboradores, principalmente os mais velhos, que trabalharam por anos sem nenhuma política e que podem entender os novos procedimentos de segurança como uma tarefa desnecessária que lhes tomará o tempo de trabalho.

Assim sendo, o material que será utilizado para a divulgação da política dentro da empresa deve ser confeccionado preferencialmente por uma equipe de comunicação, em colaboração com o time de segurança.

Oferecer um conteúdo de fácil entendimento, quando se fala em segurança da informação, é um desafio complexo. A criação de uma mascote, a utilização de vídeos e material de divulgação com linguagem simplificada pode elevar o nível de adesão dos usuários à nova política que está sendo implantada.

Ações de endomarketing usadas na divulgação de políticas de segurança em empresas podem ser realizadas em diferentes momentos:

- Pré-lançamento: desenvolvimento de material de comunicação avisando sobre a política de segurança que será implantada e seus benefícios. Pode ser gerado um panfleto que apresentará de maneira simplificada o conjunto de normas e diretrizes da política de segurança a ser distribuído para todos os funcionários e colaboradores da empresa, incluindo fornecedores;

- Lançamento: distribuição do folheto explicativo com as medidas mais importantes da política de segurança, cartazes de divulgação distribuídos pela área da empresa, além do uso da intranet corporativa para divulgação dos documentos e "lembretes do dia" no login dos computadores da rede de automação. A área de Recursos Humanos precisa se fazer presente para que os colaboradores assinem seu consentimento com os termos da política;

- Verificação e manutenção: uma vez implantada a política de segurança, deverá ser desenvolvido um material de divulgação para que ela seja permanentemente lembrada nas áreas de automação da empresa. A política será inserida no dia a dia dos funcionários através de divulgações por meio da intranet e outros canais corporativos, a fim de que seja seguida de forma natural e se torne parte da cultura da organização.

Violações

Dentro da política de segurança, deve haver uma parte específica para o tratamento de violações por parte dos colaboradores da empresa. Isso significa estabelecer alguns parâmetros para que, caso algum colaborador não siga as instruções do documento, sofra impacto direto por sua falta. Por isso, métodos claros devem ser definidos para reportar futuras violações. Também é importante definir as formas de auditar tais denúncias.

No entanto, podem-se adotar outros métodos. Em vez de punir as violações, pode-se também reconhecer condutas adequadas em conformidade com a política de segurança. Ou seja, no lugar da punição, o benefício (como um bônus, uma promoção etc.) pode ser uma recompensa que estimule mais intensamente o coletivo. Isso tudo dependerá do estilo de cada empresa e de seu arcabouço de políticas.

2.4 GESTÃO DE CONTINUIDADE DE NEGÓCIOS

Um Plano de Continuidade de Negócios (PCN) é um conjunto de estratégias pensadas para que, em caso de qualquer incidente, possa haver garantias de que o ambiente de produção seja recuperado em um tempo considerado razoável pela empresa. Ele é especificado pela norma NBR 15999, da ANBT, e objetiva resguardar a empresa de quaisquer eventos que possam interromper a produção e causar danos em seus componentes (*software*, *hardware*, infraestrutura etc.).

O PCN age para manter funcionando, no mínimo, os serviços essenciais de uma planta industrial em caso de desastres. Para isso, ele leva em consideração dois fatores: primeiro, os processos primários e secundários que operam os negócios da empresa; segundo, os ativos utilizados para a realização de tais processos (equipamentos, energia, links de comunicação, colaboradores etc.).

A partir desse princípio básico, o plano de continuidade de negócios se divide em quatro partes: plano de contingência, plano de administração de crises, plano de recuperação de desastres e plano de continuidade operacional. Essas etapas seguem uma lógica bastante clara e precisa. Diante de qualquer incidente que interrompa ou possa interromper a produção, adota-se, em primeiro lugar, uma postura para amenizar e/ou eliminar os efeitos negativos desse desastre sobre a empresa.

Em seguida, administram-se os resquícios da crise. Deve-se levar em consideração que, caso ela persista, será necessário saber conviver com ela, mesmo que passageiramente. Isso é uma ponte para o plano de recuperação e, por conseguinte, para o plano de continuidade das operações. Esse documento exige, portanto, a colaboração de todos os setores da empresa, tanto para sua elaboração quanto para sua execução.

Em sua estrutura, destacam-se, entre diversos outros pontos, os seguintes critérios:

- Quando e como o PCN deverá ser executado.
- Quem será o responsável por executá-lo.
- Quais serão os procedimentos adotados pelos responsáveis.
- Quais procedimentos estarão disponíveis, como e quando serão executados.

Imprevistos acontecem

Não se deve subestimar os imprevistos. Por mais que um plano de continuidade esteja preparado, sempre há chances de algo sair do controle ou de algum incidente inesperado acontecer. Por isso, quanto maiores e mais elaboradas forem as previsões, maiores serão também as chances de que a empresa continue suas atividades em casos de incidentes e eventos desastrosos quaisquer. É importante levar em conta os fatores sociais e geográficos onde a planta de automação está localizada e, sempre que possível, considerar os fatores diversos de sua cadeia de suprimentos.

Às vezes, alguns eventos parecem ser impossíveis de acontecer, mas, visto que uma vez já foram registrados na história, é importante levá-los em consideração ao menos como um fator de estudo.

O plano de continuidade de negócios precisa, desse modo, tentar se precaver de tais situações. Manifestações são, por exemplo, situações que podem parecer distante dos interesses e objetivos de uma empresa. No entanto, elas podem causar efeitos indiretos que podem vir a afetar as operações da empresa.

Em maio de 2018, aconteceu no Brasil uma greve de caminhoneiros que gerou um alto impacto na sociedade em diversos setores. Essa categoria reivindicava a diminuição no preço dos combustíveis, sobretudo no diesel, e lutava contra a imprevisibilidade dos constantes reajustes em tais preços, além de querer o fim da cobrança de pedágio por eixo suspenso. Essa greve durou menos de quinze dias, mas foi capaz de causar grandes transtornos.

A falta de caminhões para o transporte deixou aeroportos e os postos das cidades em todo o Brasil sem combustíveis, ocasionando não apenas filas imensas para o abastecimento, como também a escassez e a alta da gasolina. Deixou hospitais sem insumos e mercados sem alimentos. No final da greve, a empresa estatal Petrobrás perdeu, pelo menos, R$45 bilhões em valor de mercado. Em suma, a greve causou impactos em toda a produção do país a partir de questões políticas.

Com um impacto ainda maior, e em nível global, em 2020 ocorreu (e ainda ocorre até a data do lançamento deste livro) a pandemia global de COVID-19.

A COVID-19 é uma doença respiratória causada pelo coronavírus, da síndrome respiratória aguda grave 2 (SARS-CoV-2). A doença foi identificada pela primeira vez em Wuhan, na província de Hubei, República Popular da China, em 1º de dezembro de 2019, mas o primeiro caso foi reportado em 31 de dezembro do mesmo ano. Acredita-se que o vírus tenha uma origem zoonótica, porque os primeiros casos confirmados tinham, principalmente, ligações com o mercado atacadista de frutos do mar de Huanan, que também vendia animais vivos. Em 11 de março de 2020, a Organização Mundial da Saúde (OMS) declarou o surto como uma pandemia. Até 15 de abril de 2021, pelo menos 138.340.920 de casos da doença foram confirmados em pelo menos 188 países e territórios, com grandes surtos nos Estados Unidos (mais de 31.444.696 casos), Brasil (mais de 13.673.507 casos), Índia (mais de 14.074.564 casos) e outros países. Pelo menos 2.974.830 pessoas já haviam morrido enquanto 184.654.423 haviam sido completamente vacinadas.

A fim de conter os danos gerados pelo vírus, países por todo o mundo, orientados pela Organização Mundial da Saúde, iniciaram um bloqueio chamado de *lockdown*, termo em inglês que representa um estado de quarentena, que restringe o trânsito de pessoas, proíbe viagens e abertura de lojas e mantém apenas as atividades essenciais.

No Brasil, os efeitos da COVID-19 foram sentidos pelas empresas e pela população. Durante os períodos de isolamento social no país, grande parte das indústrias e do comércio teve de parar suas operações, gerando enormes prejuízos. Algumas empresas não conseguiram sobreviver à crise e tiveram de fechar as portas. As empresas que reagiram com maior agilidade e minimizaram os impactos da quarentena foram as que já tinham um plano de continuidade de negócios desenvolvido e testado e que o colocaram em prática logo no início do estágio de quarentena.

Sua empresa está preparada?

Essa pergunta deve ser constante. Afinal, diante de tantos imprevistos, sua empresa está preparada?

No atentado terrorista às torres gêmeas de Nova York em 11 de setembro de 2001, muitas empresas tinham backup de dados e sistemas em servidores localizados na torre irmã, pois pensavam que, caso houvesse algum problema em uma torre, a outra estaria segura. Infelizmente, não foi isso o que aconteceu quando as duas torres desabaram e mataram mais de três mil pessoas. Várias empresas simplesmente desapareceram. Esse evento mudou totalmente o modo como as empresas lidavam com a continuidade de negócios e provocou a revisão das normas correlatas.

Regulações e normas específicas para gestão de continuidade de negócios

Além das normas de segurança vistas nos capítulos anteriores, existem regulações e normas destinadas especificamente para a continuidade de negócios.

O principal conjunto de normas é um conjunto da ISO 22301, intitulado "Segurança social: Sistemas de gestão da continuidade de negócios — Requisitos". Esse padrão é escrito pelos maiores especialistas em continuidade de negócios e oferece a melhor estrutura para a gestão da continuidade de negócios em uma organização.

A norma ISO 22313, intitulada "Sistemas de gestão de continuidade de negócios — Orientações", por sua vez, fornece orientação com base em boas práticas internacionais para o planejamento, a criação, a implantação, a operação, o monitoramento, a análise crítica, a manutenção e a melhoria contínua de um sistema de gestão documentado, que permite que as empresas se preparem para responder e se recuperar de incidentes de interrupção quando eles surgirem.

Existem várias outras que podem ser usadas, como as normas do NIST em sua série SP 800-34, "*Contingency Planning Guide for Federal Information Systems*", que fornece instruções, recomendações e considerações para o planejamento de contingência de sistemas de informação federais dos EUA.

Cenário de continuidade

Imagine uma linha do tempo (Figura 43) em que uma planta industrial específica esteja operando normalmente e que, em um determinado momento, ocorra um incidente que paralise sua operação (hora zero).

Quais são as atitudes que essa empresa precisa tomar para voltar a operar sem problemas? Essa pergunta é essencial, e sua resposta precisa estar muito bem elaborada e clara no plano de continuidade do negócio, porque cada um dos passos seguintes terá impactos diretos, positivos ou negativos, em sua produção.

Primeiro, é necessário entender do que se trata o incidente e responder imediatamente a ele. Se for um incêndio, por exemplo, precisará de esforços treinados e equipamentos disponíveis contra incêndios. Em geral, se algo interrompeu a operação normal, então o incidente precisa ser respondido com precisão e eficiência.

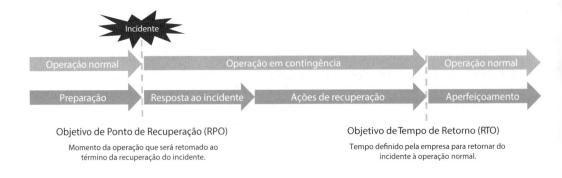

Figura 43 — Linha do tempo de um plano de continuidade

Ainda no processo de resposta, em algum momento, os colaboradores precisarão manter as operações em funcionamento, nem que seja de uma maneira degradada. Entre os planos de continuidade de negócio (especificamente, entre os planos de contingência), deve-se admitir a possibilidade de funcionamento imperfeito do processo. Apesar de esse não ser o cenário ideal, ele é preferível, em vez da total interrupção das atividades. De qualquer modo, será necessário um plano de recuperação para que a operação volte à sua normalidade.

Os passos de recuperação devem ser muito bem descritos, pois os conjuntos de documentos e estratégias de recuperação deverão ser efetivados rapidamente e com eficácia. No entanto, tais etapas não são fixas. Algumas empresas estabelecem, primeiro, a resposta aos incidentes e evoluem posteriormente para os pontos de contingência. Em alguns casos, não é possível recuperar a operação de modo imediato, e isso torna mais vagaroso o processo de volta à normalidade da infraestrutura, mantida de forma degradada.

ETAPAS DE EXECUÇÃO

As etapas de execução de um plano de continuidade são cíclicas e contínuas (Figura44), conforme atualizações, modificações de ativos e mudança de processos da planta industrial.

Primeiro, realiza-se a análise de riscos já vista anteriormente. Ela permite elencar a base de ameaças, vulnerabilidades e controles de segurança existentes para que seja possível desenvolver o Business Impact Analysis (BIA), que detalhará os efeitos que uma interrupção poderá trazer e compreender como e quando os possíveis riscos podem impactar financeiramente o negócio da empresa.

FIGURA 44 — Etapas de execução do PCN

Com o BIA, será realizada uma análise dos processos produtivos, para se compreender as localidades (instalações físicas, por exemplo), tecnologias, pessoas, fornecedores e serviços vitais para a operação. Definem-se, então, os pontos financeiros dos possíveis impactos que podem acontecer no negócio e são organizados os controles para que a operação atue de forma quase ininterrupta.

Os tempos de retorno à operação devem ser definidos de acordo com o segmento de negócio e a criticidade da planta de automação. Por exemplo, no caso de uma planta industrial de manufatura que precise retornar à operação apenas no final do término do estoque de insumos, o tempo de recuperação poderá ser um pouco maior do que aquele para infraestruturas que precisam operar o tempo todo, como as distribuidoras de energia elétrica.

Uma vez definida a estratégia, constrói-se o plano que levará à implantação dos controles. Serão criados documentos específicos adaptados à política de segurança da empresa, e novas ferramentas assegurarão a operação do negócio. Em seguida, serão realizados os testes e as revisões do plano de recuperação desenvolvido visando garantir sua eficácia quando necessário.

Entendimento de processos

Antes de tudo, é preciso compreender as necessidades do negócio. Elas se dividem em ambientes e instalações físicas, suprimentos e matéria-prima, sistemas e serviços e pessoas.

- Ambientes e instalações físicas

    Deve-se perguntar, verificar e entender quais são os ambientes e instalações físicas por meio de todas as perspectivas possíveis relacionadas a esse ponto. Quais processos estão sendo executados? Onde eles estão? Como são os locais em que estão? Como eles estão distribuídos em tais locais? Essas e outras perguntas podem auxiliar na descrição crítica dos ambientes e instalações físicas.

- Suprimentos e matéria-prima

    Os suprimentos e matérias-primas são outro ponto essencial e envolvem não apenas os processos internos, como também os externos relacionados à cadeia de suprimentos. Como será visto mais à frente, caso essa cadeia seja interrompida, pode acontecer um efeito indireto sobre a empresa e interromper sua produção. É importante, desse modo, estabelecer controles sobre o fornecimento de seus suprimentos e matérias-primas.

- Sistemas e serviços

    A atenção também precisa se voltar aos sistemas e aos serviços tanto da rede de automação quanto do restante da empresa. Afinal, quais os sistemas atrelados? Quais as tecnologias conectadas aos processos? Existem sistemas de monitoramento e supervisão? Quais são os sistemas de segurança? O que é necessário para que esse processo seja executado?

- Pessoas

   Além de tudo isso, é essencial saber quais as pessoas envolvidas nos processos e como elas atuam. Quanto tempo os funcionários trabalham na empresa? Quais suas especialidades e seus conhecimentos? Quais suas formações acadêmicas? Como eles se saem em situações difíceis que exigem determinado tipo de comportamento (calma, pressa, versatilidade etc.)?

IMPACTOS

Os tipos de impacto são bastante diversificados. Eles estão relacionados com a imagem da empresa, com o meio ambiente, com a segurança humana, com multas e rescisões contratuais e, claro, com o lucro cessante.

A perda de vidas gera um impacto terrível tanto para as famílias quanto para a imagem da empresa. Com isso, perde-se a confiança sob o ponto de vista do mercado e da opinião pública.

ESTRATÉGIAS DE RECUPERAÇÃO BASEADAS NO CUSTO-BENEFÍCIO

As estratégias de recuperação do negócio são baseadas no tempo determinado pelo BIA para a recuperação da operação da planta industrial. A Figura 45 demonstra a relação direta existente entre o tempo de retorno da operação e os custos financeiros para isso.

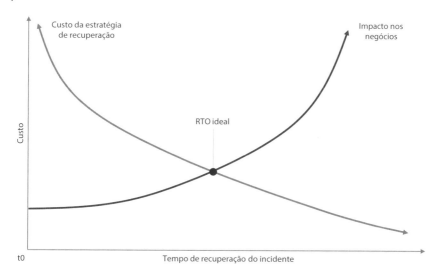

FIGURA 45 — Custo-benefício do plano de continuidade

No gráfico, t0 representa o momento exato em que o incidente aconteceu. Com o passar dos dias e das semanas, os impactos nos negócios são crescentes e variam, juntamente com os custos financeiros.

Existem infraestruturas críticas cujas interrupções por minutos ou até segundos podem causar um grande impacto nos negócios. Por exemplo, empresas de transmissão de energia não podem ficar mais de sessenta segundos sem conduzir energia em suas linhas de transmissão. No contrário, elas pagam multas. Nesse caso, os custos com as estratégias de recuperação variam conforme o tipo de infraestrutura e produção.

O custo-benefício varia também conforme os contratos e SLAs da empresa. Por isso, o gráfico da figura representa bem o decorrer do tempo diante dos custos totais da produção e dos custos particulares para as possíveis soluções. Em determinada posição desse gráfico, a curva do custo da solução de recuperação para manter o negócio funcionando e a do custo do impacto negócio se encontram, e esse é o ponto ideal (RTO ideal) para determinar a melhor estratégia de solução de recuperação.

Preparação de planos

Os planos de continuidade de negócios são estruturados em vários documentos. Como já foi indicado, existem os planos de continuidade/contingência, planos de recuperação e planos de comunicação.

- Plano de continuidade/contingência: Este plano é ativado quando ocorre um incidente ou uma anormalidade que leve a uma parada na produção. Após a constatação do problema, devem ser tomadas atitudes para que ao menos as operações básicas sejam mantidas. Para isso, identificam-se "o quê?", "quem?", "onde?", "como?" e "quando?" e descrevem-se os problemas que serão direcionados para as esferas competentes e respectivas às especificidades de cada solução.

- Plano de recuperação: O plano de contingência é um paliativo que mitiga os problemas, mas não os elimina. Para isso, inicia-se, em seguida, o plano de recuperação, que fará com que as operações voltem à sua normalidade. Nesse momento, entram em cena os papéis e as responsabilidades atribuídas (a pessoa "A" fará a função "X", a pessoa "B" fará a função "Y", etc.), além da normalidade com os fornecedores e produtos. Deve-se ter disponível um guia de configuração (também chamado de *as built*), que indica os passos para que a empresa seja reconstruída desde seus primeiros fundamentos, como se iniciasse plenamente suas atividades. Nesse guia, estão detalhadas as configurações que devem ser utilizadas, os backups de software, os equipamentos de rede necessários, entre outros pontos, tudo o que for preciso para montar a planta industrial novamente. Devido aos processos de continuidade, o *as built* deve ser revisado com novas informações adicionadas posteriormente.

- Plano de comunicação: Esta etapa é importante por diversos motivos. As empresas não estão sozinhas. Elas têm um conjunto de stakeholders, isto é, têm seus clientes, seus investidores, seus fornecedores. Quando ocorre um incidente, dependendo dos motivos e das consequências, precisa-se estar pronto para comunicar o que aconteceu com um linguajar específico, muitas vezes com protocolos determinados. Por exemplo, casa haja um vazamento de óleo no mar, existem entidades que precisam ser acionadas. É preciso ter um relacionamento específico com a mídia, explicando o que aconteceu, para que o público tenha noção da gravidade do impacto. É necessário informar a população e as partes interessadas o mais rápido possível, pois, desse modo, haverá mais chances de recuperação e de entendimento.

Isso é especialmente importante porque a opinião pública pode acabar afetando a imagem da empresa se algo for escondido. Um exemplo que seguiu a atitude contrária aconteceu no acidente nuclear de Chernobyl, ocorrido em 1986.

O governo da antiga União Soviética demorou três dias para informar às pessoas sobre o que, de fato, estava se passando. O vazamento foi confirmado somente após a pressão internacional. Se tivessem sido avisadas no momento do incidente, as pessoas poderiam ter feito uma evacuação mais rápida e os impactos sobre a saúde seriam menores.

Os Testes

Após os planos estarem prontos, iniciam-se os testes. O primeiro deles é a lista de verificação pura e simples. Isto é, realiza-se um *checklist* que informará a tarefa que cada colaborador deverá realizar, os itens existentes ou faltantes etc. Esse *checklist* verificará também se as pessoas estão aptas a exercer suas funções, se o estoque está abastecido e, por conseguinte, se é preciso executar os planos de recuperação.

Outro teste bastante eficiente é o "teste de mesa", em inglês, *tabletop simulation*. Para executá-lo, são postas sobre a mesa todas as funções que cada ativo executa. Então simula-se com os colaboradores uma narrativa que percorre desde o início de um possível incidente até a recuperação da empresa. Eles narram suas funções especificamente conforme a necessidade de uma ou outra tarefa para retomar a normalidade das operações. Isso é especialmente interessante porque as pessoas conseguem ter uma visão total da recuperação e podem, assim, se conscientizar cada vez mais sobre suas funções na execução dos planos.

Para algumas empresas, é possível estabelecer simulações programadas. Por exemplo, em uma parada programada, combina-se com a equipe de simular uma contingência. Em alguns casos, as empresas operam três meses funcionando perfeitamente e, em seguida, uma semana com a operação baseada propositalmente na contingência. Isso é especialmente importante porque se pode viver a prática dos planos de continuidade de negócios, sem ter, no entanto, o nervosismo da contingência real.

Por isso, se possível, simulações programadas são importantes, porque ensinam bastante. Existem casos de simulações não programadas. Apesar de não serem recomendadas, por uma questão didática, devem ser lembradas. São simulações que não foram planejadas e combinadas com os colaboradores. A ideia é interromper ou tentar interromper a produção, desligando algum equipamento sem os devidos avisos e a partir daí realizar os procedimentos de recuperação. Esse teste pode trazer diversos problemas e envolve enormes riscos, não sendo recomendado.

E SE TUDO DER ERRADO: CONTRATE UM SEGURO CIBERNÉTICO

Seguros cibernéticos não focam a prevenção, como é o caso de soluções de segurança cibernética como firewall e antimalware, mas, sim, em ajudar após ataques cibernéticos não terem sido barrados e os sistemas dos clientes terem se tornado indisponíveis. É uma ferramenta de transferência de riscos.

Assim como seguros de carro, casa e tantos outros existentes, as apólices colocam nas mãos das seguradoras a responsabilidade sobre os danos, oferecendo uma série de garantias para proteger os segurados, variando caso a caso de acordo com o expresso em contrato.

O seguro cibernético não se restringe a alguns tipos específicos de empresas, podendo ser contratado para negócios de diferentes setores e tamanhos. É importante destacar que os mesmos elementos que justificam a contratação de um seguro cibernético são os que ajudam a determinar seu custo.

Entre os principais pontos observados nos contratos de seguros cibernéticos estão:

- Avaliar a dimensão da proteção cibernética de que a empresa necessitará;
- Analisar a resiliência cibernética, ou seja, a postura de segurança assumida pelos colaboradores internos do cliente, recomendando formas para melhorar suas defesas;
- Determinar se as soluções de segurança utilizadas respeitam as diretrizes de uso mais eficiente determinadas pelos fabricantes e fornecedores;
- Classificar os serviços de resposta a incidentes que serão necessários, oferecendo acesso a equipes de respostas para situações de ataques de *malware*.

A maior dificuldade das empresas está, atualmente, em estabelecer defesas fortalecidas e aptas para garantir termos favoráveis de coberturas cibernéticas, como descontos em franquias e serviços de suporte em casos de ataques. Assim, antes de buscar por seguros cibernéticos, é essencial que as empresas atualizem suas defesas, adotando ações proativas de segurança. Dessa forma, os contratos de seguro poderão ser mais benéficos e baratos.

Conceitos apresentados neste capítulo

Este capítulo aborda alguns mitos a respeito da proteção de sistemas de controle e monitoramento industriais, como a falsa noção de que as redes de automação estão isoladas do mundo e que têm uma segurança cibernética avançada.

Isso está relacionado ao ponto fundamental deste capítulo, que é a segurança de borda. Para explicá-la, adentra-se no conceito da arquitetura de redes industriais, na aplicação e no funcionamento de firewalls, ressaltando o Next Generation Firewall (NGFW).

Além disso, também é tratado o conceito e a aplicação de redes virtuais privadas, as VPNs, como uma importante solução, juntamente com a utilização de gateway de segurança unidirecional, também conhecidos como "diodos de dados".

Por fim, é abordada a importância das redes sem fio em ambientes industriais, as vantagens de sua utilização, as fragilidades de segurança e algumas boas práticas que devem ser aplicadas para assegurar essas redes Wi-Fi.

CAPÍTULO 3

SEGURANÇA DE BORDA

3.0 INTRODUÇÃO

Quando se fala sobre segurança de borda, o objetivo principal é a proteção das fronteiras de uma rede de automação. Em outros termos, a segurança de borda assegura todas as conexões entre as redes de automação com as demais redes da empresa, criando fronteiras, de fato, vigiadas.

FIGURA 46 — Segurança de borda na *ICS.SecurityFramework*®

Uma das principais soluções da metodologia *ICS.SecurityFramework*® é a segurança da borda da rede de automação (Figura 46). Ela é fundamental para garantir que atacantes externos não conseguirão penetrar na rede de automação e que todos os pacotes que entram e saem da rede de automação serão inspecionados antes de seguirem seu caminho.

Existem, no entanto, alguns mitos sobre a segurança das redes industriais. No imaginário tanto popular quanto técnico, as redes de automação têm uma segurança extraordinária. Como se fossem extremamente protegidas, alguns gestores acreditam que elas contam com segurança intrínseca. Alguns mitos comuns estão descritos a seguir.

Mito: sistemas de controle industriais estão isolados dos demais perímetros corporativos

Um dos primeiros e mais difundidos mitos é a ideia ultrapassada de que os sistemas SCADA residem em uma rede fisicamente separada, independente e isolada dos demais perímetros corporativos.

Embora essa ideia seja antiga, ela ainda resiste no imaginário de técnicos e profissionais relacionados às redes de automação. Alguns deles acreditam que estão seguros, já que suas redes são "isoladas". Em outras palavras, é como se o isolamento fosse a solução para todos os problemas de segurança cibernética. Infelizmente, não é isso o que acontece. Existem diversas ameaças que atuam sem que a rede de automação esteja conectada à internet ou a outras redes; o *insider* é uma delas.

Mito: ataques a sistemas SCADA exigem conhecimento especializado

Este mito, que já foi comentado, afirma que, para atacar um sistema SCADA, é necessário conhecimento técnico especializado, o que dificultaria que intrusos acessassem e controlassem a rede.

No entanto, uma rápida e simples verificação em sites sobre vulnerabilidades e segurança cibernética demonstra o contrário. O software Metasploit tem, como também já foi dito, dezenas e, em alguns casos, centenas de ataques a protocolos e sistemas industriais. Além disso, podem-se contratar hackers para a realização de ataques por meio de sites facilmente encontrados na internet e na Dark Web. Enfim, existem inúmeras alternativas para atacar um sistema industrial sem a necessidade de um alto conhecimento técnico especializado.

3.1 O CONCEITO DE FIREWALL

A palavra *firewall* significa, em português, "parede de fogo". Ela também poderia ser compreendida como "parede *contra* fogo", já que seu principal objetivo é assegurar determinadas redes e perímetros contra os ataques de hacker, programas maliciosos e quaisquer eventuais interrupções e danos aos sistemas empresariais, institucionais e governamentais em geral.

A definição básica de um *firewall* se concentra em um mecanismo utilizado para controlar o acesso de e para uma rede com o objetivo de protegê-la (AL-SHAER, 2014, p. 3–4). Desse modo, esse ativo deve ser posto entre dois segmentos de rede que estejam em diferentes níveis de confiabilidade, criando uma parede entre elas.

O *firewall* verifica todo o tráfego de dados entre duas redes, permitindo que pacotes de dados passem de um lado para o outro de acordo com seu conteúdo e comportamento. Um *firewall* pode ser tanto um software quanto um hardware (também chamado de *appliance*), ou ambos. Normalmente, ele está associado a redes com protocolos de comunicação TCP/IP e pode ter várias estratégias e metodologias diferentes como a filtragem de pacotes, o estabelecimento de *proxy* de aplicação, entre outros serviços.

Mas essa tecnologia tem uma longa história. O *firewall* surgiu na década de 1980, com a expansão das redes de computadores, juntamente da ARPANET. Essas redes precisaram estabelecer limites de acesso a fim de proteger os dados militares e acadêmicos que trafegavam em seus computadores. Em 1988, quando um dos primeiros *worms* foi criado e disseminado por Robert Tappan Morris em computadores do Massachusetts Institute of Technology (MIT), o *firewall* ganhou ainda mais importância.

Surgiu, assim, a primeira geração de *firewalls*, cujo objetivo era filtrar pacotes. Criado pela American Telephone and Telegraph (AT&T) em 1988, essa tecnologia ainda é utilizada, apesar de ter recebido inúmeras modificações. Um exemplo atual desse *firewall* é o software nativo do Linux Iptables. A partir da segunda geração de *firewalls*, mantiveram-se as funcionalidades iniciais e começou-se a restringir o tráfego antes de qualquer conexão.

Com a terceira geração surgida na década de 1990, essa tecnologia se tornou conhecida como firewall de aplicação e de *proxy*, restringindo acessos anônimos a servidores FTP, entre outros serviços. Na década de 2000, surgiu a quarta geração de *firewalls*. Essa tecnologia passou a inspecionar o tráfego de dados conforme as peculiaridades de cada aplicação. Adotou também a prevenção de intrusão e abriu caminho para a futura tecnologia que seria conhecida como Next Generation Firewall (NGFW).

Em suma, essa tecnologia evoluiu desde simples filtros de pacotes até sofisticadas ferramentas de controle proativo. Normalmente, o *firewall* trabalha em conjunto com outras ferramentas de segurança cibernética, como sistemas de controle de malware, IDS industriais, SIEM etc. Ele é, desse modo, um importante aliado aos sistemas de segurança e uma peça-chave na segmentação de redes industriais, sendo indispensável para a segurança em camadas.

Ataque a um sistema de controle industrial por pivot

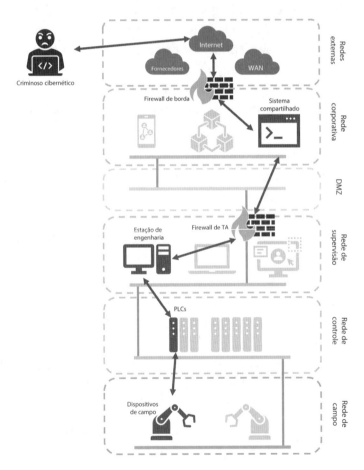

Figura 47 — Ataque por pivot a uma rede industrial

O ataque por *pivot* (Figura 47) é um dos cenários mais comuns em que o atacante invade a rede de automação a partir da internet. Esse contexto serve para exemplificar não apenas esse método de ataque, como também a dificuldade que o hacker enfrenta.

Em um ataque por *pivot*, o hacker teria de primeiro atacar a rede corporativa. Isto é, ele teria de enfrentar um firewall de borda logo no início de seu ataque. Somente se conseguisse passar por essa segurança, conseguiria acessar a rede corporativa. Em seguida, precisaria dominar uma máquina ou explorar um sistema compartilhado para servir como base para o prosseguimento da ação.

Desse modo, quando ocorre um ataque por *pivot*, significa que uma máquina da rede corporativa dominada assume a função de um pivô, isto é, de um eixo essencial que faz determinados movimentos e procedimentos. Essa estação de trabalho servirá, então, para que o hacker faça um novo ataque contra um segundo firewall que protege a rede de automação (firewall da T.O.). Caso esse novo ataque seja bem-sucedido, o hacker então ganhará acesso a uma máquina dentro da rede industrial, como, por exemplo, uma estação de engenharia. A partir dela, ele poderá atacar os PLCs que controlam o chão de fábrica e conseguir efetivamente provocar algum tipo de dano à operação dessa planta.

Mas é simples fazer um ataque como esse? Não, obviamente não é. Esse tipo de ataque exige muito conhecimento e tecnologia para ser executado, além de consumir um grande tempo de esforço e dedicação. Talvez, para realizá-lo, sejam necessárias, inclusive, táticas de engenharia social para descobrir as funções de cada máquina, os programas de proteção utilizados na planta etc. Em suma, pode existir, quando a arquitetura é bem elaborada, uma grande complexidade para se atacar uma rede industrial a partir da internet.

No entanto, o sucesso ou fracasso desse ataque depende diretamente das soluções de segurança implementadas na planta, sobretudo da arquitetura de rede em camadas. Isto é, da utilização de um firewall que separe a rede corporativa do restante do mundo, do uso de uma segunda camada de segurança com um outro firewall entre a rede de T.I. e a rede de automação, e do uso de soluções complementares de segurança na planta industrial.

3.2 ARQUITETURAS DE SEGURANÇA DE BORDA

O firewall realiza um trabalho essencial em relação à proteção cibernética de uma rede industrial. No entanto, ele precisa estar estrategicamente localizado e em conformidade com os outros equipamentos e programas de segurança. Do contrário, ele não apenas pode ser contornado por atacantes, como também pode acabar realizando funções indevidas na rede e sobrecarregando-a.

Essa posição estratégica em relação aos objetivos de uma rede e aos seus demais equipamentos se chama "arquitetura de rede" e, no caso aqui específico, "arquitetura de firewall". Existem muitas arquiteturas de firewall que podem ser utilizadas e com formatos bastante diferentes.

Uma dúvida comum entre os arquitetos de segurança de redes de automação reside em qual a melhor arquitetura para o uso de firewalls na proteção do perímetro de redes de automação. Serão apresentados a seguir os principais cenários de utilização de firewalls e seus aspectos positivos e negativos.

Firewall separando as redes de T.I. e T.O.

Essa é uma arquitetura muito comum em indústrias. Basicamente, ela se constitui por um firewall que separa as redes de tecnologia da informação da rede de automação (Figura 48).

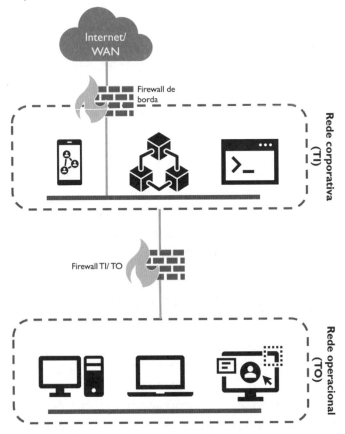

Figura 48 — Firewall separando as redes de T.I. e T.O.

Apesar de ser representado graficamente por apenas um ativo realizando a segurança de borda da rede de automação, na prática, as implementações são feitas com o uso de um par de firewalls configurados em alta disponibilidade para que, caso um tenha algum tipo de problema, o outro possa assumir seu lugar sem causar nenhum tipo de dano. Desse modo, a rede de automação não ficaria incomunicável com o restante da rede corporativa em caso de pane de um dos firewalls.

Uma boa prática da norma ISA/IEC 62443 que afirma que não deve ser possível que máquinas da rede de T.O. façam acessos diretos às máquinas da rede de T.I.

Nessa arquitetura, embora haja a separação e fiscalização dos pacotes de rede por meio de um firewall, ainda é possível uma comunicação direta entre as redes de T.I. e T.O., o que a torna frágil e desalinhada com as boas práticas da norma.

Firewall com DMZ entre as redes de T.I. e T.O.

Essa é uma arquitetura mais realista e segura. Ela tem um firewall separando as redes de T.I. e T.O., porém tem também uma DMZ (AL-SHAER, 2014, p. 68).

O conceito de DMZ (DeMilitarized Zone) significa uma separação entre zonas. Na vida real, esse termo vem da área neutra que existe entre a Coreia do Norte e a Coreia do Sul. É uma zona desmilitarizada, onde os representantes desses países fazem acordos diplomáticos, negociações, trocas de presos, entre outras questões políticas.

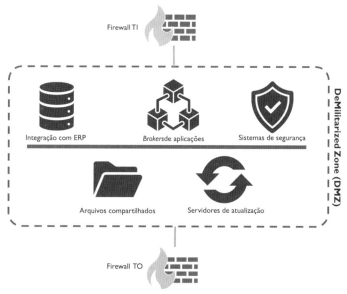

Figura 49 — Atuação de uma DMZ

No caso da segurança cibernética, o conceito é o mesmo. A DMZ é uma área protegida onde se alocam servidores que, de alguma forma, compartilham os dados que serão consumidos pelas redes que ela interliga (Figura 49).

Por exemplo, como o servidor de atualizações da solução antimalware precisa fazer downloads constantes de atualizações da internet, então esse servidor deve ficar hospedado na DMZ. Ele fará as atualizações a partir da rede de T.I. e, ao mesmo tempo, protegerá as máquinas de rede de automação.

Com o uso da DMZ, evita-se o acesso direto entre as redes de T.I. e de T.O. Criam-se regras no firewall para que a rede corporativa possa acessar as máquinas da DMZ, mas não possam acessar as máquinas da rede de automação, e vice-versa. Ou seja, para que as máquinas da automação possam acessar as máquinas da DMZ, mas não possam acessar a rede de T.I. (Figura 50).

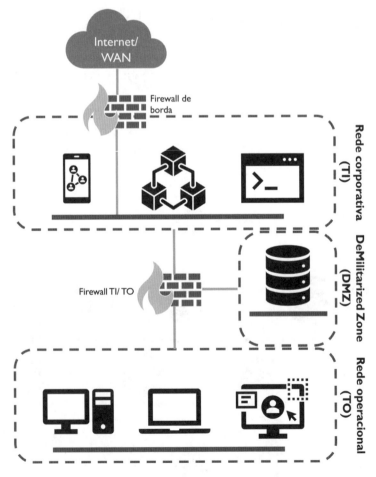

FIGURA 50 — Firewall com DMZ entre as redes de T.I. e T.O.

Assim, estabelece-se uma relação de produtor e consumidor entre as redes. Qualquer pacote de dados que trafegar entre elas precisará necessariamente passar por um servidor intermediário na DMZ, que disponibilizará os dados para a outra rede consumir. Essa arquitetura de firewall é mais avançada e segura.

O principal risco de segurança nesse tipo de arquitetura é que, se um computador na DMZ for comprometido, então ele poderá ser usado para lançar um ataque contra a rede de automação por meio do tráfego de aplicações permitidas. Esse risco pode ser bastante reduzido se um esforço concentrado for feito para identificar e remover as vulnerabilidades dos servidores na DMZ, e se as regras do firewall permitirem apenas conexões entre a rede de T.O. e a DMZ que tenham sido iniciadas por meio de dispositivos da rede de automação. Outras preocupações com essa arquitetura são a complexidade e o custo potencial aumentado pelo uso de firewalls com várias portas. Para os sistemas mais críticos, no entanto, a melhoria na segurança compensará essas desvantagens.

Par de firewalls com DMZ entre as redes de T.I. e T.O.

A arquitetura que provê um maior nível de segurança é o par de firewalls com DMZ entre as redes de T.I. e T.O. (Figura 51). Nesse modelo de segurança, não existe apenas um firewall, mas dois, estrategicamente alocados nas entradas e saídas de dados da DMZ.

Mas por que dois firewalls? Isso não seria um exagero? Não seria um gasto de dinheiro desnecessário, já que um firewall poderia realizar essa proteção com sucesso?

Tecnicamente, sim, porém podem ocorrer problemas políticos internos na empresa com o uso de apenas um firewall na borda das duas redes. No fim das contas, qual equipe teria a gestão desse firewall: a equipe de T.I. ou a de T.O.?

Para resolver essa questão política, o uso de firewalls distintos é o ideal. Dessa forma, a gestão de um dos firewalls se tornará responsabilidade da equipe de T.I., e a outra, da equipe de T.O. Assim, cada uma poderá criar suas próprias políticas de segurança e administrar sua rede sem que haja a interferência da outra equipe. Isso reforça, ao mesmo tempo, a própria segurança das duas redes.

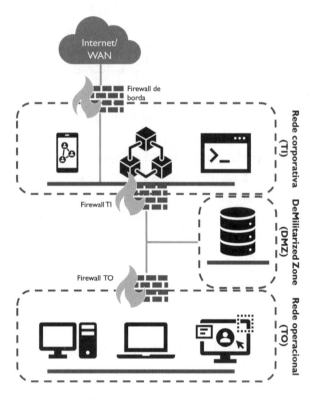

Figura 51 — Par de firewalls com DMZ entre as redes de T.I. e T.O.

3.3 PRINCÍPIO DO MENOR PRIVILÉGIO

Existe um princípio que deve ser utilizado na implementação de firewalls, conhecido como "princípio do menor privilégio". O que ele significa? Quando se instala um firewall em uma rede, como saber quais são as portas de comunicação que podem ou não ser liberadas? Como saber quais são os serviços que devem ser permitidos ou negados? Como saber quais são os usuários que podem trafegar na rede e quais dados eles podem ou não compartilhar?

Ou se tem todas essas informações já mapeadas em uma matriz que atenda ao controle de acesso, ou será necessário descobrir cada uma dessas questões individualmente. Para isso, utiliza-se o princípio do menor privilégio. Em outras palavras, quando se instala um firewall pela primeira vez, liberam-se as portas mais básicas de comunicação da rede de automação que está sendo protegida e bloqueiam-se todas as outras.

Conforme as aplicações forem necessitando de comunicação, elas não funcionarão, pois serão bloqueadas pelo firewall. Os controladores de segurança poderão, então, a partir da observação dos logs do firewall, descobrir quais portas, aplicações e usuários estão sendo bloqueados e especificar as regras para que eles possam se comunicar.

O próprio Windows já realiza esse trabalho ao ser instalado. Ele libera algumas portas que são muito usadas, como as para uso de http, utilizadas para o acesso web e algumas outras, mas bloqueia e restringe a grande maioria das demais portas. Pode-se notar isso quando se instala algum novo aplicativo que faz a requisição para usar alguma dessas portas bloqueadas. O Windows emite, por sua vez, uma mensagem para os usuários perguntando se aceitam ou não essa requisição.

Esse modo de trabalho do firewall do sistema operacional Windows é bastante parecido com vários outros programas semelhantes. Ele cria diversas tabelas internas e regras de controle, conforme as funcionalidades e os serviços, que funcionarão permitindo ou bloqueando o acesso às portas. Por fim, essa tabela trabalha de modo dinâmico, fazendo alterações de acordo com as necessidades de seus usuários.

3.4 FIREWALLS ULTRAPASSADOS

Dentro do modelo OSI, existem sete camadas. A camada de transporte (Camada 4) é onde trabalham firewalls com tecnologias mais antigas e hoje ultrapassadas. O protocolo mais utilizado e conhecido que atua nessa camada é o TCP, que é executado em conformidade com o protocolo IP, por sua vez estabelecido pela camada de rede, localizada um nível abaixo (Camada 3). No entanto, existem vários outros protocolos de Camada 4, como UDP, NetBEUI e RIP.

Esses firewalls antigos são configurados com regras bem simples que contêm apenas o endereço IP de origem, o endereço IP de destino, o protocolo em que trafegará o conteúdo, qual porta será utilizada para a origem e o destino da conexão e se o tráfego deverá ser permitido ou bloqueado.

Essas regras simples os tornam bastante frágeis contra ameaças modernas que utilizam estratégias de ataques baseadas na camada de aplicação (7). Ou seja, eles não protegem contra:

- Vulnerabilidades de software;

- Armas cibernéticas;
- Ataques internos;
- APTs e *worms* modernos.

No mercado, ainda existe também uma tecnologia chamada Unified Threat Management (UTM), que significa, em tradução livre, Gerenciamento Unificado de Ameaças. O UTM é um dispositivo de segurança único que oferece diversas funcionalidades, como antivírus, antispam, firewall de rede, detecção e prevenção de invasões, entre outras. Essa classe de equipamentos tem processamento bastante limitado e não é recomendada para proteger redes que operam em tempo real, como as redes de automação. A segurança de borda indicada para as redes de automação é a tecnologia denominada Firewall de Próxima Geração.

3.5 FIREWALL DE PRÓXIMA GERAÇÃO (NGFW)

Os Firewalls de Próxima Geração, em inglês, Next Generation Firewall (NGFW), são capazes de inspecionar o tráfego e combater as ameaças de rede até a camada de aplicação (Camada 7) do modelo OSI.

Essa tecnologia adiciona diversas novas funcionalidades aos firewalls de Camada 4, como a inspeção profunda do tráfego, Sandboxing, controle de aplicações e usuários.

O Firewall de Próxima Geração não só permite o tráfego de uma porta para outra, ou de um endereço IP para outro, ele abre também os pacotes de dados trafegados para verificar seu conteúdo. Se sua inspeção constatar que os pacotes têm uma carga maliciosa, ele então proíbe a passagem de tais pacotes.

Isso significa, por conseguinte, que o NGFW tem um controle granular sobre as aplicações, os usuários, o conteúdo e o tráfego da rede. Desse modo, uma série de variáveis pode ser utilizada para realizar os filtros e as políticas de administração do equipamento. Caso se queira, por exemplo, que uma máquina A se conecte com uma máquina B utilizando o Skype por usuários específicos, pode-se definir isso em uma regra. Assim, se algum usuário que não estiver nesse grupo de controle tentar se conectar utilizando o Skype, não conseguirá estabelecer a comunicação. Essa especificidade é muito mais segura do que simplesmente liberar uma porta entre um ativo e outro.

O NGFW tem também proteção nativa contra ataques que fazem uso de vulnerabilidades ainda desconhecidas (*zero day*) e ataques direcionados. Esse recurso o torna "inteligente". Ao interceptar um pacote de dados, o NGFW compara seu conteúdo com uma lista de assinaturas conhecidas como malware (lista negra). Caso esse pacote não tenha assinatura compatível com malware, mas ainda assim for um pacote "suspeito" (um arquivo executável ou uma biblioteca .dll, por exemplo), o NGFW o submete então a uma inspeção mais profunda, utilizando uma tecnologia denominada Sandboxing.

Essa tecnologia é desenvolvida e atualizada pelos próprios fabricantes de firewalls de próxima geração e trabalha submetendo os pacotes de dados suspeitos a máquinas virtuais com diversos sistemas operacionais instaladas em uma *cloud*. Esses arquivos suspeitos são então executados nas máquinas virtuais dessa nuvem, e, a partir disso, geram-se diversas informações. Caso seja determinada a infecção de qualquer uma das plataformas virtuais, um relatório será gerado informando sobre o incidente e detalhando as operações maliciosas que o pacote de dados realizou no sistema operacional e aplicações. O NGFW então proibirá o tráfego do pacote suspeito, agora classificado como "malware". Essa é a característica mais importante do Sandboxing.

O NGFW realiza gerenciamento centralizado que facilita a forense digital e a recuperação em casos de incidentes. Quando existem dezenas de firewalls sem que haja uma ferramenta de gerenciamento centralizado, torna-se muito difícil o controle de todos esses ativos ao mesmo tempo. Em tais cenários, para se estabelecer alguma política, é necessário aplicar manualmente em todos os dispositivos. Com uma console de gerência, essa tarefa pode ser feita uma única vez para todos os ativos de segurança, e a geração de relatórios também é bastante facilitada.

Além disso, o NGFW tem vários processadores e processamento paralelo, o que resolve um grande problema dos firewalls antigos e UTMs, que congelavam quando eram habilitadas todas suas funcionalidades de segurança.

Arquitetura operacional

A arquitetura operacional de um Firewall de Próxima Geração tem alguns itens muito importantes. Um NGFW deve prover controle de aplicações, controle de usuários e controle de conteúdo. Ou melhor, ele deve ser capaz de inspecionar e também de controlar quais serão as aplicações e os protocolos que trafegarão dentro da rede de automação, quais serão os usuários com direito de executar determinadas tarefas dentro da rede de automação e, por fim, quais serão os conteúdos que trafegarão na rede de automação.

Serviços de segurança nativamente integrados

Um Firewall de Próxima Geração tem serviços de segurança nativamente integrados. Devem existir no mínimo os serviços de IPS, VPN, filtragem de URL e Sandboxing, descritos a seguir:

- IPS

    O Intrusion Prevention System (IPS) é um sistema que tem o objetivo de detectar pacotes maliciosos e prevenir a rede contra eles, inspecionando seu conteúdo. Como muitas redes de automação não têm patches e atualizações em suas máquinas, o IPS é essencial.

- VPN

    Como será visto mais à frente, a Virtual Private Network (VPN) é uma rede de comunicação criptografada com a missão de tornar as conexões seguras, no caso, entre a rede de automação e as demais redes.

- Sandboxing

    Como já foi explicado, o Sandboxing atua sobre pacotes e arquivos suspeitos, analisando-os em nuvem de inteligência por meio de sua execução em máquinas virtuais. Em seguida, ele retorna um relatório constatando se os dados trafegados são benignos ou malignos e, consequentemente, se podem ou não entrar na rede.

- Filtragem de URL

    A filtragem de URL permite o acesso seguro à internet a partir da rede de automação. Apesar de conexões diretas à internet não serem comuns e nem recomendadas para redes de automação, existem algumas empresas que têm regras de negócio que necessitam desse tipo de acesso. Nesses casos, os pacotes de dados precisam ser inspecionados, juntamente das URLs utilizadas.

3.6 VPN

Virtual Private Network ou, em tradução livre, Rede Privada Virtual, a VPN é uma rede de comunicação privada que conecta um ponto ao outro.

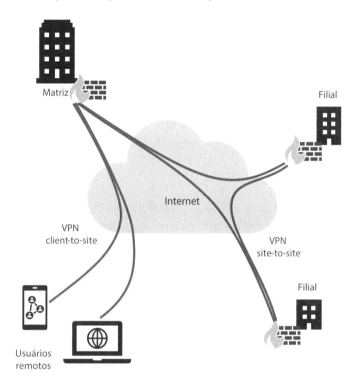

Figura 52 — Visão geral de uma VPN

A VPN utiliza o conceito de comunicação por tunelamento, ou seja, ela conecta um ponto A com um ponto B por dentro de um túnel onde os dados trafegam em modo criptografado (AL-SHAER, 2014, p. 26).

Em relação à segurança, o que uma VPN assegura é que os dados trafegados não foram alterados em seu conteúdo enquanto iam por esse caminho. No entanto, se uma malware trafegar nessa rede, ele o fará também de modo criptografado. Em outras palavras, ironicamente, esse malware contaminará a rede de forma mais "segura".

As VPNs fazem uso de protocolos de criptografia por tunelamento que fornecem confidencialidade, autenticação e integridade necessárias para garantir a privacidade das comunicações.

Existem diversas tecnologias para a construção de VPNs pela internet. As principais são o IPSEC e o SSL, sendo esta última a mais comum. O SSL é utilizado, por exemplo, no acesso a instituições financeiras com o uso do HTTPS, atrelado a um certificado digital. Esse certificado digital é o que garante a segurança do protocolo SSL.

Arquiteturas de VPNs mais comuns

Do mesmo modo que existem diversas arquiteturas para firewall, existem também algumas arquiteturas para VPN que variam conforme os objetivos de seus usuários. Entre elas, se destacam as arquiteturas *site-to-site* e *client-to-site*.

- VPN *site-to-site*

    A VPN *site-to-site* é utilizada quando é preciso conectar duas redes com segurança. Desse modo, normalmente utiliza-se um firewall em uma rede e um firewall em outra rede. A partir disso, esses dois firewalls são configurados para se comunicar, e todo o tráfego de dados passa por eles. Isso torna uma rede conectada a outra, ao mesmo tempo em que assegura a filtragem e a verificação dos pacotes de dados que trafegam entre elas. São estabelecidas regras nos dois firewalls para saber o que as máquinas de uma rede poderão acessar na outra rede, e vice-versa.

- VPN *client-to-site*

    Na rede *client-to-site*, tem-se um firewall dentro de uma rede que se comunica com computadores em outra rede que utilizam um software específico (cliente) para fechar a conexão segura.

    Esse tipo de VPN permite que um computador se conecte a uma rede específica para que um colaborador possa trabalhar de qualquer lugar, como se estivesse sentado diante de uma máquina localizada dentro da rede empresa. A VPN *client-to-site* é muito usada para conexão remota entre o operador de fora da indústria e a rede de automação.

3.7 GATEWAY DE SEGURANÇA UNIDIRECIONAL

Existe outra forma de duas redes serem conectadas com muita segurança: o gateway de segurança unidirecional, também conhecido como "diodo de dados".

O conceito "diodo de dados" vem da engenharia elétrica. O diodo é um componente eletrônico que passa energia somente em um sentido; em outro sentido, ele a bloqueia. Na segurança cibernética, o gateway de segurança unidirecional trabalha de maneira semelhante.

Composta por dois equipamentos que fecham a conexão, o TX (que transmite dados) e o RX (que recebe dados), a solução fornece comunicação em um sentido único. O tráfego dos dados de um lado para o outro utiliza uma metodologia diferente de outros protocolos. Enquanto o TCP-IP utiliza a técnica de *handshake* para confirmar o envio e recebimento de pacotes, na comunicação por um diodo de dados, não existe essa confirmação. Nesse caso, os pacotes são simplesmente enviados, e em caso de falha na transmissão, eles serão todos retransmitidos assim que a conexão for restabelecida.

Esse tipo de tecnologia é muito usado em redes que precisam permanecer isoladas por todo o tempo. Um bom exemplo são as redes operativas de usinas nucleares, que necessitam de isolamento completo de outras redes, conforme as normas e padrões restritos de segurança cibernética que são obrigadas a cumprir.

A tecnologia de diodo de dados é baseada na completa replicação de máquinas entre duas redes. Por exemplo, quando existe um servidor histórico na rede de automação e é necessário fazer com que a rede de T.I. tenha acesso aos dados desse servidor, no lugar de estabelecer uma conexão entre as redes, a solução cria uma réplica do servidor histórico dentro da rede de T.I., e, com isso, a equipe de tecnologia da informação poderá acessar e até mesmo modificar os dados nessa réplica sem que haja influência nos processos da rede de automação. Isto é, os dados da rede de T.O. continuam sempre preservados.

Outro cenário de uso bastante interessante é para o suporte remoto realizado por fabricantes. Normalmente, esse tipo de suporte é realizado via VPN, mas em casos extremos em que não é permitido o uso de VPNs, como em usinas nucleares, a solução de diodo de dados é a única possível. Nesse caso, o fabricante terá acesso a réplicas das máquinas da rede de automação e proverá o suporte por meio delas. Assim, na hora de atender a um chamado de suporte, o fabricante fará uma ligação telefônica e informará as atitudes a serem tomadas. Um colaborador localizado na rede de automação será o responsável por executar os comandos indicados pelo fabricante durante o suporte. É um método um pouco mais demorado e que demandará um pouco mais de esforço do fabricante e da equipe de T.O., mas é uma estratégia muito segura e à prova de ataques externos.

3.8 SEGURANÇA DE WI-FI INDUSTRIAL

As redes sem fio (Wi-Fi) são muito conhecidas nos ambientes domésticos e corporativos. No ambiente industrial, essa tecnologia também é bastante utilizada como uma conexão ocasionalmente substituta para as redes sem fio. No entanto, existem algumas questões estruturais do Wi-Fi que podem representar riscos para infraestruturas críticas, como a oscilação de sinal devido ao clima e a segurança da comunicação em rede.

O Wi-Fi industrial é uma tecnologia que incorpora adaptadores de redes sem fio a sensores, PLCs e outros equipamentos de redes de automação, permitindo o uso em lugares onde seria complicado passar cabeamento físico, como em barragens. O Wi-Fi industrial pode ser utilizado também como backup de redes de controle cabeadas. Dessa forma, os sensores podem ter uma rede alternativa a fim de suprir eventuais falhas. Em suma, o Wi-Fi permite múltiplas aplicações para as redes de automação com uma tendência de uso cada vez maior e mais sofisticado (AL-SHAER, 2014, p. 43).

Dentre os principais usos dessa tecnologia, destacam-se o Wireless Bridge, sensores sem fio para processos e o monitoramento da condição de equipamentos.

WIRELESS BRIDGE

Um Wireless Bridge tem, basicamente, uma função parecida com a dos repetidores de sinal, no entanto, ele é muito mais complexo e sofisticado do que isso. Como se fosse um roteador ao contrário, o Wireless Bridge conecta-se a uma rede sem fio e recebe o sinal por meio dela. Em seguida, distribui esse sinal por meio de cabos ethernet para os demais dispositivos. Desse modo, essa tecnologia faz com que duas redes de automação possam se comunicar. Essa é uma solução bastante útil e poderosa para otimizar conexões entre plantas industriais a longas distâncias.

SENSORES SEM FIO PARA PROCESSOS

Outra função muito utilizada em redes de automação são sensores sem fio para processos. Existem diversos padrões para estabelecer esse tipo de sensoriamento com uma comunicação bastante confiável, estabelecida por protocolos e normas, como IEEE 802.15.4, HART V.7 (WirelessHART) e ANSI/ISA 100.11a.

Deve-se lembrar-se, no entanto, de que toda comunicação Wi-Fi sofre constantemente com problemas em seus sinais. Às vezes, sem razão aparente, a velocidade da transmissão de dados se torna lenta em uma rede sem fio. Isso também acontece na indústria. Vários fatores climáticos afetam a qualidade dessas transmissões, o que significa que a utilização do Wi-Fi em infraestruturas críticas precisa ser pensada com bastante cautela e precisão.

Em redes de automação que operam em tempo real e não admitem nenhum tipo de oscilação no *throughput* da rede, o uso de Wi-Fi pode não ser uma boa opção, ainda mais se somente ela for utilizada. O ideal é sempre usá-la concomitantemente à rede cabeada, e apenas em algumas situações pontuais, estabelecer a comunicação por meio de sinais sem fio.

Monitoramento da condição de equipamentos

As conexões sem fio são também utilizadas para realizar o monitoramento da condição de equipamentos e processos. Essa utilização é bastante comum em rondas e rotinas de verificação dos equipamentos em plantas industriais.

Esse monitoramento pode ser realizado, entre tantos outros, com os seguintes equipamentos:

- Computadores móveis especializados.
- Sensores de vibração.
- Software para análises.
- Repositório de dados históricos.

Vulnerabilidades em redes sem fio

As redes sem fio têm muitas vulnerabilidades que podem ser exploradas por atacantes. Algumas delas serão apresentadas a seguir:

- Wi-Fi não autorizado na rede corporativa.

    A presença de uma rede Wi-Fi clandestina dentro da rede de automação pode ser um grave risco de segurança. Isso porque ela pode ser utilizada para capturar senhas, alterar a programação de equipamentos ou servir como base para diversos ataques.

- Wi-Fi com configurações de segurança fracas

    Muitas configurações de redes sem fio estão aquém do esperado no quesito segurança. Senhas de conexão inexistentes, no valor *default* ou muito fáceis de adivinhar são um facilitador para ataques externos.

- Vazamento de sinal fora dos edifícios e plantas de automação

    O vazamento de sinal da rede sem fio para além dos ambientes da rede de automação também representa uma grande vulnerabilidade, pois permite que atacantes fora da empresa possam causar incidentes de segurança e influenciar negativamente na qualidade de sinal.

BLOQUEADORES DE SINAL SEM FIO

Os bloqueadores de sinal sem fio (*wireless signal jammers*) são dispositivos utilizados para interromper os sinais de rádio utilizados na tecnologia Wi-Fi. O baixo custo de venda desses bloqueadores e seus efeitos nocivos têm aumentado sua popularidade e tornado seu uso frequente.

Esse equipamento é utilizado por atacantes para interferir nas redes sem fio locais por meio de ataques de negação de serviço (*DoS*).

Ele pode ser usado para parar temporariamente a transmissão de dados e diminuir ou desligar o sinal e pode afetar qualquer planta industrial.

FIGURA 53 — Bloqueador de sinal Wi-Fi (*jammer*)

Os bloqueadores de sinal podem atuar em perímetros variados, alguns alcançando 100 metros ou mais, dependendo de sua potência. Além disso, eles podem atuar em diversas frequências por meio de várias antenas, afetando negativamente o sinal de GPS, redes 2G, 3G e 4G, entre outras (Figura 53). Existem modelos pequenos que cabem perfeitamente dentro de uma mochila e existem modelos bem grandes. Quanto maior o *jammer*, maior o raio de alcance dele.

As defesas contra o uso de *jammers* são bastante complicadas de serem implementadas e, em alguns casos, ineficientes. Em geral, é necessário ter uma tecnologia de rastreamento de sinal a fim de localizar o *jammer* e inutilizá-lo, na maioria dos casos, fisicamente.

Contramedidas de segurança para redes sem fio industriais

Existem muitas contramedidas de segurança que podem ser implementadas em redes sem fio. Dentre elas, destacam-se:

- Configurar corretamente os *access points*.
- Utilizar filtros para controle de acesso.
- Habilitar a autenticação por criptografia.
- Segmentar a rede.
- Utilizar soluções certificadas.
- Implementar sensores.

Configurar corretamente os *access points*

Deve-se evitar que o sinal Wi-Fi extrapole a área que precisa ser coberta pela rede da empresa. Pode-se garantir isso por meio da utilização de antenas direcionais (Figura 54). Elas conseguem manter o sinal dentro do perímetro almejado com bastante precisão.

Além disso, deve-se tomar o cuidado de alterar a configuração de *broadcast* do SSID. O Service Set Identifier (SSID) é o nome da rede sem fio que aparece quando um dispositivo realiza a busca por uma conexão e quando ele se conecta efetivamente a ela. Recomenda-se que esse *broadcast* seja desabilitado para que o nome da rede não apareça mais nos dispositivos. Desse modo, os equipamentos se conectarão apenas se souberem o nome do SSID e se este for configurado nominalmente no sistema operacional da máquina. Apesar de existirem ferramentas capazes de descobrir o SSID de uma rede sem fio e visualizar todos os sinais de Wi-Fi ao seu redor, isso já será um empecilho a mais para o atacante.

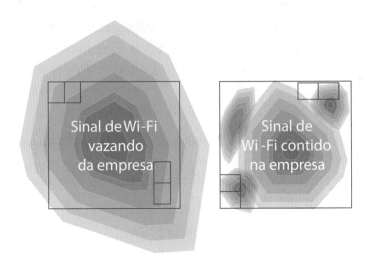

Figura 54 — Delimitação do sinal Wi-Fi dentro do perímetro da empresa

Utilizar filtros para controle de acesso

Existem diversos filtros para controle de acesso disponíveis nos *access points* de mercado. Um dos mais comuns é o filtro por MAC Address, que permite que somente equipamentos com MAC Adress previamente cadastrados possam se conectar à rede sem fio. Deve-se atentar também ao fato de que existem programas utilizados para forjar o endereço MAC em placas de rede. Esse ataque é conhecido como MAC Spoofing e pode tornar o filtro de MAC um controle facilmente burlável.

Também podem ser usados controles por 802.1X e HIPS (Host IPS). Desse modo, é possível assegurar que somente dispositivos que tenham certificados digitais válidos consigam se conectar à rede sem fio.

Habilitar a autenticação por criptografia

A maioria dos equipamentos modernos permite a utilização de protocolos de criptografia mais avançados, como o WPA2. Esse protocolo utiliza chaves dinâmicas de criptografia e é bastante seguro (pelo menos até a data de publicação deste livro).

No entanto, deve-se atentar para que as configurações estejam bem estabelecidas no *access point* e uma senha forte para acesso tenha sido implementada.

Segmentar a rede

Diversas empresas têm uma rede à qual os visitantes podem se conectar e acessar os serviços da internet. Isso não é necessariamente um problema, desde que essa rede esteja segregada do restante da empresa. No entanto, algumas empresas não segmentam a rede, e com isso os visitantes podem acessar outras redes dentro da empresa. O recomendando é segmentar a rede sem fio de outras redes da empresa utilizando um Firewall de Próxima Geração.

Utilizar soluções certificadas

Utilizar soluções sem fio industriais certificadas, como por exemplo com os padrões FIPS 140-2 ou aos níveis de avaliaçao (EAL) do Common Criteria (ISO 15408). Também deve ser considerado hardware aderente à ISA 100 e aos itens específicos da ISA/IEC 62443. É sempre uma boa prática de segurança adquirir e utilizar equipamentos que estão certificados por normas de segurança. Desse modo, garante-se, no mínimo, que uma entidade séria testou esses equipamentos do ponto de vista da segurança física e lógica.

Implementar sensores

Por fim, podem-se instalar sensores no perímetro da área em que se quer controlar o sinal de Wi-Fi. Mas quais os benefícios disso? Com os sensores, pode-se monitorar o deslocamento de pessoas dentro da empresa. Isto é, pode-se saber se um dispositivo que estava em uma determinada área foi para outra área, incluindo o horário desse deslocamento.

Com isso, consegue-se também monitorar se alguém entrar e ligar um *jammer* e sabotar a rede sem fio da empresa, sendo possível determinar geograficamente a localização do atacante dentro da empresa, com margem de erro de centímetros. Além disso, qualquer degradação no sinal de Wi-Fi poderá ser percebida de modo a garantir que os *access points* estão funcionando conforme o projeto original.

Wi-Fi 6: a nova geração do Wi-Fi

Uma nova geração de rede sem fio está chegando, o Wi-Fi 6, também conhecido como 802.11ax. Este novo padrão traz consigo significativos ganhos com segurança, velocidade, desempenho e economia de energia, e seu foco está nas redes de dispositivos IoT (Internet das Coisas).

Indicado tanto para automação de residências, que demandam cada vez mais conexões para equipamentos inteligentes, quanto para projetos industriais envolvendo IoT, o Wi-Fi 6 ainda está disponível em poucos equipamentos no mercado, no entanto, as empresas de tecnologia já estão providenciando seus novos dispositivos com esse novo padrão.

Estas são as principais características do Wi-Fi 6:

- MU-MIMO: Multiusuário, entrada múltipla, saída múltipla. O roteador se comunica com diversos aparelhos simultaneamente e permite que cada um faça download e upload de dados sem interferências;

- OFDMA: Acesso múltiplo por divisão de frequência ortogonal. Possibilita transmitir dados para vários dispositivos de uma só vez;

- Beamforming: Técnica que usa transmissões direcionais para melhorar a largura de banda das conexões e aumentar seu alcance;

- Canais 160 MHz Channel Bandwidth: Aumento da largura de banda permitindo maior desempenho com baixa latência;

- Target Wake Time: Tecnologia que verifica periodicamente o status do dispositivo com o intuito de economizar energia;

- BSS Coloring: Técnica que elimina interferências de outras redes garantindo conexões mais estáveis;

- 8 Spatial Streams: (fluxo espacial) para até oito canais simultaneamente;

- 1024-QAM: Modo de modulação de amplitude em quadratura — aumento da taxa de transferência em 25% em relação ao padrão anterior (256-QAM);

- Frequências: 2,4 GHz e 5 GHz;

- Velocidade: Até 9,6 Gbps;

- Criptografia: WPA3 (obrigatório).

Uma atenção especial foi dada ao campo da segurança, visto que para as empresas certificarem seus equipamentos no novo padrão, elas devem, obrigatoriamente, aderir ao protocolo de criptografia WPA3, que é considerado o mais seguro atualmente.

Em abril de 2020, a FCC liberou o Wi-Fi 6E, que complementa o Wi-Fi 802.11ax (6), liberando as faixas de frequência de 6 GHz para conexões dessa categoria. Ela traz 14 novos canais de 80 MHz e 7 de 160 MHz.

CAPÍTULO 4

PROTEÇÃO DA REDE INDUSTRIAL

4.0 INTRODUÇÃO

Ainda existem alguns gestores, no entanto, que, infelizmente, acreditam que um firewall tem o poder de proteger plenamente suas redes de automação.

Mesmo com todas as contramedidas de segurança de borda, outras atitudes e camadas de segurança são necessárias para garantir a disponibilidade e integridade no funcionamento de uma rede industrial.

FIGURA 55 — Proteção da rede industrial na *ICS.SecurityFramework*®

A metodologia *ICS.SecurityFramework*® tem um ponto específico dentro de sua estratégia para garantir a segurança e a defesa em profundidade de uma rede industrial (Figura 55).

É importante ter em mente que uma rede de automação segura deve proteger não apenas seu perímetro, mas, sobretudo, sua rede interna. No entanto, para isso, é essencial entender por que as soluções de segurança falham.

Por que as soluções de segurança falham?

Na Figura 56 vemos a magnífica Muralha da China. A partir dela, pode-se compreender um conceito chamado *Bastion Model*. Essas torres que se localizam entre as passagens da muralha e se parecem com pequenas casas são chamadas de bastilhas. Dentro delas existem guardas que fiscalizam a rota e permitem ou bloqueiam a passagem dos pedestres.

Figura 56 — A Muralha da China concretiza o conceito de Bastion Model
Esta foto de autor desconhecido está licenciada em CC BY-NC-ND

Imagine que uma pessoa está caminhando por um segmento da muralha e entra em uma dessas bastilhas. Quando os guardas se deparam com ela, pedem seus documentos e perguntam várias informações: para onde ela vai, o que ela fará, quanto dinheiro ela tem, se ela visitará alguém etc. Enfim, eles levantam vários dados para decidir se ela está apta ou não a continuar seu caminho e passar para o próximo segmento.

Esse tipo de controle tem alguns pontos de falha, porque, se essa pessoa de alguma forma puser uma escada entre as bastilhas, ela poderá passar para o outro segmento sem ter sido inspecionada. Esse problema pode acontecer também com uma rede de automação.

Assim, quando é necessário separar a rede de T.I. da rede de T.O., o firewall utilizado atua como se fosse uma dessas bastilhas. No entanto, se um invasor entrar diretamente na rede de T.O., a segurança de borda terá sido ignorada. Esse é o principal motivo pelo qual, normalmente, as soluções de segurança que se baseiam apenas em um firewall em sua borda tendem a falhar.

Quando se tem um firewall protegendo uma rede de T.O. e separando-a da rede de T.I., isso não impede, por exemplo, que alguém entre, sente e utilize alguma máquina da rede de automação, ou mesmo conecte algum equipamento a ela. Pode-se questionar: "Mas quem sentaria em uma cadeira de uma rede de automação e conectaria seu laptop?"

Na verdade, muitas pessoas fazem isso, e com bastante frequência: empresas terceiras, os próprios colaboradores da rede de automação etc. Ou seja, muitas pessoas se conectam e podem não estar submetidas a uma política de segurança restrita. Algumas empresas nem sequer têm esse tipo de política, o que significa que existe uma gama bastante variada de elementos que podem causar problemas na rede de automação.

Já houve casos como, por exemplo, de infecção de sistemas de controle por meio de uma VPN e por malware oriundo de laptops de terceiros. Veja mais casos no TI Safe Incident Hub (disponível em https://hub.tisafe.com).

Os colaboradores podem usar mídias externas que estão contaminadas. Pode haver também um suporte remoto infectado. Isto é, um fabricante que, ao prover seu suporte em equipamentos da rede de automação, pode acabar sendo um perigo.

Em suma, existem muitos pontos vulneráveis em uma rede de automação que a impossibilitam de ser, de fato, isolada dos perigos que percorrem o mundo cibernético.

Falar sobre proteção da rede industrial significa, deste modo, falar da segurança e defesa em profundidade nessa rede, o que, por sua vez, significa criar camadas de segurança a fim de que o caminho do atacante até os ativos de controle da rede (PLCs, IEDs, RTUs) se torne bastante complicado.

O modelo de defesa em profundidade é baseado na segmentação da rede de automação em zonas de segurança. Esse modelo está descrito na norma ISA/IEC 62443 como modelo de zonas e conduítes.

De acordo com ele, as redes de automação devem ser divididas em zonas com níveis de segurança comuns de maneira a estabelecer controles de segurança individuais para cada nível de segurança. Com isso, pode-se atingir o nível de segurança desejado para cada uma das zonas estipuladas e para a rede de automação como um todo.

4.1 MODELO DE ZONAS E CONDUÍTES

De acordo com a norma ISA/IEC 62443, uma zona de segurança é um "agrupamento de ativos físicos e lógicos que dividem os mesmos requerimentos de segurança". Uma zona deve ter uma borda claramente definida física ou logicamente, que será a fronteira classificadora entre os elementos incluídos e os excluídos.

Um documento deverá ser escrito a fim de estabelecer o mapeamento das zonas de segurança. Podem-se criar zonas com IHM (interface homem-máquina), zonas com autômatos programáveis, zonas com máquinas de engenharia, zonas com servidores históricos, entre outros equipamentos.

Um conduíte é um caminho lógico para o fluxo de dados entre duas zonas. Ele deverá fornecer as funções de segurança que permitirão com que zonas se comuniquem. Todas as comunicações entre zonas deverão, necessariamente, passar por um conduíte (Figura 57).

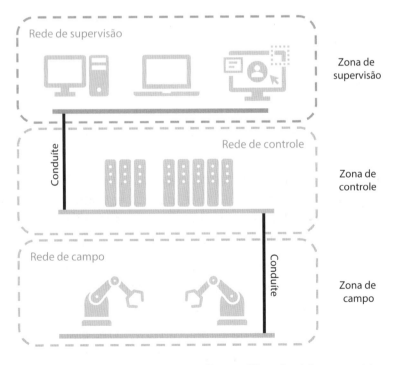

FIGURA 57 — Conduítes: os caminhos entre as zonas

Os conduítes também deverão ser especificados dentro de uma matriz de comunicação entre as zonas de segurança da planta, ou seja, devem ser definidas claramente quais zonas precisarão se comunicar com quais outras zonas. Por exemplo, as zonas de IHM terão de se comunicar com as zonas controladoras, e no conduíte que comunica essas duas zonas deverá existir um componente de segurança.

Níveis de segurança

Para cada zona, deverá ser definido um nível de segurança baseado em fatores como sua criticidade e seus impactos. Isso faz com que, necessariamente, as zonas sejam diferenciadas também por seus níveis de segurança em conformidade com seus ativos.

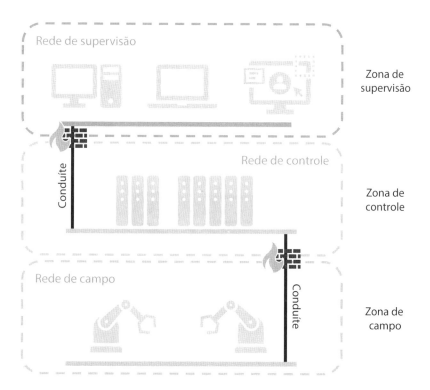

Figura 58 — Firewalls utilizados para segregar as diferentes zonas

Para se efetivar esses níveis, as tecnologias e políticas de segurança devem ser utilizadas para garantir a segurança na comunicação entre zonas distintas. Assim, constroem-se diagramas que estabelecem e demonstram essas diferenças.

Normalmente, são usados diversos equipamentos para a segurança nos conduítes, como firewalls industriais e IPS industriais. Essas tecnologias são bastante específicas e devem compreender os protocolos industriais (Modbus, o Profibus, o DNP3 etc.), e não apenas o TCP/IP e outros mais comuns. No limite, esses níveis de segurança significam o estabelecimento e o adensamento da segurança dos conduítes (Figura 58).

Aplicando o modelo de zonas e conduítes:
o exemplo de uma indústria automobilística

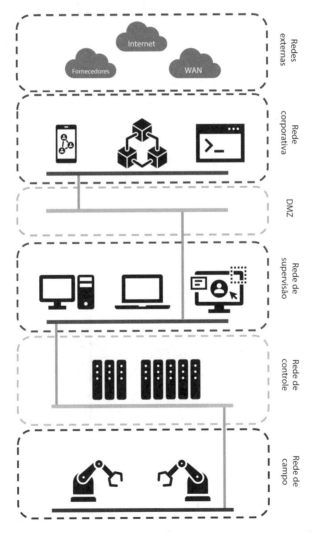

Figura 59 — Topologia de uma rede de automação

PROTEÇÃO DA REDE INDUSTRIAL

Na Figura 59 é apresentado um exemplo bastante didático de uma topologia de rede de automação de uma indústria automobilística robotizada.

A planta tem diversos níveis de operação em conformidade com o modelo *purdue*, explicado anteriormente neste livro. A seguir, três passos são demonstrados, detalhando como seria aplicado o modelo de zonas e conduítes a essa planta.

1° PASSO: ESPECIFICAÇÃO DAS ZONAS DE SEGURANÇA

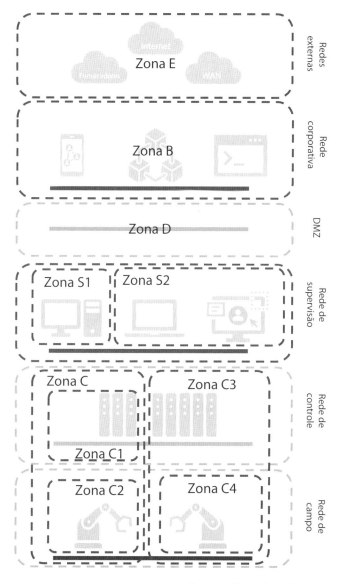

FIGURA 60 — Especificação das zonas de segurança

A primeira coisa a ser realizada é a especificação das zonas de segurança existentes dentro dessa planta industrial. Os limites de cada zona deverão ser desenhados sobre a arquitetura original da planta, e cada zona deverá ser batizada (Figura 60).

Os nomes dados às zonas devem ser óbvios, identificando as zonas sem margem para dúvidas. Quanto melhor a nomenclatura das zonas, melhor será o modelo final de segurança.

2º PASSO: ADICIONAR OS CONDUÍTES

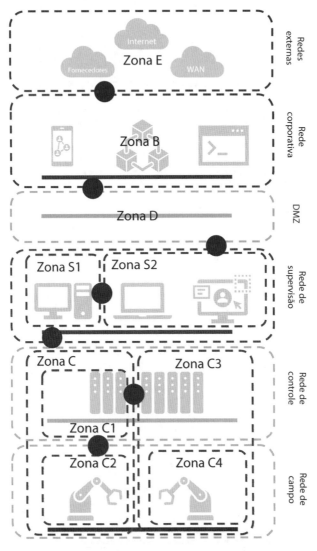

Figura 61 — Adição dos conduítes entre as zonas de segurança

Em um segundo momento, os conduítes deverão ser adicionados ao modelo da planta. Na Figura 61, os conduítes são representados por círculos preenchidos. Como foi dito, eles são os caminhos de comunicação existentes entre as zonas de segurança previamente estabelecidas.

3º PASSO: PROTEGER AS ZONAS DE SEGURANÇA

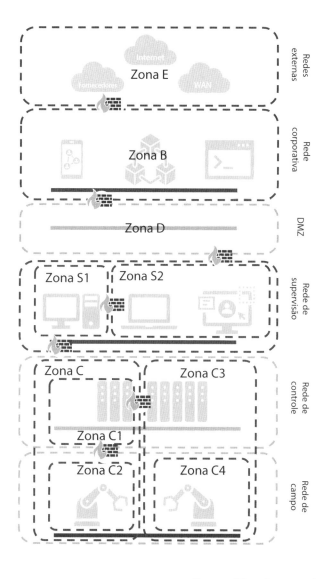

FIGURA 62 — Proteção das zonas de segurança

Em um terceiro momento, deverão ser adicionados aos conduítes algumas soluções de segurança para estabelecer plenamente o modelo de defesa em camadas (Figura 62).

Neste exemplo, um atacante externo que quisesse alcançar a rede de campo teria de passar por cinco camadas de segurança, exemplificadas por firewalls.

As camadas de segurança fazem com que um ataque seja muito mais complicado de ser executado por um invasor externo, apesar de nunca o tornar impossível. A possibilidade de sucesso do invasor se mantém, porque, em segurança, se admite que nada nunca será 100% seguro. Acreditar em um sistema de segurança impossível de ser invadido é uma utopia. No entanto, tais camadas tornam o ataque mais difícil de ser realizado.

Existe uma explicação que consegue delinear bem as possibilidades de ataque entre uma rede de automação com segurança e defesa em profundidade implementadas, e outra desprovida dessa proteção. Ela é chamada de "teoria do muro baixo". Essa explicação faz refletir sobre o ponto de vista do atacante, se imaginando no lugar dele e cogitando qual será seu alvo.

Coloque-se no lugar de um ladrão que observa duas casas lado a lado em uma rua. Há R$ 1 milhão em cada uma delas. A primeira tem um muro baixo, não tem cachorro e os moradores saíram em viagem. A outra tem um muro alto, arame farpado, câmeras, dois cães ferozes e sistema de alarme integrado com a polícia.

Dentro da perspectiva do ladrão e sabendo que as duas casas possuem a mesma quantidade de dinheiro que ele quer roubar, qual ele atacaria? A casa desguarnecida ou conectada com serviços de segurança? Por quê? A resposta é bastante óbvia.

Esse cenário é parecido com o que ocorre em um ataque externo a uma rede de automação. Ao escolher entre uma empresa que não tem nenhuma segurança e outra com um modelo de defesa com múltiplas camadas, qual o hacker escolheria? Nessa perspectiva da teoria do muro baixo, ele sempre escolherá a rede sem segurança.

A ideia é, então, dificultar ao máximo o trabalho de qualquer ameaça, externa ou interna, monitorando seus passos e se antecipando a ela. Pode-se, inclusive, acompanhar o avanço do atacante para que, quando ele estiver com um ataque em curso passando de uma zona de segurança para outra, a equipe de segurança possa detectar suas ações e bloquear o avanço, protegendo os ativos mais preciosos da rede industrial.

4.2 SEGMENTAÇÃO DA REDE INDUSTRIAL

Uma excelente estratégia para segmentar uma rede industrial é utilizar um firewall de próxima geração e os serviços que ele tem, inseridos nos conduítes (Figura 63).

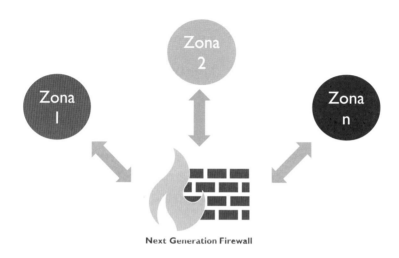

Figura 63 — NGFW protegendo o conduíte (norma ISA/IEC 62443)

Com o uso de NGFW, é possível ter uma grande visibilidade sobre o tráfego de dados da rede de automação, reduzir a superfície de ataque, estabelecer políticas granulares entre as zonas, implementar o acesso remoto seguro e evitar ataques por malware, incluindo os que exploram vulnerabilidades *zero day*.

O firewall colocado no conduíte também deve ser capaz de fazer um controle granular sobre os dados trafegados em protocolos industriais. Desse modo, é necessário verificar qual(is) o(s) tipo(s) de protocolo(s) usado(s) na zona de segurança que está sendo protegida

Por exemplo, se for uma zona que utilize o protocolo Modbus, deverão ser implementadas no firewall regras específicas para evitar ataques que explorem vulnerabilidades desse protocolo. Por exemplo, podem ser definidas regras que garantam que uma estação tenha o direito de ler os dados de um PLC, mas não possa sobrescrevê-los. Com isso, se estabelece um fino controle sobre quais estações têm o direito apenas de monitorar dados e quais estações têm o direito de controlá-los.

4.3 VLAN

As VLANs (Virtual Local Area Network) são segmentações virtuais de uma rede real em setores específicos e isolados entre si. Em outras palavras, são redes que agrupam computadores, servidores e outros recursos de redes que podem estar fisicamente localizados em qualquer parte da rede, mas que logicamente se comunicam como se estivessem conectados a um mesmo segmento de rede.

É uma estratégia muito comum em *switches* gerenciáveis que atuam na Camada 3 do modelo OSI, usados para dividir a rede em vários segmentos lógicos. Fisicamente, todos os dispositivos estão cabeados no mesmo local, mas logicamente as máquinas estão divididas em grupos com endereçamentos IP diferentes.

Desse modo, esses grupos podem ter regras diferentes para se comunicar entre si, o que permite implementar um método de "etiquetar" os pacotes para identificar quais ativos podem se comunicar com quais outros. As VLANs são especificadas pelo padrão IEE802.1Q.

Na prática, as VLANs servem para separar as redes internas de automação, ou seja, para segmentar a rede de automação em zonas, de acordo com o conceito de defesa em camadas.

Como será apresentado adiante, toda a comunicação entre zonas de segurança deverá passar por dentro de um firewall. Ele tem as premissas de quais máquinas poderão se comunicar e quais são as regras de segurança da comunicação entre as zonas, além de inspecionar todo o tráfego de dados entre elas.

4.4 FIREWALL INDUSTRIAL DE PRÓXIMA GERAÇÃO

A principal ferramenta utilizada para a segmentação de redes é o firewall industrial de próxima geração, que chamaremos daqui em diante apenas de firewall industrial.

O que diferencia um firewall industrial de um firewall comum em redes de T.I. é, sobretudo, sua preparação especial para as condições de uso em um chão de fábrica.

Em datacenters industriais, por exemplo, por muitas vezes a energia está disponível somente em corrente contínua, e não alternada, como ocorre em um datacenter corporativo (de T.I.). Além disso, as redes de automação estão, muitas vezes, em locais com trepidações, vibrações e acúmulo de poeira.

Os firewalls industriais são equipamentos próprios para esse tipo de ambiente hostil, com homologações e certificações próprias dos fabricantes que garantem que essas circunstâncias adversas não interfiram em sua performance e seu funcionamento.

Além disso, um firewall industrial se adéqua aos protocolos próprios de redes industriais, sem, no entanto, perder seu desempenho em relação ao tempo de resposta necessário para esses ambientes de tempo real. Essa tecnologia tem também integrado o conceito de solução distribuída, baseada em redundância para alta disponibilidade.

Tudo isso sem perder o carácter interativo de um NGFW em relação à facilidade, agilidade e versatilidade de suas configurações, garantindo a visibilidade e o controle sobre todos os ativos da rede de automação, em um modelo de defesa em profundidade.

Exemplo: firewall industrial Palo Alto Networks PA-220R

Um exemplo interessante é o firewall PA-220R da empresa Palo Alto Networks. Ele é um equipamento selado que tem uma série de resistências específicas contra poeira, água e trepidação. Curiosamente, ele não tem um *cooler*. Todo seu resfriamento é realizado por meio de um grande dissipador localizado acima desse equipamento.

Além de ser um Next Generation Firewall, ele tem um suporte a temperaturas elevadas, é resistente a intempéries e tem Mean Time Between Failures (MTBF) elevadíssimo, com duração de trinta anos. O MTBF é o período médio atribuído a um dispositivo para descrever sua confiabilidade. Ou seja, esse valor indica o tempo médio para que ocorra uma falha nele, de modo que, quanto maior for esse índice, menores são as chances de ele falhar.

Assim, a confiabilidade sobre esse hardware é igual ou superior à confiabilidade de outros equipamentos industriais, como PLCs, robôs etc. A eletrônica desses equipamentos é preparada para durar o máximo de tempo possível.

Além da durabilidade física, existe também a perspectiva lógica. O firewall industrial é equipado com um chip FPGA, reprogramável, que permite a atualização de seu firmware, o que possibilita melhorar seu desempenho conforme são liberadas novas versões. Isso permite uma durabilidade muito grande para que a tecnologia conviva em um ambiente de poucas mudanças e de grandes variações de temperatura e operação.

A arquitetura de Next Generation Firewall garante também a prevenção de ameaças em sistemas de controle industriais com a aplicação de políticas específicas.

Além disso, existem configurações de alta disponibilidade que fazem com que um segundo firewall assuma o controle em caso de problemas no firewall principal.

A Figura 64 apresenta uma configuração física típica de um firewall industrial. Ele está conectado a um IED utilizado em uma subestação de energia. Todas as zonas de segurança têm cabeamentos que estão conectados a esse firewall, permitindo que este valide as aplicações, conteúdos, usuários e retorne as informações necessárias para o campo em pleno funcionamento do ambiente industrial.

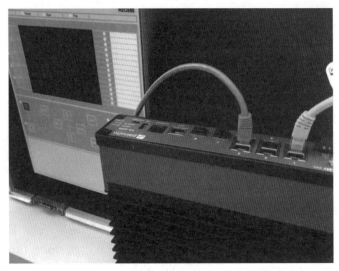

Figura 64 — Firewall industrial protegendo uma rede de energia

O princípio da poça d'água

O princípio da poça d'água está ilustrado na Figura 65. Nele, o ataque se dá em uma lógica inversa, onde a vítima acessa um site infectado, passando pelos controles de borda, e chega ao atacante. Ou seja, é ela que percorre, em um primeiro momento, o caminho, e não o atacante. Isso acontece, por exemplo, em ataques por *phishing* quando um usuário da rede da empresa acessa um site infectado na internet. Esse site infectado entrega uma carga maliciosa que é executada dentro da rede.

Em seguida, a máquina infectada se conecta automaticamente de volta com o domínio de comando e controle (C&C) do atacante. A partir desse momento, o atacante passa a ter controle remoto da máquina da vítima. Desse modo, ele poderá roubar dados, executar comandos e fazer ataques por *pivot* para a rede de automação.

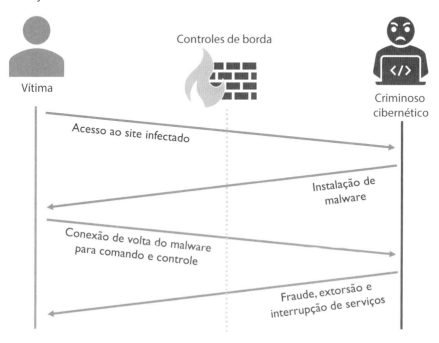

Figura 65 — Ataque baseado no princípio da poça d'água

4.5 ARQUITETURA ZERO TRUST

Em 2010, John Kindervag elaborou uma estratégia de segurança chamada Zero Trust Model (em tradução livre, Modelo de Confiança Zero). Na época, ele era analista da empresa de consultoria Forrester. O Zero Trust é um conceito de segurança guiado por alguns princípios fundamentais que seguem a ideia de não confiar absolutamente em nada e em ninguém. Essa ideia abarca usuários da própria empresa, incluindo aqueles com níveis de acesso privilegiado.

A partir disso, se estabelece um conjunto de controles segundo o qual, para qualquer recurso e solicitação de acesso, é necessário passar por uma série de regras. Mas o interessante do Zero Trust é que ele não é baseado apenas em permissão e bloqueio, mas, sim, em contexto. Em outras palavras, esse modelo leva em consideração o contexto do acesso, o tipo de máquina, o tipo de usuário, o local e a hora do acesso, o tipo de recurso acessado, entre outros inúmeros pontos.

Atualmente, o Next Generation Firewall permite implementar a arquitetura Zero Trust. Pode-se estabelecer uma comunicação entre uma VLAN A e uma VLAN B e controlá-la por meio do firewall, inspecionando os usuários, as aplicações e os conteúdos.

Além disso, podem-se verificar os dados em busca de malware por meio, inclusive, de conexões com nuvens de segurança remotas em busca de novas defesas.

O Zero Trust Model apresenta os seguintes conceitos fundamentais:

- Acesso seguro a todos os recursos

    Todos os recursos são acessados de forma segura. Independentemente da localização, todos os pontos da rede devem ter níveis de segurança adequados para seu funcionamento. Esses níveis são estabelecidos dentro da visão de análise de riscos e do planejamento de segurança, já que nem todos os ambientes têm os mesmos níveis.

- Controle de acesso reforçado

    O controle de acesso ocorre baseado a partir somente do que for extremamente necessário. Isso significa que os recursos são, por padrão, bloqueados, e somente quando o acesso for necessário esse recurso é liberado. Assim, se estabelece também o princípio do menor privilégio como premissa fundamental.

- Verificação e confiança zero

    Outro fundamento é a verificação e a desconfiança constantes. Nunca se confia em alguém e em qualquer transmissão de dados, verificando inúmeros detalhes de cada acesso (usuários, horários, locais, motivações, objetivos etc.). Desse modo, identificam-se comportamentos potencialmente maliciosos.

- Inspeção e registro de todo o tráfego

    Todo o tráfego é inspecionado e registrado. Quando um usuário qualquer acessar um recurso privilegiado, por exemplo, esse comportamento será verificado. Sobre ele, sempre será estabelecido um controle, e tudo o que for feito será registrado (os tipos de recursos utilizados, como eles foram usados etc.).

4.6 IDS INDUSTRIAL

O Intrusion Detection Systems (IDS) industrial é, como o nome diz, um sistema de detecção de intrusos desenvolvido para uso em ambientes de automação. Esse tipo de sistema fornece não somente as informações das ameaças e dos possíveis riscos, como também o inventário completo da rede e seus ativos.

Assim, o IDS industrial demonstra quais são as máquinas, os *switches*, os roteadores e os demais dispositivos que estão conectados e compondo a rede industrial. Desse modo, ele acrescenta uma camada a mais de segurança à rede, normalmente de forma passiva.

A visibilidade da rede de automação inclui também os comportamentos anômalos baseados em inteligência artificial, detectando desvios comportamentais de acordo com uma linha base de utilização da rede industrial.

Aprendizado de Máquina

A solução de IDS industrial é composta por sensores que são instalados na rede de automação a ser monitorada. Ao instalá-los em campo, os sensores são ativados no modo "aprendizado", que é mantido por um período que varia entre duas e quatro semanas, de acordo com a complexidade da rede. Durante o tempo de aprendizado, os sensores coletam informações de topologia e variáveis de controle e entendem como o ambiente funciona. Caso ocorram incidentes reconhecidos por assinaturas, alertas são gerados antes do término do aprendizado.

Terminada a fase de aprendizado, a solução é colocada no modo de proteção, e passa a gerar alertas baseados nos desvios de comportamento de rede e seus processos.

Um sistema desses normalmente se conecta à rede industrial de forma não intrusiva. Ou seja, ele utiliza portas espelhadas nos *switches* da rede. Os *switches* coletam o tráfego da rede e o disponibilizam para que o IDS industrial possa escutar e estudar a comunicação realizada. Usando seu mecanismo de aprendizado de máquina, ela aprende como a rede funciona: entende a sua dinâmica, seus links, suas conexões e gera os alertas sobre as possíveis anomalias, quando necessário.

Essa tecnologia permite a detecção de ameaças e de vulnerabilidades, além de ajudar a entender a dinâmica de incidentes com base em desvios comportamentais.

Não são utilizados somente os dados coletados por esse aprendizado. Também se faz uso das nuvens de inteligência de ameaças dos fabricantes. Desse modo, não é necessário aprender sobre a rede para saber o que é um ataque de homem do meio, por exemplo. Basta escutar o tráfego de rede para detectá-lo, pois ele já faz parte da base de ameaças conhecidas.

O QUE É *MACHINE LEARNING*

O aprendizado de máquina (em inglês, *machine learning*) é um método de análise de dados que automatiza a construção de modelos analíticos. É uma vertente da inteligência artificial que se baseia na ideia de que sistemas podem aprender com dados, identificar padrões e tomar decisões com o mínimo de intervenção humana (KIM, 2018, p. 13).

Graças às novas tecnologias da computação, o *machine learning* atual não é semelhante às suas versões antigas. Ele nasceu do reconhecimento de padrões e da teoria de que as máquinas podem aprender sem serem programadas para realizar tarefas específicas. Desse modo, pesquisadores interessados em inteligência artificial queriam saber se os computadores poderiam aprender com os dados coletados.

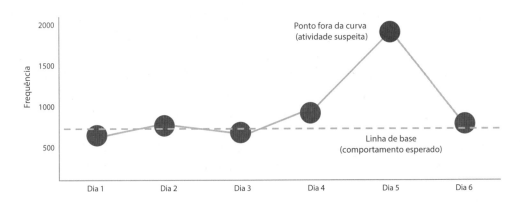

FIGURA 66 — Desvio de comportamento registrado por um IDS industrial

O aspecto iterativo do *machine learning* é importante porque, conforme os modelos são expostos a novas informações, eles conseguem se adaptar de modo bastante independente. Ou seja, eles aprendem com cálculos anteriores para produzir decisões e resultados confiáveis e passíveis de repetição.

Caso ocorram incidentes conhecidos, como é o caso das assinaturas que mencionamos, o IDS Industrial perceberá o que houve. Ele analisará o comportamento desviante, e que já é conhecido, e poderá gerar um alerta contra ele (Figura 66).

Onde o *machine learning* é usado?

Embora muitos algoritmos de *machine learning* existam há bastante tempo, sua utilização prática em coisas de nosso dia a dia é bastante recente.

Existem alguns exemplos bem conhecidos de aplicações de *machine learning* utilizadas com fins específicos a partir do comportamento dos usuários:

- Os carros autônomos do Google.
- As ofertas sugeridas na Amazon.
- A seleção e indicação de conteúdo no Twitter.
- A detecção de comportamento em plantas industriais.

O *machine learning* consegue realizar interpretações sobre clientes em redes sociais e entender como eles estão reagindo a algumas ações das empresas. A partir desse mesmo conceito, ele é aplicado na segurança em relação ao comportamento de ativos e ameaças. Assim, os IDS industriais, firewalls e os outros equipamentos também recebem esse tipo de tecnologia (KIM, 2018, p. 35).

Arquitetura de uma solução de IDS industrial

Uma solução de IDS industrial opera em uma rede de automação entre os níveis 0 a 3 do modelo *purdue* (Figura 67).

Na rede de automação a ser monitorada, deverão ser configurados os espelhamentos que fornecerão os pacotes de rede necessários para o funcionamento dos IDSs industriais.

Os sensores da solução de IDS industrial são conectados a um console central de gerência, que tem visibilidade total sobre todos os pacotes que trafegam na rede. Pode-se, dessa forma, implementar a detecção de cada um dos pontos, inspecionando a comunicação entre as máquinas e os sistemas de controle acima. Nesse sentido, caso haja alguma anomalia, é gerado um alerta imediato e a equipe de segurança de automação é avisada para responder ao incidente.

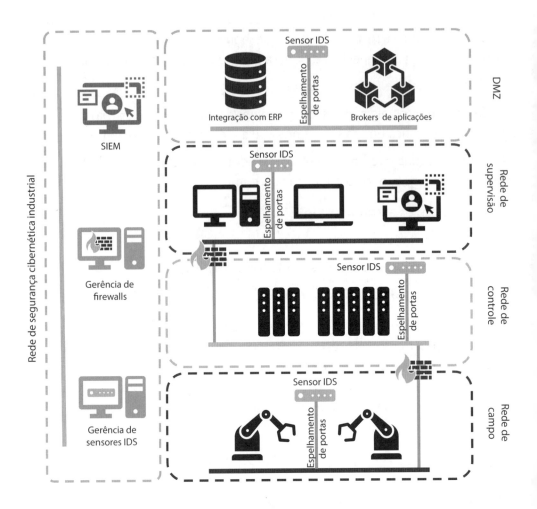

FIGURA 67 — Arquitetura operacional de uma solução de IDS industrial

É importante esclarecer a diferença entre o IDS e o IPS. Enquanto o IDS trabalha na detecção, o Intrusion Prevention System (IPS) trabalha na prevenção. Em outras palavras, o IPS tem condições de, uma vez detectado um incidente, realizar uma resposta a ele, bloqueando o tráfego malicioso automaticamente. Isso não é comum em sistemas industriais, pois uma resposta automática como essa pode interferir diretamente na produção.

Desse modo, toda resposta a um incidente em uma rede de automação ainda requer algum tipo de auxílio humano. Por isso, quando se fala de prevenção de incidentes em ambientes industriais, fala-se basicamente em detectar e, somente em seguida, efetivar as respostas por meio de um operador que tem, de fato, acesso à planta e ao entendimento do negócio como um todo.

Além disso, as tecnologias de IPS estão, atualmente, entrando em desuso, devido, sobretudo, à evolução do Next Generation Firewall, que já agrega as funções de IPS. Por outro lado, o uso de IDS Industrial é uma tendência crescente entre as infraestruturas críticas.

Conceitos apresentados neste capítulo

Os programas maliciosos podem atuar de várias maneiras e conforme a estratégia dos atacantes. Por isso, é importante conhecer a visão geral desses programas maliciosos e sua dinâmica de funcionamento.

Um malware pode ter várias faces, pode ser um vírus, *trojan, worm, ransomware*, entre outros, atuando de diferentes maneiras em relação aos computadores domésticos e aos equipamentos de redes de automação, onde seus impactos podem ser enormes.

Para aplicar, de fato, o controle de malware, é necessário compreender como ele é desenvolvido, as deficiências das soluções existentes no mercado, as dificuldades da aplicação de patches e antivírus em plantas industriais, a necessidade do uso de soluções homologadas pelos fabricantes e as técnicas de próxima geração para o combate e a prevenção. Todo esse conteúdo será detalhado neste capítulo.

CAPÍTULO 5

CONTROLE DE MALWARE

5.0 INTRODUÇÃO

Programas maliciosos estão presentes há muito tempo nas redes de informação. Os vírus de computador iniciaram há décadas suas trajetórias e se desenvolveram em diversas perspectivas: potência, complexidade, impacto, transmissão etc. Eles evoluíram para *worms*, um tipo de malware que se espalha pela rede explorando suas vulnerabilidades e se autoexecuta sem que os usuários percebam, ampliando imensamente seu alcance e sua disseminação. Com a popularização da internet a partir da década de 1990, adquirindo usos domésticos e empresariais, hackers atrelaram suas estratégias de ataque a esse tipo de programa.

Por outro lado, esse movimento ampliou também o horizonte da segurança cibernética. A segurança das redes de automação precisa levar em conta a periculosidade de um malware. Por isso, a metodologia *ICS.SecurityFramework*® tem, em suas soluções de proteção, uma etapa exclusiva para o controle de malware (Figura 68). Essa dedicação vai muito além de ter um antivírus instalado na máquina ou algo parecido. Ela é, antes de tudo, uma noção complexa, contínua e diversificada sobre a segurança cibernética.

FIGURA 68 — Controle de malware na metodologia *ICS.SecurityFramework*®

Proteção contra malware

Quando se trata de malware em redes de automação, proteger é sempre muito melhor do que remediar. Como dito, o malware pode ter várias facetas, e o controle dele também. Por isso, é importante reduzir as possibilidades de contágio e, por conseguinte, os impactos.

Algumas técnicas que se destacam são a prevenção de ameaças na rede, aplicação de *hardening*, aplicação de atualizações, soluções de *whitelisting*, soluções antimalware e controles de mídias USB.

- Prevenção de ameaças na rede

    A rede de automação deve oferecer proteções que impeçam o acesso indevido aos dados e aos endereços eletrônicos (URLs) não autorizados. Isso pode ser reforçado com a utilização de firewall no próprio dispositivo e também na borda da rede de automação, com inspeção dos pacotes que entram na rede.

- Aplicação de *hardening*

    Outro controle muito importante é o *hardening*. Ele significa realizar ajustes finos nas máquinas da rede de automação, priorizando os serviços utilizados para as tarefas de controle em cada máquina da rede de automação, e garantir que sejam desabilitados os serviços fora de uso que poderiam ser explorados por hackers para ataques futuros.

- Aplicação de atualizações

    É importante manter o ambiente de automação atualizado, sempre que possível, com a aplicação de patches de aplicativos e do sistema operacional homologados por seus respectivos fabricantes. Essa nem sempre é uma tarefa simples de ser realizada em ambientes industriais, como será explicado adiante neste capítulo.

- Soluções de *whitelisting*

    São soluções que se caracterizam por restringir em determinada máquina somente o uso de aplicações específicas, contidas em uma lista denominada "lista branca", ao passo que qualquer coisa fora dessa lista não será executada. Pode-se liberar, por exemplo, o funcionamento da aplicação de supervisão, da aplicação de monitoramento. Mas nenhuma outra aplicação, incluindo browsers e editores de texto, poderá executar.

- Soluções antimalware

   Deve ser usada uma solução de combate a malware moderno, homologada pelo fabricante do sistema de automação, a fim de proteger especificamente as máquinas da rede industrial, pois, como será detalhado mais à frente neste capítulo, as soluções de antivírus de mercado não são eficientes na proteção de plantas industriais.

- Controle de mídias USB

   As máquinas da rede de automação devem ser gerenciadas por uma solução de controle que permita apenas o uso de mídias autorizadas nas portas USB.

   Essa questão, apesar de ser muito trabalhada pelas equipes de segurança, ainda enfrenta uma grande dificuldade por parte dos colaboradores em compreender e praticar esse controle, porque ainda existe nas indústrias uma cultura indiscriminada e inconsequente sobre a utilização de pen drives.

   Existem diversos ataques específicos que utilizam a porta USB como vetor de entrada, como o ataque por *bad* USB. Nesse ataque, é usado um dispositivo que aparenta ser um pen drive, mas que tem dentro de si uma pequena placa eletrônica (como um Arduino, por exemplo) programada para executar um script malicioso ao ser conectada a uma máquina.

5.1 MALWARE, A PRINCIPAL ARMA DOS HACKERS

Os hackers modernos perceberam que fazer ataques ao modo antigo é muito custoso. A velha estratégia de atacar primeiro a rede de T.I. para depois passar para a rede de T.O. e, somente então, atacar o chão de fábrica exige um esforço imenso. Por isso, perceberam que poderiam cortar etapas nos ataques desenvolvendo malware específico e arrumando uma forma fácil de fazê-lo infectar as redes de automação.

O malware moderno se aproveita, geralmente, de brechas de segurança e vulnerabilidades em software para se disseminar massiva e automaticamente em uma rede. Seus objetivos são vastos, e ele contém funções para penetrar sistemas, quebrar regras de segurança e servir como base para operações ilegais e prejudiciais.

Existem vários tipos de malware com finalidades e formas de atuações específicas (AYCOCK, 2006, p. 11-19).

Vírus

Apesar de grande parte da população, de forma errônea, chamar malware de "vírus", ele é apenas um de seus tipos. O vírus foi o primeiro tipo de malware desenvolvido, e recebeu esse nome pela primeira vez em 1983.

Basicamente, ele foi designado como um programa de computador cujo código-fonte causa efeitos nocivos aos sistemas cibernéticos. Considerado como o primeiro de todos, um vírus chamado *Brain* foi detectado em 1986. Ele era direcionado ao sistema operacional MS-DOS e se alojava no *boot* do disco rígido. Uma curiosidade sobre o vírus *Brain* é o fato de que em seu código-fonte estavam os nomes e os telefones de seus criadores.

Esse vírus se propagava por meio de disquetes contaminados. Essa forma de disseminação deu início a programas cada vez mais sofisticados, tanto em relação aos seus prejuízos como em relação às formas de contágio. Em 1992, o vírus *Michelangelo* foi a primeira aparição na mídia desse tipo de programa malicioso. Em 1994, ocorreu a primeira prisão de um programador com o vírus *Pathogen*. Em 2000, o vírus *LoveLetter* infectou entre 2,5 e 3 milhões de computadores, causando um prejuízo de mais de US$ 8 bilhões e pairando no limiar entre os vírus e uma nova era de malware.

Worm

Em português "verme", o *worm* é um desdobramento avançado dos vírus de computador. O *worm*, diferente do vírus, não precisa necessariamente de uma ação dos usuários para infectar um computador. Eles podem contaminar redes de computadores por meio de dispositivos USB, comunicação com outras redes contaminadas, mensagens de e-mail etc. Uma vez tendo contaminado a primeira máquina de uma rede, ele utiliza métodos recursivos para se copiar e disseminar, o que torna a comunicação em rede mais lenta, pois cria novos processos de comunicação entre os diversos equipamentos contaminados em um mecanismo denominado "persistência", em que uma máquina fica permanentemente verificando se a outra ainda está contaminada e, caso verifique que ela foi limpa, a contamina novamente.

Outra diferença notada na comparação com o vírus está no fato do *worm* ter mais objetivos. Enquanto um vírus destrói ou corrompe um sistema, os *worms* podem ser usados para distribuir mensagens, criar *backdoors* nos computadores infectados e, entre outras funções, capturar os computadores para realizar ataques de DoS (Denial of Service — ataques por negação de serviço) em alvos específicos.

Trojans

Este é um malware que opera de forma mais silenciosa. Também conhecidos como "cavalos de Troia", esses códigos maliciosos são disfarçados e/ou escondidos em outros arquivos. Podem apenas ter um ícone de alguma extensão diferente de um arquivo executável, como também estar embutidos em uma imagem ou em um arquivo PDF, entre outros. Disso se deriva seu nome, em ligação direta com a mitologia grega.

Quando acionados, executam objetivos alheios ao que o usuário esperava. Sua carga abre, muitas vezes, *backdoors* para estabelecer comunicação com os atacantes. Isso é utilizado para vários fins: ter acesso aos arquivos de uma máquina, roubar informações, garantir o acesso ilícito a computadores etc. Para estabelecer essa comunicação, geralmente eles utilizam um arquivo de servidor (máquina infectada) e um de cliente (atacantes).

Zumbis: DDoS/BOTs

As *botnets* são grandes redes de computadores "escravizados", geradas, geralmente, a partir de *worms* e *trojans*. Tais máquinas são capturadas pelos atacantes e passam a executar as tarefas conforme eles desejam, agindo como se fossem 'zumbis" sem vontade própria. As *botnets* são usadas com diversas finalidades, como para minerar bitcoins ou para realizar ataques de negação de serviço distribuídos, conhecido em inglês como Distributed Denial of Service (DDoS).

Os ataques de DDoS objetivam tornar indisponível o acesso a uma determinada rede por meio de envios massivos de pacotes que sobrecarregam o sistema. Esses ataques podem causar imensos danos comerciais, como a inviabilidade do e-commerce, por exemplo. Após formá-las, os hackers podem vendê-las ou alugá-las para destinar seu poder de fogo e de processamento.

Spyware

O *spyware* é um tipo de malware que é instalado na máquina da vítima a fim de capturar informações. Como seu próprio nome diz, é um programa espião que pode guardar e transmitir informações de textos digitados, de capturas de tela e até de links utilizados. O arquivo com as informações pode ter vários tamanhos, podendo ser enviado pela internet para o hacker ou mesmo ser resgatado fisicamente. O usuário que está sendo espionado obviamente não sabe disso.

Além de capturar senhas, dados de cartões de crédito e outras informações sigilosas, o *spyware* pode ser utilizado especificamente para atacar uma infraestrutura industrial e roubar as credenciais de acesso dos usuários de uma VPN, por exemplo. O atacante poderá então conhecer todo o caminho necessário para se conectar à planta de uma infraestrutura crítica, seus sistemas de controle e até as operações que acontecem nela.

Ransomware

Ransomware é um tipo de malware que restringe o acesso ao sistema infectado e cobra um resgate (normalmente em bitcoins ou darkcoins) para que o acesso possa ser restabelecido. Caso não ocorra o pagamento do resgate, arquivos podem ser perdidos e até mesmo expostos na internet. Ele pode se propagar dentro da rede de uma infraestrutura crítica de diferentes formas, entre elas:

- Por meio de *exploits*. Software ou scripts projetados para explorar determinada vulnerabilidade e ganhar execução de código.

- Por meio de mídias removíveis (pen drive, HD externos) com *autorun* habilitado, *exploits* para o navegador de arquivos, injeção de DLL ou execução deliberada.

- Por meio de pastas compartilhadas na rede, da mesma forma que as mídias removíveis.

- Por meio da comunicação entre servidores de diferentes plantas de automação (OPC, por exemplo).
- Pelo uso de redes móveis na rede de automação estabelecendo comunicação direta com a internet.
- Por meio de anexos em e-mails e links maliciosos em redes sociais.

Infecções por *ransomware* são um dos maiores pesadelos dos gestores de redes industriais. Além das características destrutivas inerentes ao *ransomware*, os mecanismos de espalhamento normalmente inundam as redes de automação com pacotes de dados indesejados e afetam gradativamente o tempo de resposta da rede de tempo real, até paralisá-la por completo. Se comparado a uma rede de T.I., as consequências são muito piores, pois afetam diretamente as operações em sistemas de controle ao:

- Bloquear o acesso às estações de supervisão e IHMs.
- Criptografar estações de programação.
- Criptografar bases de dados históricos e bancos de dados de produção.
- Criptografar estações de engenharia.
- Bloquear o acesso a sistemas de utilidades.
- Infectar outras plantas por meio da rede de automação e VPNs *Site-to-Site*.

5.2 DESENVOLVIMENTO DE ARMAS CIBERNÉTICAS

A construção de uma arma cibernética funciona de forma análoga à construção de um míssil no mundo real. Ela tem três elementos básicos: um veículo de entrega, que, no míssil, seria o foguete; um sistema de navegação, que é aquilo que guia o míssil até o alvo; e a carga explosiva, que causa a destruição. Esses mesmos três elementos aparecem no projeto de uma arma cibernética.

Então, começando pelos veículos de entrega, quando o atacante monta uma arma cibernética, ele precisa definir o seguinte: qual o vetor de infecção que utilizará para que sua arma chegue até o alvo? Existem algumas opções:

- E-mails com códigos maliciosos incorporados ou anexados.
- Sites que podem ter links maliciosos e downloads.

- Veículo de entrega manual que permite que um soldado cibernético coloque a carga maliciosa em um computador ou rede alvo.

- Hardware falsificado, software e mídias removíveis também podem ser usados como veículos de entrega de armas cibernéticas.

O sistema de navegação, também chamado de *exploit*, é o que permite que o *payload* (carga explosiva) chegue a um computador ou sistema dentro da rede alvo. O *exploit* explora as vulnerabilidades às quais foi programado.

Durante o desenvolvimento da arma, é preciso definir para o Metasploit as fraquezas que serão exploradas para invadir um sistema. No entanto, o próprio Metasploit já fornece uma quantidade enorme de vulnerabilidades que podem ser exploradas, dependendo da plataforma que foi escolhida.

Por fim, é preciso decidir qual a carga explosiva será usada. Em outras palavras, definir o que o malware fará quando conseguir chegar ao seu alvo.

O framework Metasploit

O Metasploit é uma plataforma *open source* para desenvolvimento, teste e uso de códigos de exploração (*exploits*). É um framework de scripts totalmente modular, composto por códigos-fontes abertos e manipuláveis.

É importante frisar que o Metasploit *não é uma ferramenta necessariamente para* hacking. Ele não foi desenvolvido com esse propósito. Ele foi desenvolvido para que empresas possam fazer análise de vulnerabilidades, testes de penetração e validação de soluções de segurança. Porém, os hackers utilizam-no para praticar atividades ilícitas.

No Metasploit existe uma infinidade de ataques que exploram as vulnerabilidades do Windows, que, diga-se de passagem, é o sistema operacional base da automação na grande maioria das empresas.

Malware indetectável

Quando um malware, hoje em dia, é desenvolvido por um hacker, ele já é preparado em modo FUD (Fully UnDetectable).

Após o desenvolvimento de um malware, os atacantes o testam em sites na Dark Web que têm máquinas virtuais configuradas com versões atualizadas dos antivírus mais renomados do mercado. Uma vez verificado que nenhuma solução de antivírus de mercado foi capaz de detectar e bloquear a ação do malware, o hacker tem a certeza de que ele está pronto para ser utilizado em suas ações maliciosas. Por isso, os antivírus estão em constante desvantagem e são uma solução frágil para a proteção de infraestruturas críticas, já que o malware normalmente nasce indetectável.

5.3 DINÂMICA DE UM MALWARE

A dinâmica de ataque de um malware tem uma sequência bastante específica.

Primeiro, por meio de um programa malicioso, o atacante realiza uma varredura na rede que deseja atacar para identificar as vulnerabilidades que podem ser exploradas.

Após identificar as fragilidades da rede, ele explora uma aplicação ou um mecanismo de autenticação para realizar um ataque direcionado à rede e invadir uma máquina-alvo (Figura 69).

FIGURA 69 — Primeiros três passos de um ataque por malware

Uma vez com acesso à máquina-alvo dentro da rede, o hacker (ou a arma cibernética) instala um *exploit* na máquina-alvo, subvertendo-a. A partir desse momento, essa máquina passa a ser controlada remotamente pelo hacker, que pode enviar comandos e até mesmo abrir um terminal na máquina-alvo.

Esse controle permite que ele realize as ações que desejar, como o roubo de dados, interrupção dos serviços, o sequestro da planta e uma série de outras atividades maliciosas e fraudulentas no ambiente industrial, além, é claro, de propagar o malware para as demais máquinas da rede (Figura 70).

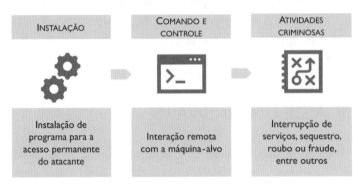

FIGURA 70 — Últimos três passos de um ataque por malware

5.4 A INEFICÁCIA DOS PATCHES EM REDES DE AUTOMAÇÃO

Em geral, os *exploits* têm um alto poder de fogo em redes de automação por uma questão bastante simples: a ineficiência ou a inexistência dos patches.

Vamos imaginar a seguinte situação: a Microsoft emite um comunicado afirmando que, em uma determinada biblioteca do Windows, existe uma vulnerabilidade perigosa que pode ser explorada por um atacante. A empresa então desenvolve e disponibiliza um patch com a correção para essa vulnerabilidade no mesmo dia do comunicado. No entanto, enquanto as empresas não aplicarem essa correção nas máquinas de suas redes, elas continuarão vulneráveis a ataques que explorem as vulnerabilidades que esse patch corrige.

É preciso ter em mente que um patch projetado para remover uma vulnerabilidade do Windows pode alterar drasticamente a forma como o sistema operacional interage com os aplicativos de controle e supervisão e causar diversos problemas em sistemas SCADA.

Dessa forma, somente devem ser aplicados a máquinas de redes industriais os patches que tenham sido previamente testados e aprovados pelos fabricantes, em um processo chamado "homologação". A homologação do fabricante é a garantia de que um patch não interferirá no correto funcionamento das aplicações de controle da planta industrial. A aplicação de um patch não homologado pode exigir a recertificação de todo o sistema, procedimento que certamente será cobrado pelo fabricante.

Muitos sistemas operacionais antigos já não têm mais patches (o Windows XP, por exemplo), mas continuam existindo em muitas redes industriais, o que configura um problema cuja única solução passa pela atualização do sistema operacional. Atualizar o sistema operacional de uma máquina em uma rede industrial não é algo simples, pois as aplicações de controle que executam na máquina devem também ser atualizadas, testadas e certificadas para que continuem a operar sem problemas em suas novas versões. Por esta razão, não é raro encontrar em ambientes industriais aplicações de controle rodando em máquinas sem atualizações há décadas.

Mais ainda, mesmo quando possível e autorizada pelo fabricante, a instalação de patches em máquinas Windows requer o reinício da máquina para a conclusão do procedimento. Algumas máquinas de redes de automação rodam por meses, e até mesmo anos, sem poder reiniciar, pois estão no controle de processos críticos de produção. Para a instalação segura dos patches em ambientes industriais, é preciso agendar uma janela de manutenção, processo que ocorre normalmente em longos intervalos de tempo (tipicamente uma ou duas vezes por ano).

Desse modo, a vulnerabilidade que em uma rede de T.I. seria facilmente corrigida com a instalação de um patch se torna, em uma rede de automação, um problema bastante complicado e permanente.

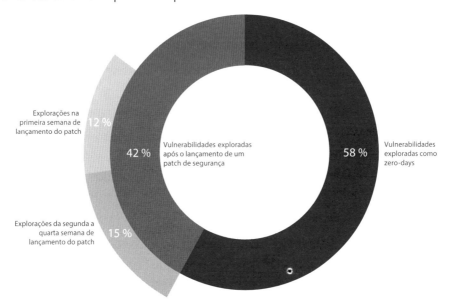

FIGURA 71 — Vulnerabilidades exploradas em relação ao tempo do patch

Para piorar, o tempo que os hackers levam, em média, para fazer a engenharia reversa de um novo patch e aperfeiçoar seus ataques, anulando a eficácia do patch, tem caído bastante, como demonstra a Figura 71.

Pode-se observar que mais da metade dos ataques é baseada em vulnerabilidades *zero day*, sobre a qual os patches não têm nenhuma efetividade, e que a maior parte dos ataques restantes leva, no máximo, um mês para anular a proteção proposta pelo patch.

Estima-se que, em média, os atacantes levem quinze dias para fazer a engenharia reversa no código do patch e, a partir disso, aprimorar seu malware. Quanto menor o tempo necessário para a engenharia reversa, menos efetivo se tornam os patches e maior a taxa de sucesso dos ataques. Um grande problema é que os fabricantes industriais normalmente levam muito mais do que quinze dias para homologar novos patches, o que torna a estratégia de segurança baseada na atualização dos patches da rede industrial ineficiente em muitos casos.

Diante do exposto, fica uma pergunta importante: vale a pena implementar uma estratégia para manter atualizados os patches em uma rede de automação? Será que a utilização de segurança em camadas com o reforço dos controles existentes não seria uma atitude mais sábia e econômica?

5.5 O USO DE ANTIVÍRUS EM REDES INDUSTRIAIS

Os antivírus são uma ferramenta de uso bastante comum em redes de T.I. e em computadores domésticos. No entanto, em ambientes industriais, eles não apenas devem ser usados com cautela, como, sobretudo, devem ser homologados pelos fabricantes industriais para sua utilização.

Em seu funcionamento normal, um antivírus reconhece uma série de ataques por meio de assinaturas. A assinatura do vírus é uma ligação binária única que representa uma parte ou a totalidade do vírus de computador. Igual às impressões digitais, esta ajuda a identificar vírus específicos.

Quando o usuário executa um arquivo, o antivírus intercepta essa execução e verifica o conteúdo do arquivo para entender se a assinatura do arquivo corresponde à de um vírus conhecido, contido em uma lista negra (*blacklist*). Caso seja, o antivírus bloqueará as ações desse programa executado.

O problema é que, para obter uma maior efetividade, o antivírus realiza varreduras constantes nas máquinas onde está instalado. Com isso, o processamento delas é reduzido, o que pode acabar afetando o desempenho de serviços críticos aos sistemas de controle, algo inaceitável em redes de automação.

Para o uso de software antivírus em redes de automação, devem ser considerados os seguintes aspectos:

- O antivírus deverá ser configurado para nunca desligar ou reiniciar um computador, caso haja risco de perda do controle do processo em produção.
- As análises automáticas devem ser desabilitadas, pois elas afetam diretamente o tempo de resposta das máquinas da rede de automação.
- O envio de relatórios automáticos aos fornecedores quando um vírus for encontrado deve ser desabilitado.
- Arquivos infectados não devem ser movidos, bloqueados ou excluídos automaticamente, pois podem impedir a correta execução dos sistemas de controle.
- A atualização automática de assinatura de vírus deve ser desabilitada, para evitar atrasos no tempo de resposta dos sistemas de controle industriais.
- A console de administração e atualização da solução de antivírus deverá ser instalada em uma máquina na DMZ com um esquema seguro de atualização de assinaturas configurado.

Por fim, é importante salientar mais uma vez que devem ser usadas somente soluções de antivírus homologadas pelos fabricantes industriais, nas versões indicadas por eles.

5.6 WHITELISTING

Como foi visto anteriormente, as soluções de antivírus são baseadas em estratégia de lista negra (*blacklist*). Se a assinatura do pacote de dados analisado pelo antivírus está nesta lista negra, então ele é realmente um vírus e deve ter sua execução bloqueada.

Estratégias baseadas em lista negra não são recomendadas para uso em redes de automação, pois demandam constantes atualizações vindas da internet e consomem processamento de máquina e *throughput* de rede durante os escaneamentos.

Uma estratégia mais interessante é a baseada em aplicativos que realizam a inspeção dos pacotes de dados por lista branca (*whitelist*). Nestes aplicativos, a equipe de segurança pré-aprova os sistemas e processos que serão autorizados a executar nas máquinas da rede de automação, formando uma lista autorizada.

No momento em que o usuário for executar algo em sua máquina, o aplicativo de *whitelisting* avaliará se o programa está listado na lista branca, e somente então, caso ele seja um programa pré-aprovado, liberará a execução.

Aplicativos de *whitelisting* fornecem proteção adicional contra malware, pois evitam alterações não autorizadas em aplicativos instalados e componentes de sistema. É importante notar, no entanto, que a compatibilidade deve ser verificada com o fabricante para cada configuração específica dos sistemas de controle industriais.

Outra grande vantagem de ferramentas de *whitelisting* é que elas não necessitam de atualizações regulares e nem de conectividade com a internet, não afetando a performance da rede de automação e nem a tornando vulnerável a ameaças vindas do ciberespaço.

5.7 ANTIMALWARE DE PRÓXIMA GERAÇÃO (EDR)

Existe uma nova geração de soluções para o combate ao malware que está conquistando espaço em plantas industriais: as soluções conhecidas como "antimalware de próxima geração" ou EDR (*Endpoint Detection Response*).

O funcionamento de uma solução de antimalware de próxima geração é baseado na inspeção estruturada em etapas dos pacotes de rede (Figura 72).

No momento em que um usuário tenta executar um programa, existe uma verificação do *hash* do programa a ser executado. O *hash* é uma espécie de impressão digital de um arquivo cuja integridade dos dados está garantida. Após essa verificação, se o *hash* for conhecido e se estiver na lista branca, o antimalware permitirá sua execução. Caso o programa esteja na lista negra, ele será encaminhado para o bloqueio e/ou quarentena.

Se o programa não estiver nem em uma lista de bloqueio nem em uma lista de permissão, ele irá para a próxima etapa: a verificação de sua assinatura. Isso pode ser aplicável ou não para o ambiente industrial, dependendo muito do nível de processamento da máquina dentro da rede de automação. Mas, caso não possa ser comprovada a verificação dessa assinatura, o antimalware executará a etapa de verificação do *hash* do programa na nuvem do fabricante.

CONTROLE DE MALWARE

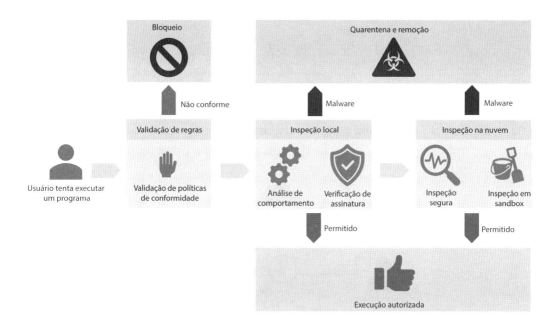

FIGURA 72 — Funcionamento de antimalware industrial de próxima geração

Após submeter esse arquivo suspeito para análise na nuvem de inteligência por meio de um caminho seguro, será verificado se o pacote de dados é malicioso ou benigno. Se for malicioso, a resposta será o bloqueio. Se for benigno, ele então será incorporado à lista de permissão.

Se isso não funcionar, a próxima etapa será fazer uma inspeção segura de execução tanto em Sandbox quanto por análise estática de código.

No caso de ser concluído que o pacote de dados do programa não é malicioso, será realizada a verificação de restrições: qual usuário quer executar o arquivo? O horário da execução é permitido? Ele está usando uma mídia autorizada? Tudo fundamentado no princípio de Zero Trust.

Somente após a verificação de restrições é que o programa será executado.

Todo esse processo de verificação é realizado em fração de segundo, com exceção de Sandboxing, que pode levar alguns minutos.

O ANTIMALWARE INDUSTRIAL ATUANDO COMO UM SENSOR DA REDE

Um antimalware industrial pode ser utilizado como sensor da rede de automação. Desse modo, quando o usuário executar um arquivo, ele será verificado tanto localmente quanto na nuvem de inteligência. Se a nuvem de inteligência emitir um veredito sobre aquele arquivo dizendo que ele é malicioso, o antimalware emitirá uma resposta para a máquina e para o sistema de segurança de borda (Figura 73). Com isso, ambos aprendem a partir do que foi visto na própria rede (Figura 74).

Figura 73 — Verificação de malware na nuvem

Figura 74 — Aprendizado de soluções de segurança

Isso é bem interessante porque, utilizando a nuvem de inteligência, pode-se criar um aprendizado coletivo de segurança no qual o firewall de borda e a solução de antimalware colaboram entre si.

A todo momento, muitas empresas submetem arquivos suspeitos à análise na nuvem de inteligência, e os vereditos são incorporados à nuvem, enriquecendo as redes de inteligência de segurança. Com isso, as nuvens de inteligência retornam benefícios diretos e aplicam novos controles de segurança em redes industriais que participam dela. Se um malware for detectado na Ásia, em duas ou três horas já existirá uma "vacina" aplicada em todas as soluções de segurança do mundo que façam parte da nuvem de segurança.

Assim como dito para os patches, é fundamental a utilização de soluções antimalware de próxima geração homologadas pelos fabricantes industriais.

Conceitos apresentados neste capítulo

Este capítulo aborda conceitualmente a segurança de dados, iniciando pelas principais estratégias de backup adotadas pelas empresas na preservação de seus dados.

Em seguida, são apresentadas as técnicas usadas por invasores para a prática do roubo de identidades virtuais, e é detalhado como funciona a autenticação em sistemas de automação e formas para garantir a segurança no acesso remoto aos sistemas de controle industriais.

CAPÍTULO 6

SEGURANÇA DE DADOS

6.0 INTRODUÇÃO

Outro mito que paira sobre a segurança cibernética industrial está associado à ideia de que a segurança de dados ocorre apenas no âmbito técnico e por meio de software e hardware. Ou seja, não se percebe que a segurança de dados está atrelada ao comportamento humano. Inúmeros fatores psicológicos podem ser correlacionados nesse ponto.

Na arte, diversas obras demonstram que a segurança de dados pode ser bastante frágil nesse sentido. O filme *Hackers*, de 1995, dirigido por Iain Softley, aborda o universo dos chamados "piratas de computador". Apesar de ser um pouco fantasioso e estar atrelado a vários estereótipos, ele aborda uma vasta gama de ataques e de formas de roubar dados e senhas. Entre eles, técnicas de olhar por cima dos ombros ou de vasculhar o lixo à procura de informações são demonstradas como parte dessas estratégias.

FIGURA 75 — Segurança de dados na metodologia *ICS.SecurityFramework*®

A segurança de dados abarca tanto as questões técnicas da segurança cibernética quanto as questões mais psicológicas, por isso, a educação e a conscientização são fundamentais para reduzir as vulnerabilidades existentes em ambientes industriais e empresariais. Nesse sentido, a metodologia *ICS.SecurityFramework*® tem, entre suas soluções de proteção, um tópico dedicado exclusivamente à segurança de dados (Figura 75).

6.1 BACKUP

Cópia de segurança ou, como é mais conhecido, backup é a cópia de dados de um dispositivo de armazenamento para outro localizado em uma área segura. Ele pode ser feito de inúmeros modos: desde fitas magnéticas, DVDs e discos rígidos até informações inteiras sobre plantas armazenadas em máquinas dedicadas, ou mesmo na *cloud*.

O objetivo básico de um backup é garantir que, em qualquer situação de perda ou danificação dos sistemas e ambientes computacionais, possa haver a recuperação dos dados sem que haja prejuízo de informação para a empresa. No limite, sua função é restabelecer a normalidade operacional dos sistemas de modo semelhante ao que era antes de qualquer incidente.

UMA SITUAÇÃO RECORRENTE

Com bastante frequência, ocorre uma situação recorrente em redes de automação: os backups são comumente parciais, inexistentes ou apenas disponíveis pelo fornecedor. Ainda assim, quando existem, eles raramente são testados e atualizados continuamente.

O problema disso é óbvio: se o sistema for afetado por qualquer que seja o incidente, pode ser impossível retornar ao estado funcional anterior. Essa é uma situação, infelizmente, cotidiana e frequente — que ocorre, inclusive, em grandes empresas.

Pode-se acreditar que um backup feito há duas semanas ou mais pode ser uma solução. No entanto, se ele não for constantemente atualizado, existem grandes chances de também não servir quando for necessário. Além disso, algumas empresas realizam seus backups de forma manual, o que contribui para a não totalidade da cópia dos dados e, também, para a desatualização deles. Existem casos inclusive de empresas que disseminaram malware por toda a rede por meio de um disco rígido externo contaminado usado para o backup. Por isso, aconselha-se fortemente que o backup seja automatizado e contínuo.

Estratégias de backup

Muitas pessoas acreditam que o backup é uma cópia simples de dados. No entanto, ele é bem mais complicado do que isso, sobretudo em redes de automação com um grande fluxo de informações. Por isso, é necessário que as empresas tenham estratégias de backup (Figura 76). O que é isso e como funciona?

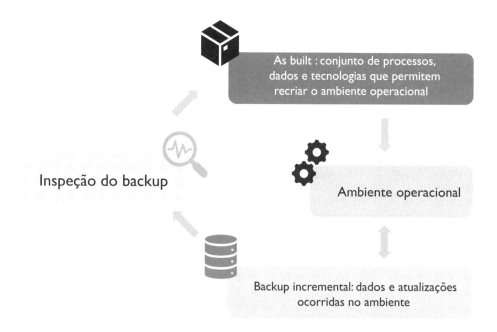

Figura 76 — Estratégia de backup

Primeiramente, deve-se ter uma *as built*, isto é, um conjunto de processos, dados e tecnologias que permitam recriar o ambiente operacional no caso de um incidente. É importante citar que não somente máquinas e servidores devem ter backup atualizado, mas todos os dispositivos da rede industrial, incluindo as configurações e programações de PLCs, IEDs, roteadores, switches etc. Além disso, deve-se ter também uma estratégia de como esse *backup* será realizado e, caso seja necessário, como ele será restaurado.

Como dito, o backup precisa ser sempre automatizado por meio de ferramentas desenvolvidas exclusivamente para isso. Com qual a frequência deve ser feito o backup? O quão completo ele deve ser?

As respostas dependerão de diversos fatores, como a quantidade total de dados, sua volatilidade, o tempo disponível para se fazer os backups (às vezes chamados de "janela de backup") e o tempo necessário para se recuperar arquivos (às vezes chamado de "horizonte de dados"). Os tipos de backup incluem:

- Backup cheio (Full): Um backup cheio inclui o drive inteiro (arquivos de sistema e de dados). Apesar de ser o tipo mais completo de backup, requer mais espaço para armazenar os arquivos. A vantagem é que a restauração a partir de um backup cheio requer apenas os arquivos armazenados no backup. Quando possível, fazer um backup cheio diariamente é mais fácil e oferece maior redundância de dados. Este método pode ser usado para que seja possível dar início ao processamento em um site substituto, a não ser que um espelhamento ou armazenamento eletrônico seguro esteja sendo utilizado.

- Backup incremental: Inclui os dados que foram modificados desde o backup anterior. É comum ver o termo "incremental" sendo usado para definir diferencial, entretanto, o backup diferencial terá tudo que foi alterado desde o último backup cheio, enquanto o backup incremental terá apenas os arquivos modificados desde o último backup incremental. Seguindo um backup cheio, o backup incremental e o diferencial seriam exatamente a mesma coisa, mas os backups subsequentes provavelmente conteriam arquivos diferentes. Uma desvantagem é que o incremental requer mídia de armazenamento adicional, porque o último backup cheio ou incremental será requisitado para restaurar os dados (os arquivos alterados desde o último backup serão copiados). Ainda, restaurar pelo backup incremental pode levar um tempo, requer uma série de backups incrementais e pode requerer um bom entendimento de backups.

- Backup diferencial: Inclui apenas os arquivos alterados desde o último backup cheio. Entretanto, qualquer arquivo alterado aparece apenas em um backup diferencial. A desvantagem é que não marca os arquivos conforme forem sendo salvaguardados. Como o backup diferencial armazena os dados que foram criados ou alterados desde o último backup cheio ou incremental, para restaurar os dados, as mídias de backup cheio e diferencial anteriores serão necessárias.

- Backup contínuo: Alguns aplicativos de backup trabalham de forma contínua (ou progressiva), de modo a manter um banco de dados dos arquivos existentes em cada sistema e suas locações na mídia de backup. Após um backup cheio inicial, esses sistemas fazem um backup incremental de forma regular. Caso seja necessário restaurar os dados, os aplicativos podem executar uma restauração completa ou em um ponto específico do tempo, ao construir uma lista dos arquivos a serem restaurados do banco de dados e restaurando-os pela mídia de backup. Esse tipo de backup minimiza o tempo do servidor e a largura de banda requeridos para um regime de backup compreensivo, e o espaço necessário em mídia para armazenamento.

- Backup em cluster: esse tipo de backup consiste em ter dois nós de cluster, um nó ativo e um nó passivo. Dessa forma, se o nó ativo falhar, há uma cópia completa dos dados armazenados no nó passivo que pode ser usada prontamente, bastando ativar a máquina que está em modo passivo. Em redes de automação, a ativação do nó passivo normalmente é feita baseada na verificação de *watchdog timer*, que indica se o servidor principal está ativo ou não.

Existem diversos tipos de *ransomware* capazes de procurar backups armazenados em *storages* na rede e criptografá-los. Uma estratégia de backup deve sempre considerar backups armazenados fora da rede industrial para evitar esse tipo de problema. Melhor ainda seria armazenar o backup fora do edifício que hospeda a rede industrial, para que ele não seja afetado no caso de incêndios ou explosões.

6.2 AMEAÇAS À SEGURANÇA DE DADOS

A privacidade de dados sempre foi importante, no entanto, com a entrada da LGPD e da GDPR, ela se tornou essencial para as empresas. Adotar métodos diferentes, como a criptografia, para garantir essa segurança é uma necessidade.

Em relação às redes de automação em infraestruturas críticas, esse ponto é ainda mais essencial.

Acessos remotos são comumente encontrados em redes de automação para que seja realizado o suporte imediato pelo fabricante. Esses acessos remotos são normalmente implementados por meio do estabelecimento de uma VPN com o fabricante. A partir disso, surgem algumas perguntas elementares sobre a segurança dessa rede, porém, de difícil resposta:

- Quem realmente está acessando minha rede de automação?
- Como garantir que quem está do outro lado da VPN é realmente a pessoa que tem acesso autorizado à rede?
- Em que horários a rede de automação está sendo acessada?
- Essa conexão é, de fato, segura?
- As credenciais de acesso dos usuários remotos são seguras?
- As redes usadas para acesso remoto estão limpas de programas maliciosos?

Ter em mente essas perguntas é fundamental, pois é cada vez mais comum o roubo de identidade para acesso a redes industriais.

6.3 ROUBO DE IDENTIDADES

Esse incidente ocorre quando um atacante consegue roubar credenciais para acesso a sistemas válidos. Por exemplo, uma VPN é, em tese, um canal seguro para a transmissão de dados. Porém, se as credenciais para acesso a essa VPN forem roubadas, é possível que quem esteja acessando a rede não seja apenas o operador com acesso legítimo e autorizado, mas também um hacker.

Os hackers fazem uso de várias técnicas para roubar credenciais e acesso de pessoas autorizadas, dentre elas:

- Software malicioso.
- *Crackers* de senha.
- *Sniffers* e *eavesdropping*.
- *Shoulder surfing*.
- Permanência de dados.
- *Dumpster diving* ou *trashing*.

Software malicioso

A utilização de software malicioso, ou melhor, de malware para o roubo de credenciais de acesso, é comum e diversificada.

Spyware, por exemplo, é um tipo de malware que copia secretamente tudo aquilo que é digitado ou clicado na operação de um computador. Ele vai capturando essas informações do usuário e colocando-as em um arquivo oculto. Quando esse arquivo atingir um tamanho pré-determinado pelo hacker, na primeira conexão com a internet que aquela máquina fizer, esse pacote de dados será transmitido em *background* para o atacante.

Além do *spyware*, existem outros tipos de malware que podem ser usados para o roubo de dados, como *trojans*, *backdoors* etc.

Crackers de senha

Os *crackers* de senhas são aplicativos usados para adivinhar uma senha. Eles trabalham sequencialmente em tentativas e erros. Ou seja, testam todas as possibilidades de senha possíveis até encontrar a correta.

Senhas de até cinco caracteres podem ser adivinhadas facilmente por software. O computador consegue testar todas as possibilidades de letras, números e caracteres especiais em todas as ordens possíveis para adivinhar uma senha em poucos minutos. Quando a senha é composta por um número maior de letras, esse processo começa a ter uma quantidade de combinações de números, de letras e de caracteres especiais grandes, que o tempo computacional para descobrir a senha é maior que o tempo de vida dos seres humanos, ou seja inquebrável (Figura 77).

TEMPO NECESSÁRIO PARA ADIVINHAR UMA SENHA POR SOFTWARE	
7 caracteres	29 milissegundos
8 caracteres	5 horas
9 caracteres	5 dias
10 caracteres	4 meses
11 caracteres	1 década
12 caracteres	2 séculos

Figura 77 — Tempo necessário para adivinhar uma senha por software

Assim, a partir da composição de uma senha com dez caracteres, pode-se ter uma senha suficientemente segura, ou como se diz comumente em segurança cibernética, uma senha "forte". A senha pode ficar ainda mais "forte" se utilizarmos uma mistura de caracteres com letras maiúsculas e minúsculas, números e caracteres especiais.

Apesar da descoberta de senhas por tentativa e erro ser demorada, esse processo pode ser bastante acelerado. Existem arquivos disponíveis para download na internet com dicionários completos de palavras em diversas línguas, os dicionários. Vários aplicativos de quebra de senhas permitem utilizar as palavras de um arquivo de dicionário como parte da senha, completando automaticamente o restante até o tamanho da senha completa. Assim sendo, não é aconselhável o uso de nomes próprios e nem de datas importantes na composição de senhas.

SNIFFERS E EAVESDROPPING

Um *sniffer* é uma ferramenta em software ou hardware que intercepta e registra o tráfego de dados em uma rede. Ou seja, é uma ferramenta que se instala na rede e fica escutando-a em modo passivo.

FIGURA 78 — *Sniffer* Wireshark filtrando mensagens GOOSE (IEC 61850)

O *sniffer* captura permanentemente todos os pacotes de dados que passam na rede, sendo capaz de filtrá-los e analisá-los. Assim, pode-se estabelecer um filtro em que, por exemplo, toda vez que aparecer a palavra "senha" em um pacote, o trecho com esses dados seja destacado. Os *sniffers* são capazes de capturar pacotes de dados em protocolos industriais (Figura 78), sendo uma poderosa ferramenta para a captura de senhas de dispositivos industriais como PLCs, IEDs etc.

Outra técnica para a captura de credenciais de acesso é o *eavesdropping*. Ele se caracteriza pela escuta física dos dados que são transmitidos. Isso pode ser feito com o uso de um copo posto na parede para ouvir o que se passa na sala ao lado, ou por meio de métodos mais avançados, como grampos, escutas e outras formas eletrônicas de espionagem.

Para ambos os casos, se recomenda evitar o uso de redes públicas (como as de hotéis, restaurantes, aeroportos etc.). Na maioria das vezes, o nível de segurança delas é muito baixo e não é possível saber se existe um *sniffer* ativado.

Shoulder surfing

O *shoulder surfing* é uma técnica baseada em uma ideia bastante simples: olhar por cima do ombro da pessoa para tentar ver a senha que ela digitou. No entanto, roubar senhas dessa forma já é coisa do passado. Hoje, o *shoulder surfing* é feito com a ajuda de dispositivos eletrônicos sofisticados, como microcâmeras para espionar o que se digita em um teclado ou algo parecido. Essas câmeras não são facilmente identificadas. Utilizam-se dispositivos camuflados e embutidos em outros objetos. *Spy-shops* vendem canetas e ursinhos de pelúcia com câmeras embutidas de forma quase imperceptível.

Os métodos mais antigos podem ser associados a outras formas de roubar dados para se tornarem mais potentes. Por exemplo, um atacante pode olhar por cima do ombro de alguém e ver apenas as três primeiras letras da senha da pessoa. Parece pouco, mas essas três primeiras letras poderão ser usadas junto a um *cracker* de senha que, dependendo do tamanho da senha, a revelará em muito pouco tempo.

Permanência de dados

Imagine que um funcionário foi demitido e a empresa contratou uma nova pessoa para trabalhar na posição usando o mesmo computador. A empresa tomou o cuidado de formatar a máquina antes de passar para o novo contratado. No entanto, isso não elimina os problemas.

Quando os arquivos são apagados ou até mesmo após formatações terem sido realizadas, os dados não são removidos fisicamente do disco rígido. A formatação apaga apenas a tabela de alocação de arquivos, que atua como se fosse um índice para que o sistema operacional possa localizar o endereçamento físico dos arquivos dentro do disco rígido. O problema é que reconstruir a FAT ou NTFS de uma máquina é relativamente fácil, e existem aplicativos que realizam essa tarefa rapidamente. Pode-se, assim, recuperar todos os arquivos de uma máquina formatada sem grande dificuldade.

Uma técnica eficaz para evitar a permanência dos dados é sobrescrevê-los no disco rígido. Existem várias ferramentas específicas para isso, e são chamadas de *shredders,* facilmente encontradas para download na internet.

Em casos extremos, onde não pode haver nenhuma possibilidade de recuperação dos dados, o mecanismo mais eficaz para o descarte de equipamentos é a destruição física dos discos rígidos, reduzindo-os a pó. Existem empresas especializadas nessa destruição.

Dumpster diving ou *trashing*

O *dumpster diving* ou *trashing* é uma forma bem fácil de adquirir acesso a dados. Basicamente, essa tática se baseia em coletar o lixo das empresas na rua e analisar o que elas descartaram. Pode-se se encontrar coisas muito interessantes no lixo, tais como relatórios impressos com pequenos erros e post-its com senhas e informações de usuários.

Desse modo, uma dica importante é: nunca jogue fora papéis e matérias confidenciais sem antes destruí-los. Antes de jogar fora um relatório ou qualquer outro documento confidencial, é preciso triturá-los em máquinas que transformam o papel em confete. Não é aconselhado o uso de trituradores que transformam o papel em tiras, pois eles podem ser facilmente recuperados com um pouco de paciência.

6.4 AUTENTICAÇÃO EM SISTEMAS

A segurança cibernética de redes de automação depende profundamente dos métodos e dos mecanismos de autenticação. Eles variam conforme as circunstâncias de cada empresa e os objetivos de seus usuários/funcionários. Como foi visto anteriormente, existem várias formas de se burlar o acesso não autorizado, e existem vários tipos de ataques que podem oferecer sérios impactos a uma infraestrutura.

Por isso, os mecanismos de autenticação também variam e oferecem uma vasta série de recursos. Existem autenticações por meio de usuários e senhas previamente estabelecidos, por meio de testes e por meio de biometrias. Cada uma delas também tem formas diferentes. A biometria pode ser feita com a leitura de impressão digital, de retina ou da palma da mão.

No entanto, esses mecanismos também têm vulnerabilidades e podem ser contornados. Com frequência, cenas de filmes demonstram dedos de silicone sendo criados para tentar falsificar a identidade de um usuário autorizado. Para evitar isso, é importante conhecer conceitualmente esses mecanismos e suas diversidades. Além disso, é fundamental compreender como eles podem ser atacados.

A autenticação é a capacidade de garantir que alguém, ou algum equipamento, é, de fato, quem diz ser, dentro de um contexto definido. Ou seja, é uma prova sobre a veracidade das informações sobre a identidade de determinado usuário ou equipamento previamente aceito em uma comunicação.

A partir disso, alguns conceitos indicam uma maior ou menor segurança, como uma autenticação fraca ou uma autenticação forte. A autenticação fraca é fácil de ser "quebrada" (descoberta, burlada, roubada etc.), como, por exemplo, uma senha com apenas quatro caracteres. A autenticação forte é, por outro lado, algo mais difícil de ser burlado, como uma senha complexa com muitos caracteres.

Para se garantir que essa autenticação não será facilmente descoberta por um hacker, existem diferentes métodos utilizados, o que, em um ambiente industrial, vistos sua complexidade e criticidade, é algo fundamental. Quando se fala sobre autenticação, é preciso ter em mente que ela é um processo e que existem duas entidades: o usuário e o sistema autenticador. Em outras palavras, deve-se ter consciência de que, toda vez que se fornece algum tipo de credencial, existe algum sistema por trás disso que validará essa credencial e permitirá ou não o acesso ao seu sistema ou dado.

Ao mesmo tempo em que essa credencial é validada, o usuário também precisa ser. Um endereço IP identifica, por exemplo, um único equipamento, mas o usuário que está nesse equipamento e usando esse endereço é válido? Ele tem o direito de estar acessando tais redes? Ou ele apenas adquiriu, de algum modo, as credenciais utilizadas sem que lhe fosse permitido acessar tais dados?

É a partir dessas dúvidas que o autenticador correlaciona as credenciais permitidas com o usuário que as utilizam baseado no conhecimento, na propriedade ou nas características humanas. A utilização de uma dessas perspectivas, ou mesmos de duas ou de três concomitantemente, almeja garantir que a autenticação é forte e que o usuário é, de fato, aquele a quem está permitido o acesso.

6.5 MECANISMOS DE AUTENTICAÇÃO

Existem três mecanismos básicos usados para a autenticação em sistemas: os baseados no conhecimento do usuário, os baseados em coisas que usuário carrega consigo e os baseados nas características humanas dele.

Mecanismos baseados no conhecimento (informações que o usuário sabe)

A autenticação baseada no conhecimento é o modo mais utilizado para fornecer uma identidade a um computador. Existem vários métodos para a autenticação baseados em senhas e conhecimentos dos usuários, e entre eles estão o usuário e senha, teste de humanidade e sistemas de desafio/resposta.

- Usuário e senha

    Esse é o mecanismo de autenticação de sistemas mais utilizado no mundo. Consiste na digitação de um nome de usuário e uma senha para ter acesso a sistemas e a aplicativos. A comunicação entre usuário e o sistema autenticador é, geralmente, criptografada, a fim de evitar interceptações de mensagens. No entanto, é bastante suscetível a ataques dos mais diversos tipos (malware, *shoulder surfing*, *crackers* de senha etc.) (JETTY, 2018, p. 10).

- Teste de humanidade

    O teste de humanidade é aquele em que o usuário precisa provar que ele é um ser humano, e não um programa de computador automatizado (robô de senha). Para isso, programam-se alguns testes que somente os seres humanos são capazes de acertar.

Um dos mais comuns é o *captcha* (Figura 79). Ele propõe uma série de caracteres misturados com traços e outras formas, e pede para o usuário transcrever a imagem. No entanto, alguns robôs de senhas já conseguiram quebrar esse mecanismo de autenticação. Por isso, o *captcha* ganhou sofisticação ao exigir, por exemplo, a distinção entre vogais e consoantes, pares e ímpares.

Figura 79 — Teste de humanidade: captcha

Figura 80 — Teste por fotografia

Essa distinção torna realmente mais complexo para um robô adivinhar uma senha em um *captcha*, porém também se torna mais complexo para grande parte da população, que passa a errar a senha com mais frequência. Tais questões demonstram que sistemas de autenticação precisam estar correlacionados com o contexto de seus usuários para serem efetivos.

Um segundo teste de humanidade é baseado em fotografia. Ele pede para o usuário distinguir determinados objetos e paisagens entre várias imagens. Para isso, basta clicar sobre as fotografias para selecionar e confirmar. Às vezes, deve-se passar por várias etapas de autenticação, repetindo o processo e pedindo para o usuário distinguir faixas de trânsito, postes, montanhas, carros, placas, semáforos etc. Esse mecanismo se repete até ele considerar que o número de acertos corresponde ao de um ser humano.

- Desafio-resposta (*challenge-response*)

O terceiro método é o desafio-resposta (*challenge-response*). Nele, o usuário é desafiado com algo que somente ele possa responder. Por exemplo, pode-se perguntar o nome do pai ou da mãe do usuário, o nome de seu cachorro, de sua cidade de nascimento etc.

FIGURA 81 — Autenticação por desafio-resposta

Sistemas na web e corporativos podem enviar um código para o celular do usuário e desafiá-lo a inserir esse código em uma caixa de resposta no momento do acesso (Figura 81). Esse recurso é muito usado no cadastramento de novos usuários em sistemas e em mecanismos de recuperação de senhas.

Mecanismos baseados na propriedade (coisas que o usuário possui)

Os mecanismos de autenticação baseados em propriedade caracterizam-se por um objeto físico que o usuário possui. Esse objeto pode ser um cartão inteligente (*smart card*), um *token* USB, um dispositivo OTP ou até mesmo um smartphone. Esses objetivos variarão conforme uma série de situações.

Por um lado, uma das desvantagens desse tipo de autenticação é que os objetos físicos podem ser perdidos, roubados ou esquecidos, além do custo adicional do hardware. Por outro lado, a vantagem baseia-se, sobretudo, no princípio de que a duplicação do objeto de autenticação poderá ser mais cara que o valor do que está sendo guardado. Além disso, esse mecanismo pode ser associado a outros, como o usuário/senha, para múltiplos fatores de autenticação.

Essa é uma boa prática de segurança. A combinação de autenticação por propriedade com autenticação baseada em conhecimento fornece dois fatores de autenticação. Sem um dos dois fatores, o usuário não terá acesso ao sistema ou aplicação.

- Tokens *USB* e *smart cards*

    O primeiro exemplo de mecanismo de autenticação baseado em propriedades é o token USB. Ele se parece fisicamente com um pen drive, no entanto, ele não é feito para armazenar as informações em grandes quantidades.

    O token USB tem a função de armazenar um par de chaves criptográficas e, com essas chaves, obter acesso aos sistemas. O *smart card* funciona do mesmo modo que os tokens, mudando apenas o formato (Figura 82).

    A diferença básica está no fato de que o token USB é feito para ser conectado direto na porta USB, enquanto o *smart card* demanda uma leitora adicional. Ambos têm, no entanto, um chip específico e um software com tecnologia de criptografia embutidos.

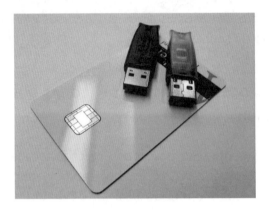

Figura 82 — Tokens USB e smart card

- Tokens OTP

Tokens OTP são, na maioria das vezes, dispositivos com um visor de LCD e um botão para seu acionamento (Figura 83). Ao pressionar o botão, o dispositivo apresenta um número que deverá ser usado para se autenticar.

Figura 83 — Token OTP

Eles fornecem autenticação híbrida: "algo que o usuário possui" (o próprio dispositivo) mais "algo que o usuário conhece" (o número fornecido). Os sistemas de autenticação por tokens OTP baseiam-se em um dos seguintes esquemas:

- Desafio/resposta.
- Autenticação sincronizada no tempo.

Cada desafio é diferente, para que a observação de uma troca de desafios/resposta com sucesso não seja reutilizada.

- OTP no smartphone

    Os tokens OTP tem um custo bastante significativo para as empresas e apresentam um problema: os usuários esquecem de levar os tokens para o trabalho e também perdem esses dispositivos com bastante frequência.

    Para resolver esse problema, as empresas de tecnologia de segurança incorporaram os módulos de software que geram os códigos OTP em aplicativos para smartphones. Além de praticamente eliminar o custo do dispositivo para a empresa, uma vez que hoje quase todas as pessoas têm smartphones, também resolve o problema do esquecimento do dispositivo, pois todos normalmente carregam seus aparelhos para todos os lugares.

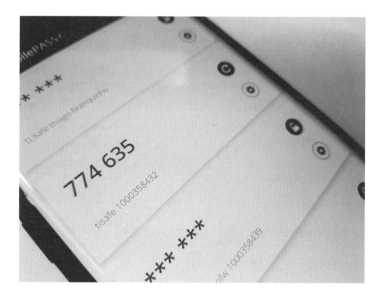

FIGURA 84 — Autenticação por OTP no smartphone

- Escaneamento de QR Code

    Outra forma de realizar a autenticação por meio de um smartphone é o escaneamento do *QR code* (Figura 85). O *QR code*, ou código QR, é um código em barras bidimensionais que pode ser convertidos em texto, URLs, números de celular, localização etc. Para usá-lo, o celular precisa estar habilitado e ter um leitor de *QR code* instalado. No momento que o usuário escaneia o *QR Code*, ele recebe um código numérico para realizar a autenticação.

Figura 85 — Autenticação por leitura de código QR

Mecanismos baseados em características humanas (biometria)

Existe, ainda, um terceiro tipo de mecanismo de autenticação baseado em características humanas. Esse mecanismo, também chamado de biometria, é baseado na análise das medidas e originalidades de partes do corpo humano. As principais características biométricas que podem ser usadas para autenticação são:

- Impressão digital;
- Análise da íris;
- Reconhecimento da retina;
- Reconhecimento de voz;
- Geometria da mão;
- Reconhecimento da face;
- Reconhecimento da assinatura;
- Ritmo de digitação.

O tipo de biometria mais comum é a impressão digital, porque é uma forma de autenticação com baixo custo e relativamente segura. Além disso, aos usuários têm menos medo de utilizar a digital do que de colocar os olhos em leitores de retina.

Como funcionam os sistemas biométricos

Os sistemas biométricos têm uma pequena diferença em relação a todos os mecanismos de autenticação: eles não são exatos, ou seja, eles não autenticam por 0 ou 1. Na verdade, eles realizam a autenticação baseados na probabilidade de aquela pessoa ser quem ela afirma ser.

Para isso, o sistema biométrico funciona do seguinte modo: primeiro, o usuário realiza o cadastramento de sua imagem em um banco de dados do sistema autenticador. Em cada acesso, a imagem coletada pelo leitor é comparada com a imagem previamente armazenada (Figura 86). Dependendo da quantidade de pontos e semelhanças entre as imagens, o usuário é autenticado ou não na aplicação.

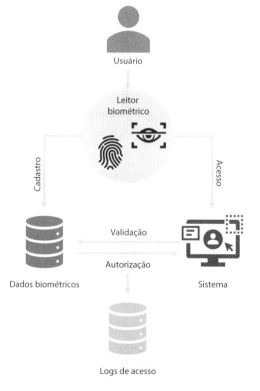

Figura 86 — Funcionamento de um sistema de autenticação por biometria

6.6 IMPRESSÃO DIGITAL (*MINUTIA*)

A impressão digital é chamada de *minutia*, palavra em latim que significa "pequena peça de informação". Quando se coloca o dedo em um leitor de impressão digital, o software de escaneamento constrói uma matriz bidimensional com informações encontradas na imagem lida. Ele procura alguns pontos identificáveis que todos os seres humanos têm em sua impressão digital, como o tridente, a ilhota e o arpão, entre outros (Figura 87), segundo o Manual de Papiloscopia do INI (1987).

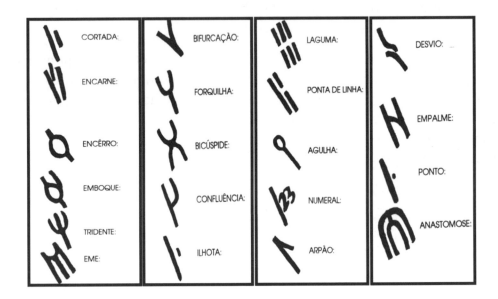

Figura 87 — Detalhes da impressão digital

Uma vez cadastrada a imagem da digital do usuário, a cada tentativa de autenticação, o leitor biométrico identificará as características do dedo que está posicionado sobre ele (Figura 88), procurando pelos pontos identificáveis.

Essa apuração é feita para todos os pontos identificados durante o cadastramento. Dependendo da precisão especificada para o processo de autenticação, um número maior ou menor de pontos identificáveis terá de ser encontrado na imagem da digital para permitir que o usuário seja autenticado no sistema.

Dessa forma, coletar poucos pontos em uma digital pode ser um problema, pois enfraquece o sistema de autenticação e pode permitir, por conseguinte, que uma segunda pessoa consiga se autenticar indevidamente (MARCEL et. al, 2014). Quando se utiliza uma quantidade muito grande de pontos, isso não acontece, mas pode ocorrer outro problema: nem o usuário legítimo conseguir se autenticar.

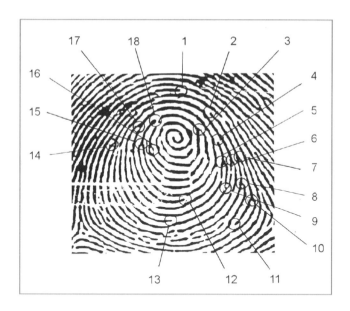

FIGURA 88 — Matriz bidimensional dos pontos identificáveis em uma digital

Na área industrial, é comum encontrar pessoas com digitais bem apagadas devido ao trabalho com agentes químicos, cimento, produtos corrosivos etc. Isso significa que existe uma população que não é capaz de se autenticar por impressão digital. Por isso, não é recomendado o uso de autenticação por impressão digital em ambientes que exigem autenticações rápidas para que seus fluxos continuem, ou em ambientes com grande número de usuários, como estações de metrô e estádios de futebol.

6.7 QUEBRANDO A SEGURANÇA DA IMPRESSÃO DIGITAL

Apesar de parecer um mecanismo de autenticação bastante seguro, a impressão digital pode ser burlada de inúmeras formas (MARCEL et. al, 2014). A mais utilizada é criar dedos de silicone com a impressão digital de um usuário válido no sistema que se deseja invadir. Essas impressões podem ser facilmente coletadas em superfícies lisas, como copos e vidros de uma forma geral.

A segurança de um sistema de autenticação por impressão digital está diretamente ligada à qualidade dos leitores utilizados no sistema. Existem no mercado desde leitores simples, que apenas analisam as imagens bidimensionais da *minutia* dos usuários, até modelos mais sofisticados, que capturam também a temperatura corporal e as pulsões sanguíneas do usuário para saber se ele está realmente vivo.

Desse modo, um sistema de autenticação por digital confiável deve verificar se a imagem da *minutia* é compatível com a gravada em seu banco de dados, se a temperatura corporal é compatível com a de um ser humano vivo e se a pressão arterial é compatível com a de um ser humano calmo. Quando a pressão arterial demonstra estresse e nervosismo, pode-se supor que o usuário está sofrendo algum tipo de pressão e coação, como em um assalto, por exemplo. Nesse caso, mesmo com uma verificação positiva da imagem, a autenticação deverá ser negada.

6.8 AUTENTICAÇÃO BIOMÉTRICA EM INDÚSTRIAS

Alguns fabricantes já oferecem dispositivos de autenticação biométrica por impressão digital para integração com interfaces homem-máquina e supervisórios.

Essa tecnologia aumenta a segurança nos ambientes industriais correlacionando o acesso de operadores aos equipamentos permitidos e registrando suas atividades, no entanto, como foi visto, essa tecnologia não é plenamente segura (MARCEL *et. al*, 2014).

Outro uso típico em ambientes industriais é na segurança do acesso físico ao datacenter industrial. Nesse controle são comumente usados mecanismos de autenticação por impressão digital e por reconhecimento da face, como apresentado na Figura 89.

FIGURA 89 — Autenticação por reconhecimento da face

6.9 RISCOS DO ACESSO REMOTO INDUSTRIAL

Os sistemas de controle e supervisão têm funcionalidades que permitem uma gestão mais flexível por meio do acesso remoto. Atualmente, é possível supervisionar e controlar uma planta de automação, por exemplo, por meio de um laptop, utilizando uma rede sem fio gratuita. Isso permite a rápida atuação do fabricante e de integradores em casos urgentes, além da redução de custos em viagens para reparos em equipamentos em localidades distantes.

No entanto, abre uma série de brechas de segurança que podem ser facilmente exploradas por atacantes. Por isso, é essencial conhecer alguns dos principais riscos de segurança cibernética que existem no acesso remoto a redes de automação:

- Autenticação fraca

    Como foi visto anteriormente neste capítulo, a autenticação fraca é um risco enorme, já que existem programas, como os *crackers*, que quebram as senhas usadas nas VPNs, sobretudo após exercer técnicas de engenharia social.

- Uso de máquinas não confiáveis

    Uma máquina remota contaminada por malware pode contaminar a rede industrial e congelar a operação dos sistemas de controle. Deve-se notar que o atacante pode atacar, inclusive, os equipamentos dos funcionários para, em seguida, atacar a rede de automação.

- Uso de redes não confiáveis

    A internet e as redes Wi-Fi públicas são canais inseguros para a transmissão de dados e podem ser espionadas com o uso de *sniffers*. Os atacantes podem interceptar os pacotes trafegados em uma rede e extrair as credenciais de acesso à VPN.

- Tecnologias vulneráveis

    O Internet Explorer serve como um exemplo para esse tópico, pois ele é um dos navegadores mais vulneráveis do mercado, e existem inúmeros ataques via Metasploit que exploram suas fraquezas. Mas essa fraqueza não se restringe apenas a ele. Sistemas não atualizados e redes não segmentadas podem se constituir como tecnologias vulneráveis.

- Pouca rastreabilidade

    Existem algumas empresas que implementam de forma equivocada o acesso remoto compartilhado. Elas geram um único usuário e uma única senha e os distribuem para que diversos funcionários utilizem a VPN que dá acesso aos sistemas de controle da planta industrial. No entanto, se muitas pessoas acessarem a rede e acontecer um incidente, como determinar qual das pessoas causou o problema? Esse fator de pouca rastreabilidade gera, desse modo, um grande risco ao acesso remoto.

6.10 GARANTINDO A SEGURANÇA NO ACESSO REMOTO

Grande parte das infecções e dos ataques cibernéticos faz uso do acesso remoto a sistemas industriais. Existem três passos básicos que devem ser seguidos para garantir a segurança de acesso remoto a plantas industriais:

- Passo 1

    Realizar a identificação do usuário, do computador e da rede, utilizando sempre o duplo fator de autenticação. Além disso, a autenticação de redes deve ocorrer por meio de VPN *client-to-site* com a utilização de criptografia forte.

- Passo 2

    O gateway de VPN (normalmente um firewall) deve sempre validar as credenciais e conceder acesso a uma rede segregada. A partir desse ponto, o usuário poderá abrir um serviço de terminal remoto, que o permitirá acessar os sistemas autorizados na rede de automação.

- Passo 3

    O ambiente do terminal deverá ser protegido contra malware, ter permissões de acesso específicas para cada usuário e monitoramento constante (logs e gravação de sessão).

Existem boas soluções para se implementar três passos anteriores. A primeira é utilizar um firewall na borda da rede de automação. Ele ajudará a fechar a conexão da VPN e a verificar os pacotes de dados que entram e saem da rede.

Quando existe um grande número de usuários que acessarão remotamente a rede industrial via VPN, é recomendável o uso de uma solução de MFA (Multi-Factor Authentication) capaz de gerenciar as identidades virtuais, se integrar a sistemas que demandam autenticação e checar múltiplas credenciais no momento dos acessos.

EXERCÍCIOS DE REVISÃO

1. Qual das seguintes opções é um padrão ou guia de boas práticas para segurança cibernética de redes industriais?

   a) ISO 27001/27002
   b) ISA/IEC-62443
   c) AGA 12.1
   d) ISA 20002

2. O que significa a sigla CSMS, descrita na norma ANSI/ISA-62443?

   a) Cyber Security Management System
   b) Cyber Safety Management System
   c) Cyber Security Monitoring System
   d) Cyber Safety Monitoring System

3. Qual a o principal objetivo de um plano de continuidade de negócios?

   a) Retornar a operação ao normal o mais rápido possível em caso de falhas.
   b) Restaurar todos os backups em caso de falhas.
   c) Contratar empresas de restauração de dados em caso de falhas.
   d) Atender a requisitos de auditoria externa.

4. Qual dos testes a seguir não é feito para garantir o funcionamento de um Plano de Continuidade de Negócios?

   a) Lista de verificação (*checklist*)
   b) Teste de mesa (*tabletop simulation*)
   c) Simulação programada
   d) Contaminação da planta em produção

5. Qual das normas a seguir não pode ser aplicada para segurança cibernética industrial?

   a) ISA/IEC 62443
   b) ISA/IEC 61443
   c) NIST 800-82
   d) NERC-CIP

6. O conteúdo de uma Política de Segurança deve conter:

   a) Diretivas.
   b) Processos.
   c) Indicadores.
   d) Todas as alternativas anteriores.

7. O que significa a sigla RTO, relativa à continuidade de negócios?

   a) Recovery Test Objective
   b) Recovery Time Objective
   c) Rebuild Time Objective
   d) Rebuild Test Objective

8. Um seguro para incidentes cibernéticos em indústrias deve ser adquirido para:

   a) Mitigar riscos.

b) Transferir riscos.

c) Eliminar riscos.

d) Mapear riscos.

9. Qual era o nome original da norma ISA/IEC-62443?

   a) ANSI/IEC-99

   b) ISA/IEC-99

   c) ANSI/ISA62443

   d) ANSI/ISA-99

10. Qual dos itens a seguir descreve uma ação imprescindível quanto ao cenário de continuidade e mudanças?

    a) Documentação de cópias de segurança das configurações dos ativos da planta.

    b) Armazenamento das cópias de segurança em local seguro fora da planta industrial.

    c) Criação de um repositório de arquivos, documentos e processos.

    d) Backups só devem ser implementados caso ocorra um problema no ambiente.

11. Qual a definição mais completa para firewall?

    a) Mecanismo usado para controlar o acesso de/para a rede, visando protegê-la.

    b) Mecanismo usado para bloquear todo o acesso a uma rede, visando protegê-la.

    c) Mecanismo usado para criar zonas de segurança em redes industriais.

    d) Mecanismo usado para criar DMZ.

12. O que é uma DMZ (DeMilitarized Zone) no contexto da segurança cibernética industrial?

a) Uma zona segura entre as redes de T.I. e T.O. usada para hospedar PLCs.

b) Uma zona segura entre as redes de T.I. e T.O. usada trocar dados entre elas.

c) Uma zona segura na rede industrial destinada a hospedar sensores.

d) Nenhuma das alternativas anteriores.

13. Firewalls que têm a capacidade de guardar o estado das últimas conexões efetuadas e inspecionar o tráfego são do tipo:

a) WAP

b) Stateless

c) Stateful

d) Proxy

14. NÃO é uma característica da VPN:

a) Fornece informações seguras além dos limites da distância física.

b) Necessita de uma infraestrutura própria.

c) Suporta conexões entre duas ou mais redes privadas.

d) Permite seu acesso por meio de vários tipos de rede.

15. O gateway de segurança unidirecional é um:

a) Equipamento de rede que permite que dados trafeguem somente em uma direção.

b) Equipamento de rede que permite que dados trafeguem em ambas as direções.

c) Um modem usado para transmitir informações para fora da rede industrial.

d) Nenhuma das respostas anteriores.

16. O protocolo IPsec é utilizado para a criação de VPNs. Ele roda na camada de _____ do modelo OSI.

   a) Rede
   b) Transporte
   c) Enlace
   d) Sessão

17. NÃO é característica de um IDS industrial:

   a) Detecção de ameaças e vulnerabilidades baseada em desvios comportamentais.
   b) Gerenciamento centralizado em redes distribuídas.
   c) Estrutura diagnósticos detalhados de incidentes de segurança.
   d) Bloqueio automático de tentativas de invasão à rede de automação.

18. Qual a melhor definição para uma zona de segurança, descrita no modelo de zonas e conduítes da norma ISA-IEC 62443?

   a) Agrupamento de ativos físicos que dividem os mesmos requerimentos de segurança.
   b) Agrupamento de ativos lógicos que dividem os mesmos requerimentos de segurança.
   c) Agrupamento de ativos físicos e lógicos que dividem os mesmos requerimentos de segurança.
   d) Nenhuma das alternativas anteriores.

19. Um motivo pelos qual a rede de automação deve ser segmentada é que, no caso de uma infecção por malware:

   a) Ela se espalhará livremente por toda a rede de automação.
   b) Ela ficará retida na VLAN infectada e não se espalhará para o resto da rede.
   c) O malware será rapidamente identificado e limpo.

d) Nenhuma das alternativas anteriores.

20. São medidas relacionadas ao controle de malware:

   a) Uso de um IPS, uso de criptografia de mensagens e autenticação de usuários.

   b) Controles para segurança de portas USBs, uso de um software antimalware e aplicação de patches de segurança.

   c) Acesso físico controlado, uso de UPS e redundância de componentes.

   d) Dupla autenticação, backup de configurações de equipamentos e uso de IDS.

21. *Backdoor* é um código malicioso que:

   a) É parte de um programa de computador, normalmente malicioso, que se propaga inserindo cópias de si mesmo e se tornando parte de outros programas e arquivos.

   b) Permite o retorno de um invasor a um computador comprometido, por meio da inclusão de serviços criados ou modificados para este fim.

   c) É capaz de se propagar automaticamente pelas redes, enviando cópias de si mesmo de computador para computador.

   d) Além de executar as funções para as quais foi aparentemente projetado, também executa outras funções maliciosas, sem conhecimento do usuário.

22. Uma rede industrial está muito lenta. A causa dessa lentidão poderia ser rapidamente detectada se:

   a) O roteador estivesse na garantia.

   b) A rede fosse segmentada de forma adequada.

   c) Um IDS industrial estivesse monitorando o ambiente.

   d) O roteador fosse configurado como FIPS 140-2.

23. Qual é o conceito da arquitetura Zero Trust?

   a) Arquitetura de rede baseada em criptografia utilizando NGFW.
   b) Arquitetura baseada no princípio de "nunca confiar, sempre verificar".
   c) Arquitetura de rede projetada para confiar 100% na rede interna da empresa.
   d) Arquitetura de rede industrial baseada em desconfiar do que vem da internet.

24. Por conta da pandemia de COVID-19, uma empresa resolveu permitir o acesso remoto ao ambiente de automação. Recentemente, foram detectados acessos simultâneos de um mesmo usuário. Qual seria a forma mais eficiente de evitar essa situação?

   a) Trocar a senha de acesso do usuário afetado.
   b) Implementar duplo fator de autenticação.
   c) Encerrar uma das conexões do login simultâneo.
   d) Utilizar credenciais compartilhadas de acesso remoto.

25. O que melhor descreve autenticação por duplo fator?

   a) Algo que você sabe.
   b) Algo que você possui.
   c) Algo que você é.
   d) Uma combinação de duas das alternativas anteriores.

26. Qual alternativa NÃO é uma preocupação relativa ao acesso remoto à rede industrial?

   a) Uma sessão de acesso remoto válida estar sendo utilizada por um hacker.
   b) O computador usado no acesso remoto estar utilizando redes confiáveis.
   c) O computador usado para o acesso remoto estar livre de malware.

d) Todas as alternativas anteriores são preocupações válidas.

27. Obter verbalmente a senha de um funcionário é o resultado de:

    a) Engenharia social.
    b) Controles de autenticação fracos.
    c) Hacking do servidor de autenticação.
    d) Ataque por malware.

28. São tipos de autenticação por biometria:

    a) Token, reconhecimento da voz e impressão digital.
    b) Impressão digital, geometria da mão e reconhecimento da retina.
    c) Reconhecimento da íris, assinatura digital e reconhecimento da voz.
    d) Reconhecimento facial, token e impressão digital.

29. É o método biométrico mais utilizado por causa de seu custo reduzido:

    a) Impressão digital.
    b) Veias da mão.
    c) Íris.
    d) Retina.

30. A _____ garante que as mensagens trocadas em uma comunicação não tenham tido seu conteúdo alterado indevidamente.

    a) Disponibilidade
    b) Confidencialidade
    c) Integridade
    d) Autenticidade

MÓDULO 4

SEGURANÇA CIBERNÉTICA PARA A TRANSFORMAÇÃO DIGITAL

Conceitos apresentados neste capítulo

Infraestruturas críticas em todo o mundo estão adotando rapidamente modelos de negócios digitais que permitem responder de maneira ágil às demandas de consumidores, processar transações, viabilizar o *home office* e otimizar a produção, resultando em maior celeridade, produtividade, melhoria do resultado nos negócios e maior qualidade dos serviços.

A evidência do impacto potencial da transformação digital está ao nosso redor. De carros autônomos a cidades inteligentes, estamos vendo redes tradicionalmente separadas serem entrelaçadas de maneira considerável e usando "coisas" via internet, no conceito de IoT (Internet das Coisas). Como resultado, é possível fazer coisas como redirecionar o tráfego dinamicamente, controlar o uso de recursos críticos de infraestruturas de redes de água e energia, monitorar ativamente os serviços das cidades e responder de maneira mais eficiente a eventos de todos os tipos.

Empresas inteligentes estão fazendo o mesmo tipo de coisa. Para aumentar a eficiência e a lucratividade, os sistemas de controle industriais começaram a convergir com as redes de computadores e usar redes 5G para maior velocidade e conectividade.

CAPÍTULO 1

A DIGITALIZAÇÃO DAS INFRAESTRUTURAS CRÍTICAS

1.0 INTRODUÇÃO

Durante um longo tempo, os seres humanos pensaram em como tornar seus processos laborais mais simples, menos cansativos e mais otimizados. Conforme esse esforço se ampliou e passou a conquistar mais resultados, as relações humanas também seguiram esse caminho, como se uma esfera se refletisse na outra.

Ou seja, conforme as cidades cresceram e passaram a se comunicar, também os processos laborais e produtivos foram se transformando. Essa é a lógica das revoluções industriais. Elas foram possíveis devido a inúmeros fatores, entre eles, a intensificação das relações humanas entre cidades, a ampliação das necessidades humanas e, claro, o desenvolvimento tecnológico e econômico das indústrias.

Esse cenário é, de certo modo, subjacente também aos desenvolvimentos das comunicações realizadas por meio de computadores e outros dispositivos eletrônicos. A internet não foi apenas uma consequência dos progressos tecnológicos contemporâneos. Ela está atrelada a complexas questões políticas e econômicas que juntas a tornam a maior rede de comunicação de toda a história.

A consciência sobre isso é importante, porque também ajuda a explicar as novas noções que pairam tanto sobre os ambientes domésticos quanto os industriais. Essas noções refletem um fato que, sem as devidas explicações, pode soar estranho aos ouvidos: as coisas estão passando a se comunicar. Em outras palavras, os objetos começaram a receber e a transmitir dados com funções precisas.

São essas transformações em diversas esferas das sociedades contemporâneas que possibilitam compreender a história por meio de um novo momento: a Quarta Revolução Industrial, também chamada de Indústria 4.0.

1.1 IOT — INTERNET DAS COISAS

A sigla IoT significa *Internet of Things* ou, em português, Internet das Coisas. Basicamente, ela se refere a uma interconexão digital cada vez maior entre a internet e os objetos comuns das pessoas. Ou seja, as coisas cotidianas passaram a adquirir funções de conectividade que as impulsionaram para o mundo digital.

Desse modo, podem-se ligar ou apagar as luzes de um dormitório, por exemplo, por meio de um smartphone conectado via internet à rede elétrica de uma casa. Os exemplos poderiam ser muitos, já que, no limite, a Internet das Coisas é uma rede de objetos físicos conectados à internet que funcionam de modo parecido com as redes de computadores. Isto é, ela é capaz de coletar e transmitir dados, obedecendo a determinados comandos e se integrando com as próprias redes de T.I. e de T.O.

Isso tudo é permitido graças a tecnologias como o Wi-Fi, que descarta a necessidade de fios e impede que um ambiente doméstico tenha uma vasta gama de conexões físicas. Mas também impõe a necessidade de novos avanços.

A Internet das Coisas, junto da intensificação das conexões de computadores, exigiu, assim, que esse protocolo fosse alterado do IPv4 para o IPv6, a fim de fornecer uma maior quantidade de endereços virtuais para as coisas (os endereços IPv4 encerraram sua disponibilidade em 2020). Por conseguinte, essas novas possibilidades que surgem apresentam novos riscos e representam grandes desafios de segurança cibernética.

1.2 IIOT — INTERNET DAS COISAS INDUSTRIAIS

A sigla IIoT significa *Industrial Internet of Things* ou, em português, Internet das Coisas Industriais. Esse conceito segue a mesma lógica do IoT, mas com uma diferença importante de ambiente. Ele se concentra na interconectividade das coisas em ambientes industriais.

Ou seja, o IIoT se refere aos sensores, instrumentos e outros dispositivos conectados em rede com aplicações industriais como manufatura, gerenciamento de energia e outros. Essa conectividade permite a coleta, a troca e a análise de dados, proporcionando melhorias em produtividade e eficiência, além de outros benefícios econômicos.

Figura 90 — IIoT (Industrial Internet of Things)

A Figura 90 mostra alguns robôs colaborativos usados no processo de fabricação. Atualmente, isso é muito comum em indústrias modernas. A IIoT encontra-se em fábricas de automóveis, de remédios e em muitos outros processos produtivos. Ela permite maior automação usando a computação em nuvem para refinar e otimizar os controles de processos.

Com isso, a IIoT interliga todos os maquinários e, assim, permite aos gestores, uma visão ampla e de forma antecipada sobre qualquer sinal mínimo de perda de produtividade ou de falhas em processos operativos. Isso não apenas auxilia na produção, como também pode intensificar a segurança cibernética, desde que haja procedimentos e estratégias adequadas para isso.

1.3 SISTEMAS CIBERFÍSICOS

Os sistemas ciberfísicos são, como o nome diz, uma interação entre ambientes cibernéticos e físicos em que os seres humanos vivem e interagem entre si e entre seus dispositivos eletrônicos.

Para se compreender a noção de Indústria 4.0, é preciso, antes, compreender o que significam os sistemas ciberfísicos, como eles se estabelecem em nosso cotidiano e quais são os ganhos que tais sistemas trazem consigo.

Os sistemas ciberfísicos são compostos por dispositivos e elementos computacionais que controlam dispositivos e elementos físicos. Esse sistema funciona sobre um ciclo de digitalização das informações, análise e visualização de dados e aplicação de melhorias. É justamente esse ciclo que permite a interação entre as partes físicas e as partes digitais que compõem o sistema como um todo.

Imagine uma indústria: seus equipamentos de chão de fábrica representam a parte física, ou seja, os sensores, os maquinários e outros dispositivos. Quando esses equipamentos começam a ser digitalizados em seus controles, funções e transmissões de dados, inicia-se o processo de IIoT. Os dados desse sistema trafegam em nuvem e consumam a Internet das Coisas Industriais.

Esse é o momento atual. Uma transformação digital constante em que as indústrias passam a integrar, cada vez mais, as redes mundiais de comunicação, transformando seus dados em ativos digitais locados na nuvem. Esse ciclo está ilustrado na Figura 91.

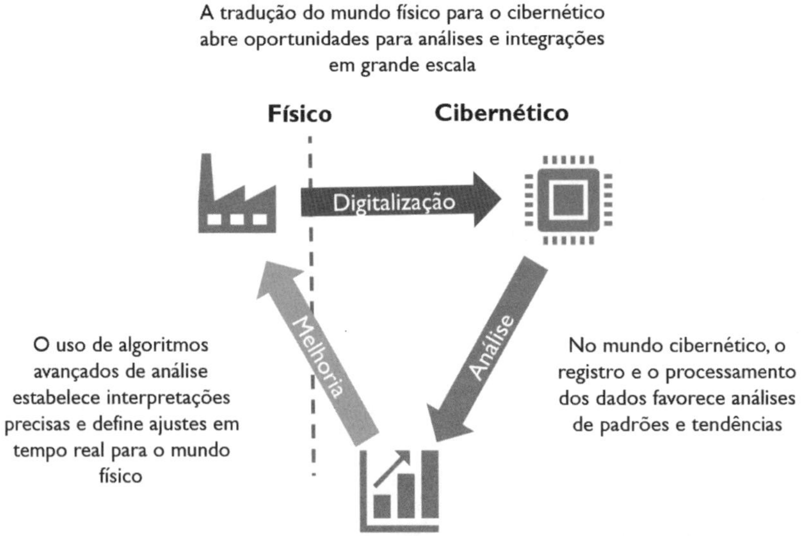

FIGURA 91 — Ciclo de um sistema ciberfísico

Ou seja, as informações são constantemente capturadas no mundo físico, a fim de criar registros da operação e de seus suprimentos nos ambientes virtuais.

Em seguida, esses dados passam por análises bastante complexas e avançadas das operações, em tempo real. Por fim, processos automatizados por algoritmos computacionais utilizam tais análises para implementar melhorias nas redes de automação e traduzir decisões e ações do próprio mundo digital.

Com isso, aumenta-se radicalmente o tamanho das bases de dados, chamadas de Big Data, que, por sua vez, aprimoram as próprias análises e melhorias realizadas nas indústrias. Pode-se, dessa forma, verificar como produzir mais sem investir em mais equipamentos, como melhorar a qualidade do que está sendo produzido, como aperfeiçoar os processos de produção de acordo com as demandas dos clientes etc.

Esse é um ciclo que se repete infinitamente. Esse processo ilustra a chamada "transformação digital", cujo contexto é a parte principal da Indústria 4.0.

1.4 INDÚSTRIA 4.0 — NOVA REALIDADE, NOVOS RISCOS

A Indústria 4.0 efetiva a convergência das tecnologias da informação (T.I.), automação (T.A.) e operação (T.O.) com a IoT.

Essas novas relações trazem, consequentemente, novos conceitos e horizontes para os ambientes industriais, como:

- A integração total de dispositivos com o uso de novos protocolos de comunicação;
- O uso de sensores e instrumentos inteligentes;
- A tecnologia da impressão 3D;
- Robôs colaborativos mais leves, sensitivos, seguros e flexíveis;
- A mineração e o processamento de dados em alta escala (Big Data) e da Inteligência Artificial;
- A gestão de ativos de automação;
- O uso intensivo de comunicação via redes digitais, físicas, wireless e outras tecnologias atuais.

A nova pirâmide de automação

Como foi visto nos capítulos anteriores, a pirâmide de automação até a Indústria 3.0 seguia um modelo hierárquico e rígido. A partir da Indústria 4.0, essa pirâmide foi totalmente transformada. Ela sofreu uma transição, porque, apesar do chão de fábrica permanecer aproximadamente o mesmo, os níveis acima e suas relações mudaram completamente.

A divisão nítida que existia antes entre as camadas passa a se tornar um pouco mais misturada. Os sistemas de controle e monitoramento podem agora estar alocados em nuvens e virtualizados. Com isso, eles podem estar em vários locais que não eram previstos no modelo antigo da pirâmide de automação. Isso significa que a arquitetura de redes é, atualmente, mista, abarcando tanto o chão de fábrica quanto o upload de dados em *clouds* específicas de análise e de inteligência (Figura 92).

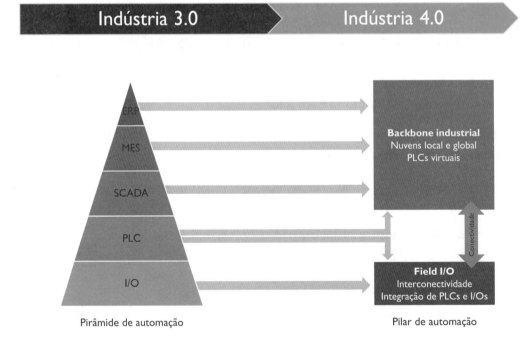

Figura 92 — Arquitetura da Indústria 4.0

Após serem armazenados e analisados na nuvem, os dados voltam para o chão de fábrica. Toda essa combinação de novos componentes em uma nova arquitetura cria sistemas bastante complexos do ponto de vista da segurança cibernética, já que a proteção não atua mais em camadas bem delimitadas.

Indústria 4.0 — nova realidade e novos riscos

A Indústria 4.0 é uma nova realidade, inescapável e cada vez mais frequente no cotidiano das empresas. No entanto, seus novos componentes e suas formas de atuação e conexão constituem novos riscos. Ataques cibernéticos, roubo e fraude de dados, ruptura de infraestruturas críticas e outras consequências adversas dos avanços tecnológicos são apenas alguns dos riscos possíveis que inexistiam há algumas décadas (Figura 93).

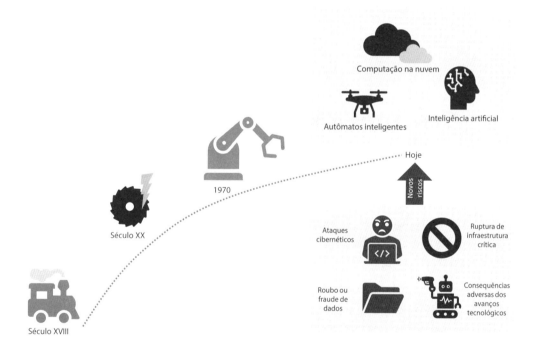

Figura 93 — Novos riscos trazidos com a Indústria 4.0

Conceitos apresentados neste capítulo

Neste capítulo será abordada a importância da segurança em robôs colaborativos, comumente encontrados em indústrias de manufatura.

Será apresentado como a segurança cibernética na robótica precisa ser aplicada em toda a cadeia de suprimentos da indústria para evitar que ataques aos fornecedores comprometam ou interrompam diretamente a produção.

Além disso, os robôs podem, quando comprometidos por ataques, se transformar em um perigo real tanto para seus proprietários quanto para terceiros em áreas sensíveis, como é o caso da saúde, da segurança e das forças armadas, o que justifica ainda mais a importância da segurança cibernética na robótica.

CAPÍTULO 2

IIOT — O IOT NA MANUFATURA

2.0 INTRODUÇÃO

Apesar de parecer uma ideia tecnologicamente avançada, a invenção humana de coisas e criaturas com autonomia é bastante antiga. Leonardo da Vinci já tinha projetos de humanoides autônomos; Jacques de Vaucanson criou, em 1738, um pato mecânico que simulava comer, digerir e defecar; e o romance *Frankenstein*, de 1818, escrito por Mary Shelley, inaugurou a ficção científica por meio da utilização da tecnologia para a criação de seres autônomos.

A palavra "robô" tem origem tcheca, e um de seus significados possíveis é "autômato artificial". Seu objetivo principal é, em teoria, ocupar determinadas tarefas para que os seres humanos possam realizar outros trabalhos mais criativos ou utilizar seu tempo em descanso e entretenimento.

Essa ideia já existia tempos antes. A partir da Revolução Industrial, já se almejava avidamente o lucro ao substituir os trabalhadores humanos por máquinas, a fim de reduzir os gastos com salários. Nesse período, o maquinário era cada vez mais desenvolvido tecnologicamente.

Uma das características principais da Revolução Industrial está ligada à máquina de vapor e outras tecnologias desenvolvidas na época destinadas à produção. Com o tempo, a Segunda Revolução Industrial passou a organizar a linha de produção por meio de conceitos como o fordismo e outras concepções. Os robôs se encontram em parte desse progresso, sendo um dos protagonistas da Terceira Revolução Industrial.

2.1 ROBÔS INDUSTRIAIS E COLABORATIVOS

O robô industrial é conhecido por seus movimentos repetitivos utilizados em linhas de produção que exigem esforços brutos. Apesar de serem grandes e pesadas, essas máquinas não diminuem sua velocidade, nunca cometem erros e não precisam de um tempo livre para descanso.

Por outro lado, esses robôs têm pouca flexibilidade, o que exige reprogramações e reformulações complexas e demoradas a cada nova tarefa. Eles são adequados para processos com alto volume e velocidade de trabalho cujos produtos não exigem, por ano, nenhum tipo de alteração, como é o caso da soldagem de chassis automotivos (GARCÍA, 2018, p. 30).

Os robôs colaborativos, conhecidos como *cobots*, também são utilizados industrialmente, porém eles realizam colaboração direta com os seres humanos. Eles têm, por exemplo, sensores em seus braços robóticos para a detecção de pessoas ao seu redor, a fim de protegê-las, diminuindo ou alterando seus movimentos.

Apesar de isso sugerir a interação entre homens e máquinas, em alguns contextos, os robôs não podem operar sem enclausuramento. Em outros casos, eles são configurados para limitar suas forças e, de fato, colaborar os trabalhos humanos sem que existam tantos riscos.

2.2 USO DE ROBÔS NA MANUFATURA

A utilização de máquinas para a produção econômica existe, pelo menos, desde a Revolução Industrial. No entanto, a criação e o uso dos robôs dentro da manufatura ganharam força há aproximadamente 50 anos. Nesse tempo, a tecnologia robótica avançou incrivelmente, se estendendo por diversos ramos da indústria e possibilitando a utilização de robôs para diversos tipos de trabalho: delicados e brutos, repetitivos e criativos, entediantes e perigosos etc.

Em 2018, a venda de robôs industriais no mundo bateu recorde, chegando a R$16,5 bilhões, com 422 mil unidades vendidas. Estima-se que até 2022 o mercado robótico cresça 12% ao ano. Como se fosse uma nova revolução, o setor industrial se torna cada vez mais rápido, flexível e eficiente com a utilização de Inteligência Artificial, impressoras 3D e até cérebros eletrônicos.

Uma análise em 280 empresas feita pelo departamento de comércio e competitividade mostrou uma taxa de crescimento médio de 20% para uso de robótica nas fábricas, serviços e mercados médicos, com uma taxa de crescimento de 62%, em média, nos mercados de cuidados de saúde e de idosos. No Brasil, projeta-se um crescimento de 75% dos robôs utilizados nas linhas de montagem até o final de 2021.

2.3 VULNERABILIDADES EM IIOT

Quando se fala em IIoT, afirma-se um conceito em que equipamentos novos são inseridos em infraestruturas críticas que já existem e, por muitas vezes, com equipamentos tecnologicamente defasados. No entanto, esses equipamentos novos nem sempre são seguros. Na verdade, na maioria das vezes, eles não são (GARCÍA, 2018, p. 115).

A base do IIoT são os dispositivos que têm sistemas embarcados para seu controle. Um sistema embarcado é um sistema de computação projetado para funções dedicadas que consistem em uma combinação de hardware, software e, opcionalmente, peças mecânicas.

Os robôs são, por exemplo, um tipo de sistema embarcado suscetível aos mesmos tipos de ataques cibernéticos que afetam outros sistemas embarcados. Considerando as seguintes camadas na arquitetura de sistemas embarcados (hardware, firmware/SO e aplicação), podem-se explorar suas respectivas vulnerabilidades.

- Vulnerabilidades em hardware

    Sistemas embarcados são vulneráveis a ataques de hardware, tanto durante o processo de fabricação quanto em seu uso. Algumas formas comuns de ataques são *backdoors* de hardware, *trojans* de hardware, espionagem, injeção de falhas e modificação de hardware.

    Tal como acontece com outros sistemas embarcados, os robôs são produzidos em massa para reduzir custos. Isso dá aos invasores a oportunidade de fazer engenharia reversa de seus componentes e possivelmente adicionar *trojans* de hardware durante o processo de fabricação.

    Os invasores também podem adicionar chaves de desligamento ou *backdoors* em nível de hardware para obter acesso ao robô enquanto estiver em uso, ou então atacá-los durante um processo de manutenção.

- Vulnerabilidades em firmware/SO

    Na maioria dos sistemas embarcados, o código do firmware é armazenado em uma memória *flash* para permitir as atualizações do sistema operacional remotamente por meio de uma conexão com a internet. Essa capacidade de atualizar firmware, drivers de dispositivos e sistema operacional fornece amplas oportunidades para ataques.

    Sistemas embarcados com um sistema operacional também são suscetíveis a ataques por meio da exploração de vulnerabilidades conhecidas. O sistema operacional Linux tem sido usado em muitos dispositivos e mostrou-se vulnerável a ataques de negação de serviço, execução de código arbitrário e acesso em nível de raiz ao sistema. Os robôs são vulneráveis tanto a ataques por atualizações como por vulnerabilidades de SO.

- Vulnerabilidades em aplicações

    Os sistemas embarcados também contêm software para executar as tarefas para as quais foram projetados. Alguns métodos de ataque comuns no nível de aplicação são vírus, *worms*, *trojans* de software e *buffer overflow*. Robôs podem ter esse mesmo tipo de vulnerabilidade de aplicação por meio do uso de interfaces de operações mal escritas e códigos sem as devidas verificações de segurança.

A interação entre seres humanos e máquinas sempre impõe riscos inerentes à vida. Apesar de todas as recomendações e medidas de segurança dos sensores dos robôs colaborativos, qualquer movimento milimetricamente diferente ou configuração errada pode significar uma ameaça física aos seres humanos e/ou uma perda financeira.

Isso pode acontecer não apenas por acidentes devido a falhas em projetos e configurações, mas deliberadamente, por meio de ações maliciosas de terceiros. Ataques hackers podem, por exemplo, realizar reconfigurações nos sistemas robóticos para que a linha de produção seja afetada, gerando imensos prejuízos para determinada empresa. Podem, também, mobilizar os robôs para atacar os seres humanos, sobretudo aqueles presentes em tarefas sensíveis na área da saúde e na área militar.

Apesar de esse cenário parecer distante, em 2018, uma experiência foi realizada. Pesquisadores da Universidade Brown, nos Estados Unidos, modificaram o robô humanoide Herb2 para saudar seus criadores com a frase: "*Hello from the hackers*". Parece uma história boba, mas tais robôs podem ser reprogramados para realizar movimentos bruscos, gravar e espionar seus donos e até revelar detalhes de algum produto secreto.

Muitas vezes, a segurança cibernética na robótica tem uma baixa prioridade em relação aos investimentos da empresa. No entanto, devido à interação direta com os seres humanos, essa área deveria ser considerada sensível e receber, consequentemente, mais atenção em sua segurança do que outros sistemas embarcados.

Embora represente um avanço tecnológico incrível, sistemas robóticos são bastante susceptíveis a ataques cibernéticos, pois têm interface de operação e comunicação bastante vulneráveis.

Mas, afinal, como é a segurança cibernética dentro da robótica? Como um ataque poderia atingir um robô colaborativo?

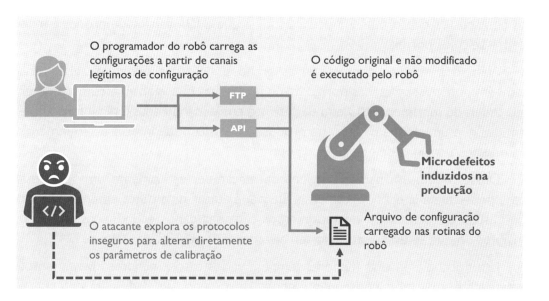

Figura 94 — Ataque na comunicação entre o programador e o robô

De certo modo, é muito simples. A Figura 94 descreve um possível ataque.

Os robôs colaborativos têm endereços IP dentro da rede de automação e são controlados por uma estação que está configurada nessa mesma rede. Essa comunicação entre a máquina controladora e o robô não tem qualquer tipo de segurança e está sujeita a ataques por DoS (negação de serviço), *man-in-the-middle* (interceptação/alteração de pacotes), entre outros. Esses ataques podem causar desde a paralisação do serviço do robô até a alteração do modo de operação robótico normal.

2.4 ATAQUES À CADEIA DE SUPRIMENTOS DAS INDÚSTRIAS

Além dos riscos físicos inerentes aos braços robóticos, a indústria de manufatura é extremamente baseada no controle operacional via computadores. Desse modo, ela é bastante suscetível a ataques de *ransomware* como o WannaCry, como já foi falado nos módulos anteriores.

Entre as milhares de empresas afetadas por esse ataque estava a fábrica da Honda no Japão, que foi obrigada a suspender sua produção, pois o WannaCry havia criptografado uma série de computadores de controle dos braços robóticos de sua fábrica. Apesar de a empresa não ter revelado o prejuízo, pode-se imaginar os altos custos que o *ransomware* causou, já que a fábrica afetada produzia mais de mil veículos por dia.

Além dos ataques diretos que as grandes indústrias podem receber, elas também podem ser afetadas por conta de problemas que venham a comprometer sua cadeia de suprimentos. O entrelaçamento entre as indústrias é tão intenso hoje em dia, que um ataque na linha de produção de uma pode interferir diretamente na operação da linha de produção da outra.

Desse modo, um hacker não precisa atacar necessariamente uma empresa para poder afetá-la economicamente. Ele pode atacar uma outra empresa menor que esteja em sua cadeia de suprimentos e causar danos econômicos iguais ou maiores do que se tivesse atacado seu alvo primário (GARCÍA, 2018, p. 71).

Isso porque empresas menores têm, em vários casos, menores investimentos em segurança digital e, consequentemente, uma menor agilidade para detectar e resolver problemas complexos nessa área.

Por exemplo, uma indústria de automóveis utiliza uma série de componentes de outras fábricas para poder montar seus carros. Se ela ficar sem receber um volante, não conseguirá terminar seu produto, e, com isso, sua produção será interrompida.

Isso aconteceu em 2018 com uma empresa de *chips* chamada TSMC. Sua fábrica fica em Hong Kong e é pouco conhecida. Quando o WannaCry contaminou, porém, vários de seus computadores de controle, ela foi obrigada a paralisar sua produção. Como consequência, também parou a produção de um chip que é o coração dos celulares Iphones da Apple.

2.5 ATAQUES A ROBÔS USADOS EM ÁREAS SENSÍVEIS

Além da produção industrial, os robôs também são utilizados em áreas consideradas sensíveis, entre elas as áreas da saúde e militar. Existem diversos veículos autônomos controlados a distância na área militar que podem representar uma ameaça tanto aos inimigos quanto, se comprometidos por ataques de hackers, aos seus proprietários. Imaginem se um robô militar, portando uma arma letal, pudesse ser subvertido. E se um ataque cibernético fosse capaz de controlar os movimentos e os disparos dele? O atacante poderia fazer com que esse robô matasse o próprio exército que o desenvolveu.

Algo semelhante poderia acontecer com um drone. Hoje em dia, vários ataques militares são realizados por veículos aéreos não tripulados (VANT). O que poderia acontecer se eles fossem subvertidos? O ataque óbvio seria entregar uma carga armada para algum alvo errado, resultando em ferimentos e perdas de vidas civis e/ou militares. Mas os drones poderiam também reportar informações e coordenadas incorretas a fim de enviar ataques direcionados a aliados ou a inocentes.

Outros acontecimentos demonstram que tais perigos estão mais próximos de nosso cotidiano do que parece. No dia 7 de maio de 2016, por exemplo, um Tesla Modelo S em modo "piloto automático" se envolveu em um acidente após seus sensores não reconhecerem um caminhão que cruzava a rodovia, o que causou a morte do motorista.

Outras áreas também podem representar um perigo direto à vida humana. O uso de máquinas automatizadas na saúde é cada vez mais frequente. Robôs são usados para cuidar de idosos e para ministrar remédios em doses e horas corretas, por exemplo. Não é difícil imaginar que, se comprometidos, eles poderiam facilmente dar doses erradas para os pacientes, colocando-os em risco de morte.

2.6 SEGURANÇA CIBERNÉTICA NA ROBÓTICA

As contramedidas de segurança cibernética para robôs são divididas em três grupos: incorporadas no hardware em tempo de fabricação, incorporadas no software do robô e implementadas em nível de aplicação, apresentadas a seguir:

Incorporadas no hardware

No estágio de produção, os fabricantes devem:

- Empregar processos de segurança para limitar o acesso a matérias confidenciais.
- Validar os fornecedores para garantir que os componentes eletrônicos fornecidos não tenham sido comprometidos ou infectados.
- Incluir mecanismos de isolamento entre núcleos IP e soluções de detecção de carga útil entre outras estratégias.

Incorporadas no software

- Sugere-se que os fabricantes de robôs adotem um sistema operacional padronizado comum. Por meio da padronização, os fabricantes de dispositivos IIoT poderiam supervisionar as plataformas e ser responsáveis por proteger o sistema operacional, reportar problemas de segurança e liberar atualizações.

Implementadas na aplicação

- Os fabricantes precisam focar o desenvolvimento de aplicações de controle seguras.
- As considerações de segurança cibernética devem ser proeminentes no design e no desenvolvimento das aplicações.
- Os desenvolvedores devem programar e testar seus códigos com a segurança em mente, dando especial atenção às vulnerabilidades utilizadas em ataques cibernéticos.

- O protocolo de comunicação entre robô e a aplicação de controle deve ser seguro e criptografado.

Conceitos apresentados neste capítulo

Este capítulo demonstra a importância do IoT aplicado ao segmento de energia elétrica, o IoE (*Internet of Energy*).

Com a evolução tecnológica, as redes de energia evoluíram para o estágio de digitalização de dados, com a utilização de subestações completamente digitais, controle e manutenção remota de seus processos, geração de energia limpa, uso de carros elétricos, entre várias outras melhorias.

No entanto, esse progresso também abriu novos horizontes para que hackers ataquem as infraestruturas críticas de geração, transmissão e distribuição de energia, afetando toda a sociedade.

CAPÍTULO 3

IOE — O IOT EM ENERGIA

3.0 INTRODUÇÃO

As conexões realizadas somente por meio de computadores e dispositivos eletrônicos bastante específicos se generalizaram no século XXI. Com a Internet das Coisas (IoT), objetos simples do cotidiano de residências e de empresas passaram a transmitir e receber dados, demonstrando a potência e abrangência que as redes de informações podem atingir.

Dentro das indústrias, esse processo também acontece em um ritmo cada vez maior. Dispositivos presentes no chão de fábrica, como sensores, passaram a se conectar por meio de redes com e sem fio e a transmitir seus dados em tempo real. Também passaram a receber comandos e executar tarefas remotamente.

No setor energético, essa realidade não apenas está plenamente presente, como também tem uma função ainda mais especial.

Isso porque as redes de energia são as responsáveis pelo funcionamento de todas as outras infraestruturas críticas. Ou seja, a eletricidade está muito atrelada aos processos das sociedades contemporâneas e é primordial para todos os setores de produção. Por isso também, as redes de energia merecem um olhar mais atento sobre as questões de segurança que perpassam seus processos (GARCÍA, 2018, p. 65).

3.1 IOE — IOT EM REDES DE ENERGIA

As redes de energia têm uma longa história de desenvolvimentos tecnológicos, sendo considerado que, atualmente, está em sua terceira geração. Em seus primórdios, a energia elétrica era composta por sistemas em corrente contínua, com cabeamento padrão. Essa primeira geração atendia áreas pequenas de cidades como Nova York.

Em seguida, surgiu a segunda geração de redes de energia com a mudança para a corrente alternada. Nesse estágio, a geração de energia ocorria de modo remoto. Ou seja, a energia era transmitida a determinados centros por meio de postes e cabos aéreos. Devido a alguns problemas, algumas empresas decidiram passar seus cabos pelo subsolo. Essa segunda geração se iniciou, aproximadamente, em 1895, e se mantém até hoje nos grandes centros urbanos.

Com a terceira geração, as redes de energia passaram a se integrar com tecnologias digitais de modo intenso, e começou a fazer parte de seu cotidiano o uso de sensoriamentos e operações remotas, de tecnologia de informação, de telecomunicações, além de outros equipamentos digitais.

Com isso, houve também um crescimento significativo na qualidade e na quantidade de informações armazenadas e tratadas, inclusive em relação aos incidentes e ao desempenho da rede. Mas também houve um aumento da preocupação em relação à segurança cibernética com equipamentos e arquiteturas mais sofisticadas.

IoE é a sigla para Internet de Energia (em inglês, *Internet of Energy*) e se refere à modernização e à automatização de infraestruturas de eletricidade, incorporando as novas funcionalidades do IoT.

Um exemplo da IoE inclui a utilização de sensores inteligentes, bastante comuns entre outras aplicações da tecnologia IoT. Isso permite mecânicas mais facilitadas pela IoE como o monitoramento de energia, o armazenamento distribuído e a integração de energias renováveis.

Desse modo, é possível ter uma série de aparelhos trabalhando de modo mais autônomo, como eletrodomésticos, carros e outras coisas comuns em nosso cotidiano (GARCÍA, 2018, p. 65). Todos esses objetos passam a atuar em rede e se integrar às redes de energia. Com o IoE, os dados das redes de energia passam a ser digitalizados para otimizar seus processos e aumentar a eficiência e produtividade.

Além disso, o IoE possibilita também antecipar riscos e falhas, resultando em decisões mais inteligentes. Esse é um processo pelo qual grande parte das empresas de energia, seja de geração, transmissão ou distribuição, está passando neste momento. A digitalização permite, assim, a integração de diferentes fontes de energia renováveis em uma malha energética única e interligada, capaz de suprir de forma sustentável as diversas demandas de cidades e de indústrias.

A IoE permite o surgimento de algumas novidades bastante interessantes e inseridas dentro de redes de energia, como os postes inteligentes. São postes de iluminação multifuncionais que podem agregar diversos serviços. Onde antes existia apenas um poste de iluminação, agora são incorporadas novas funções, como o controle dos semáforos, a sinalização de rua, tomadas elétricas, decorações festivas, CCTV, equipamento de segurança, conexões Wi-Fi, estações de carregamento para veículos elétricos etc.

Os Medidores Inteligentes (Smart Meters) são dispositivos eletrônicos que gravam o consumo de energia elétrica e comunicam a informação à empresa distribuidora de energia para fins de monitoramento e tarifação (GARCÍA, 2018, p. 75). Eles gravam a energia a cada hora, ou em intervalos menores, e enviam essas informações ao menos uma vez ao dia para a empresa distribuidora de energia.

Eles permitem a comunicação de duplo sentido entre o medidor e o sistema central na empresa de energia. Essa comunicação entre o medidor e a rede pode ser, por sua vez, sem fio ou por cabeamento fixo, como PLC (Power Line Carrier).

Comunicações sem fio podem ser feitas por celulares, Wi-Fi, redes sem fio *ad hoc* sobre Wi-Fi, redes *mesh*, redes LORA (Low Power Long Range) sem fio, ZigBee e WiSUN (Smart Utility Networks). Em suma, os Smart Meters compõem uma infraestrutura de medição avançada (AMI).

Além disso, os medidores inteligentes aceitam o envio de comandos. Por exemplo, uma família pretende viajar e ficar duas semanas fora de casa. Neste caso, ela poderá acessar a página web da empresa de distribuição de energia e solicitar o corte no abastecimento durante o tempo em que ficarão ausentes. A empresa enviará, então, um comando para o Smart Meter da residência, desligando a energia pelo período solicitado. Quando a família retornar, a energia será religada sem a necessidade de deslocamento de funcionários ao local.

Esse exemplo mostra bem um dos recursos de uma rede inteligente de energia, que aproveita melhor os recursos, enviando mais energia para as regiões que demandam um maior fornecimento e reduzindo o fornecimento para as regiões mais econômicas.

Outro bom exemplo para uma rede inteligente de energia é o mecanismo de autorrestauração. A autorrestauração (*self healing*) do sistema de entrega de energia é um conceito que possibilita a identificação e o isolamento dos componentes com faltas no sistema e a restauração do serviço de fornecimento do consumidor por elementos "saudáveis". Essa atividade pode ser conduzida com pequena ou nenhuma intervenção humana.

Seu objetivo é minimizar as interrupções de serviço e evitar a deterioração da confiabilidade do sistema. A autorrestauração do sistema de distribuição de energia é conduzida via automação da distribuição, especificamente por meio de proteção inteligente e de dispositivos de chaveamento, que minimizam o número de interrupções do consumidor durante uma condição de contingência pela ação do isolamento automático do componente defeituoso (falha). Além disso, transferem o consumidor (sua carga) para uma fonte ativa quando seu fornecimento normal é perdido.

Com isso, caso haja um uma perda de energia mais regional, como em um bairro ou em um quarteirão, os demais bairros e localidades não serão afetados. O sistema de autorrestauração será capaz de perceber a falha e abastecer alternativa-mente as casas que ficaram sem energia. Isso é algo que já está sendo desenvolvido em diversos países, inclusive no Brasil, e que depende muito do processo de digi-talização das redes de energia.

Subestações inteligentes

A digitalização de subestações de energia elétrica segue o padrão IEC 61850. Dentro desse padrão existe um protocolo de troca de mensagens que é chamado de GOOSE. Ele é responsável por comunicar aos IEDs quais são suas funções em determinados contextos.

A digitalização converte dados provenientes de equipamentos primários na subestação — como transformadores de corrente, transformadores de tensão, disjuntores, chaves e transformadores de potência — para proteções digitais por valores de amostra e mensagens GOOSE.

Todos os sinais são transmitidos por meio de fibra ótica, eliminando completamente o uso de cabos metálicos e reduzindo o risco de acidentes fatais causados por choques elétricos e circuitos abertos em transformadores de corrente, o que reduz os custos de infraestrutura e de manutenção nas subestações.

Se por um lado a utilização de fibra ótica é um grande avanço em tecnologia, por outro ela também abre um risco à segurança bastante perigoso. Caso esse sistema falhe, não existe a possibilidade de "religar" a luz da forma antiga, com o acionamento das equipes de campo. Nesse novo cenário digital, todos os relés e equipamentos de controle são baseados em sistemas computacionais expostos a uma enorme gama de ataques cibernéticos. Para que o sistema seja restabelecido, é necessário antes realizar seu diagnóstico e reativar os sistemas atacados, o que pode causar um atraso considerável na normalização dos processos das subestações.

3.2 ATAQUES CIBERNÉTICOS EM IOE

Os avanços digitais sempre são uma faca de dois gumes. Se por um lado trazem imensas melhorias que, depois de implementadas, demonstram avanços no desempenho, produtividade, qualidade etc., por outro, criam novas vulnerabilidades que podem ser exploradas por atacantes, impulsionando a segurança cibernética para um patamar de constante alerta e vigia.

A seguir, apresentaremos de forma sucinta alguns ataques diretos ao IoE.

O ataque MadIoT

A sigla MadIoT significa *Manipulation of Demand*. Esse ataque é baseado na manipulação da demanda de energia e consiste na formação de uma *botnet* de dispositivos de alta potência, tais como fogões elétricos, fornos de micro-ondas, torradeiras e outros.

As IoT *botnets* são controladas por um atacante externo que realiza atividades de ligamento e desligamento síncronos de grandes quantidades de equipamentos (KARUPPAYAH, 2018). Esse tipo de atividade leva ao desligamento da rede de energia de uma casa ou de regiões inteiras, dependendo do porte do ataque.

Quando centenas de milhares de equipamentos desse tipo trabalham ligando e desligando ao mesmo tempo em uma rede de energia, provocam-se picos de consumo. Esses picos de consumo causam, por muitas vezes, o desligamento dessa rede de energia, provocando blecaute. Esse tipo de ataque já foi documentado fora do Brasil, onde existem Smart Grids mais avançadas.

Ataques a IEDs que exploram o protocolo GOOSE

O padrão IEC 61850 fornece um modelo e regras para organizar os dados de uma maneira consistente por meio de todos os tipos de IEDs. O GOOSE (Generic Object Oriented Substation Events) é um protocolo de mensagens que faz parte do padrão IEC 61850 e encapsula dados lógicos e analógicos como o status de desligadores, de intertravamentos, de alarmes gerais e de temperatura de transformadores de energia que são transmitidos em pacotes ethernet.

Desse modo, um malware pode ser criado para capturar, alterar e reinjetar mensagens GOOSE na rede. Ele pode explorar brechas de segurança no protocolo de mensagens, atacando a malha energética e causando a interrupção dos serviços. Esse ataque usa um *exploit* GOOSE via *spoofing*, onde um atacante publica falsos pacotes em Camada 2. Os IEDs que recebem esses pacotes acreditam erroneamente, por sua vez, que estão recebendo pacotes válidos e enviados por uma entidade segura e confiável.

Esse ataque é possível pois não existe criptografia e autenticação nas mensagens GOOSE. Além disso, também são explorados problemas de latência em dispositivos IED, pois o padrão IEC 61850 especifica um *delay* máximo de 4ms para mensagens GOOSE (Figura 95).

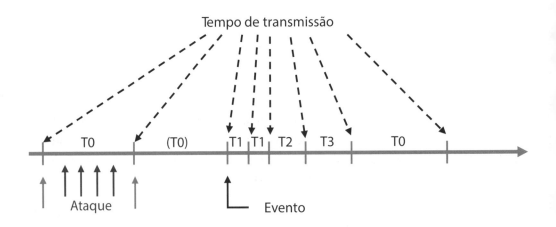

Figura 95 — Tempo de transmissão e ataque em GOOSE

Ataque cibernético às subestações de energia da Ucrânia (2015)

Em dezembro de 2015, foi realizado um ataque à malha energética da Ucrânia que ocasionou o desligamento de sessenta subestações de energia por até oito horas no país. Os operadores ficaram sem poder operar corretamente essas subestações até o dia 9 de janeiro de 2016, em um ataque que foi batizado de "*Black Energy*".

Esse ataque começou com os atacantes enviando um e-mail de *spear phishing* para os funcionários dentro da rede de T.I da empresa de energia da Ucrânia. Com isso, eles conseguiram roubar credenciais de acesso a sistemas desses usuários. Ou seja, roubaram usuários e senhas para poder acessar os sistemas como usuários válidos dentro dos controladores de domínio.

A partir desse ponto, realizaram um ataque por pivô para a rede de automação. Uma vez estando na rede de automação, eles enviaram comandos a partir dos sistemas de controle para abrir as chaves elétricas das subestações de energia da Ucrânia.

Além disso, os atacantes corromperam o firmware dos IEDs das subestações. Em outras palavras, eles acabaram com a operação normal dos IEDs e corromperam também as IHMs com malware. Desse modo, as subestações foram desligadas, e os operadores já não conseguiam mais visualizar o que realmente acontecia dentro das subestações.

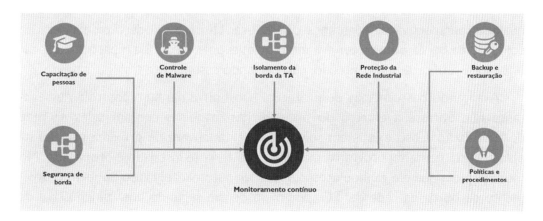

Figura 96 — Anatomia do ataque Black Energy

Pode-se pensar sobre o que poderia ter sido diferente caso o centro de controle de energia da Ucrânia tivesse segurança cibernética implementada. Como esse ataque poderia ter fracassado?

Caso as subestações ucranianas tivessem implementado controles de segurança em camadas, provavelmente esse ataque não teria tido sucesso. Vamos analisar as camadas que poderiam existir:

Primeiramente, na parte do ataque ao perímetro da rede, ao menos duas medidas saltam aos olhos (Figura 97).

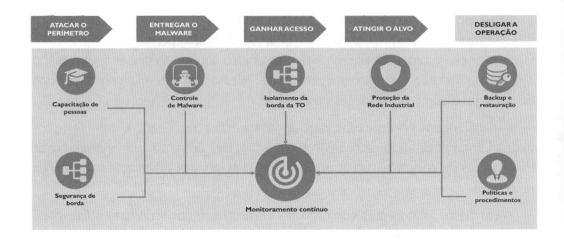

Figura 97 — Potenciais contramedidas contra o ataque Black Energy

Primeiro, a falta de capacitação e conscientização dos colaboradores das subestações para que não caíssem em um golpe de *phishing*. Outro ponto fundamental é a proteção de borda da internet com a rede de T.I., que é uma questão básica para qualquer perspectiva de segurança cibernética. Um firewall de próxima geração colocado na borda poderia ter evitado o ataque, pois ele abriria o pacote do *spear phishing* e verificaria seu conteúdo, não deixando esse pacote trafegar na rede.

Avançando nas camadas de proteção, não houve nenhum controle de segurança que evitasse a entrega do malware nas máquinas contaminadas na rede de automação. Caso existissem soluções de antimalware de próxima geração na planta, certamente tal programa malicioso não teria se instalado e propagado. No momento em que ele ganhou acesso à rede de automação, faltou também o isolamento da borda da rede de T.O. por meio de um segundo firewall industrial de próxima geração. Se houvesse outro firewall posicionado na borda da rede de T.O., provavelmente o ataque por pivô para a rede de automação teria sido evitado.

Em relação às alterações das variáveis de controle dos IEDs para poder desligar as chaves e cortar a energia das subestações, faltou proteção da rede industrial. Caso houvesse IDSs industriais capazes de detectar o ataque e as alterações nos *set points* das variáveis dos controladores, o ataque teria sido detectado logo em seu início, e uma pronta resposta ao incidente poderia amenizar e impedir a expansão do ataque para sessenta subestações.

Todas as contramedidas aqui apresentadas deveriam estar em funcionamento e continuamente monitoradas por um Security Operation Center. De qualquer modo, pode-se notar claramente que a infraestrutura estava repleta de vulnerabilidades que permitiram que o impacto do ataque fosse muito alto.

Caso nenhuma dessas estratégias de segurança fosse capaz de debelar o ataque, ainda assim, soluções de backup e de restauração seriam necessárias para que a operação voltasse o mais rápido possível. Também as políticas e os procedimentos de continuidade de negócios poderiam ser executados em uma sequência lógica para mitigar os danos e restaurar rapidamente a infraestrutura, minimizando os danos à população.

Conceitos apresentados neste capítulo

O armazenamento de dados na nuvem (*cloud*) é uma condição básica para a implementação do conceito de Indústria 4.0 nas empresas.

Alguns gestores acreditam que, ao contratar um serviço de *cloud* para o armazenamento, seus dados estarão automaticamente assegurados. Enganam-se. É importante que exista uma série de medidas cautelares para garantir a real segurança cibernética desses dados armazenados na nuvem. Somente assim a utilização de Big Data e *analytics* poderá ser realmente útil à empresa, sem representar novas vulnerabilidades a serem exploradas por hackers.

Entender quais são as ameaças existentes nas nuvens privadas e nos serviços de telecomunicações e, em seguida, aplicar contramedidas de segurança na comunicação entre o chão de fábrica e a nuvem é o tema deste capítulo.

CAPÍTULO 4

SEGURANÇA EM NUVEM

4.0 INTRODUÇÃO

O crescimento constante da quantidade de dados produzida pelos sistemas de controle levou as indústrias a um problema inédito: onde guardar tanta informação?

Os serviços em nuvem foram criados para resolver essa situação sem a ampliação física de hardware para armazenamento de dados nas redes.

Conhecida em inglês como *cloud computing*, a computação em nuvem é a disponibilidade de recursos computacionais, incluindo o armazenamento e a análise de dados para determinadas utilizações gerais e específicas. Ela não apenas aumenta o poder computacional de empresas e usuários comuns, como também aprimora a disponibilidade e a mobilidade em relação às informações acessadas. Com isso, serviços remotos passam a ser ainda mais frequentes, entrando em sintonia com as tendências da internet e do IoT.

A computação em nuvem tem características importantes. Ela pode ser modelada conforme os objetivos específicos, porém apresenta sempre bastante elasticidade e amplo acesso à rede. Graças a isso, é possível construir imensos bancos de dados de um modo organizado. Essa organização permite compreender os dados conforme as necessidades de cada segmento da indústria.

4.1 BIG DATA E *ANALYTICS*

Como o nome diz, Big Data é o conceito relacionado com o armazenamento de enormes quantidades de dados. No entanto, esse conceito não se restringe apenas ao armazenamento. Na realidade, o Big Data se constitui como um conjunto de fatores diretamente ligados a tais dados. Ele envolve diversos tipos de estudos, como a programação para tratar essa enorme quantidade de informações e o desenvolvimento de novas tecnologias com taxas de tráfego cada vez mais velozes e seguras (ZGUROVSKY; ZAYCHENKO, 2020, p. 01).

Esse contexto se desenvolveu nos últimos anos. Estima-se que foram criadas e armazenadas mais de 80% da informação do mundo apenas nas duas primeiras décadas do século XXI. Esse salto está intimamente relacionado ao surgimento e desenvolvimento da internet. Conforme ela se expandiu e se transformou em uma rede mundial de computadores e dispositivos, a quantidade de dados também cresceu.

No entanto, o crescimento abrupto de informações é um reflexo, sobretudo, da Internet das Coisas. Como os objetos físicos do cotidiano se transformaram em transmissores efetivos ou potenciais de dados, a criação e a coleta de informações passaram para um estágio vertiginoso. A partir disso, as tecnologias de Big Data precisaram se aprimorar cada vez mais.

Em 2004 e 2005, o Google e o Yahoo desenvolveram ferramentas para o tratamento dessa quantidade enorme de dados, e desde então, várias empresas de tecnologia se esforçam sobre esse tema. A comunicação entre dispositivos passou a ser realizada em *cloud*, consolidando grandes quantidades de informações em bancos de dados na nuvem.

Para acompanhar a evolução desse armazenamento, é necessário também compreender do que se tratam esses dados coletados, do contrário, têm-se um amontoado de informações desorganizadas e sem um objetivo prático para serem armazenados. Dessa forma, atuam os *analytics*, isto é, tecnologias destinadas a organizar, compreender, destinar e analisar os dados armazenados em Big Data.

Nesse sentido, os dados são analisados por software com algoritmos específicos para determinar ações para aumento de produção, para a antecipação de problemas e para o monitoramento de processos. Em suma, *analytics* é uma análise computacional sistêmica sobre os dados, automatizando o processo de compreensão dos dados conforme objetivos específicos e criando estatísticas diversas para a utilização dessas informações.

Diversas empresas têm esse serviço com finalidades bastante diferentes. O Google Analytics é um exemplo de um serviço gratuito com a finalidade de demonstrar estatísticas bastante variadas sobre os usuários. Dentre elas, pode-se saber a localização geográfica, o sistema operacional, os períodos diários, semanais e mensais de acesso, além de outras informações bastante relevantes para os criadores e administradores de sites.

Em relação aos ambientes industriais, tanto o uso de Big Data quanto o de *analytics* estão cada vez mais presentes. Na realidade, essas tecnologias compõem os fundamentos da Indústria 4.0. Desse modo, a comunicação entre o chão de fábrica e a *cloud* passa a ser essencial para o armazenamento e para a compreensão dos dados. Isso amplia, por um lado, as estatísticas e visões sobre a infraestrutura. Por outro lado, o upload/download de dados se transforma em uma esfera crítica que pode oferecer graves riscos de segurança às redes industriais, dependendo da forma como a comunicação é configurada.

4.2 AMEAÇAS ÀS REDES DE TELECOM E 5G INDUSTRIAL

As operadoras de telecomunicações estão se transformando de empresas de rede em empresas de serviços em nuvem. A finalidade básica dessa transformação é, sob a perspectiva tecnológica, melhorar a eficiência nas operações de negócios, lançar novos aplicativos e serviços, além de armazenar e distribuir conteúdo.

Os dispositivos habilitados para IoT e seus lançamentos de 5G desafiam, no entanto, as empresas de telecomunicações a enfrentar o aumento crescente no uso de dados. Ao mesmo tempo, elas precisam também lidar com as questões de privacidade e segurança das infraestruturas em que disponibilizam seus serviços.

Quando se pensa em utilizar sistemas em nuvem para armazenar e compreender dados por meio de Big Data e *analytics*, é preciso se questionar sobre os caminhos por onde essas informações trafegam (ZGUROVSKY; ZAYCHENKO, 2020, p. 141). Os links de comunicação entre a infraestrutura e a nuvem são, de fato, seguros? Esses caminhos são administrados por empresas terceirizadas? Quando saem do chão de fábrica e passam pelas operadoras de telecomunicação, os dados realizam esse caminho de modo criptografado? Existem perigos reais de que eles sejam alvos de *sniffers* e de que os dados possam ser alterados no meio de suas rotas?

Além disso, existem diversos problemas inerentes à própria qualidade do link em relação à velocidade e garantia da entrega de dados e de transmissão. Afinal, quanto tempo leva para que esses dados cheguem até a nuvem e, depois, retornem para a rede de automação?

Essa pergunta é importante, pois sistemas sobrecarregados podem ser ainda mais afetados quando são atacados. Redes de telecomunicações são alvos constantes de ataques de DDoS (negação de serviço distribuída) e muitos outros que visam comprometer as comunicações dos sistemas de controle das infraestruturas críticas.

Desse modo, a Qualidade de Serviço (QoS, sigla do termo em inglês *Quality of Service*) é um aspecto essencial não apenas para a normalidade dos processos cotidianos, como também para a segurança. Uma QoS baixa pode resultar em problemas como pacotes descartados, atrasos (*delay*), entregas desordenadas, e vários outros erros.

Todo esse cenário deve ser considerado pela equipe responsável pela segurança cibernética industrial em projetos de Indústria 4.0.

Vulnerabilidades em serviços de telecomunicações podem potencializar motivações bastante conhecidas para o lançamento de ataques, como espionagem de dispositivos, obtenção de acesso remoto a sistemas de controle, incitação de falhas de rede e negação de serviço para milhares de clientes.

5G INDUSTRIAL — VIABILIZANDO AS COMUNICAÇÕES DOS DISPOSITIVOS DE IoT

A nova geração de internet móvel, a 5G, será a maior mudança entre todas as gerações de comunicação já projetadas, e são vários seus benefícios. Ao que tudo indica, a tecnologia 5G será um catalisador para os avanços tecnológicos nas indústrias verticais (área médica, automotiva, manufatura, energia etc.).

FIGURA 98 — A evolução das redes de comunicação ao longo do tempo

As redes 5G viabilizarão a comunicação da Internet das Coisas no curto, médio e longo prazos. Ela operará espectros de ondas de alta frequência, o que proporcionará um aumento significativo na velocidade de transmissão e resolverá impedimentos físicos e interferências.

A implementação de projetos industriais com dispositivos IoT será facilitada com as redes 5G, pois a dependência das redes de TI convencionais diminuirá ao passo que as redes 5G se tornarem comuns. Todos os dispositivos integrantes das redes IoT (drones, carros autônomos, câmeras, entre outros) poderão ser conectados satisfatoriamente com a nova tecnologia 5G.

Contudo, mesmo com todas as vantagens das redes 5G, existem várias vulnerabilidades que já foram reportadas antes mesmo de sua ampla implantação e utilização. As redes 5G são vulneráveis a vários tipos de ataques cibernéticos, dos quais podemos citar alguns:

- Ataque ToRPEDO (*TRACKing via Paging mEssage DistributiOn*). Tem como objetivo interceptar e rastrear chamadas dos usuários para obter sua localização explorando informações de paginação do dispositivo. Alvo de grande preocupação, a vulnerabilidade se estende também as redes 4G.

- Ataque de DoS (negação de serviço) prolongado no equipamento alvo até que ele seja desconectado da rede 5G. Esse ataque explora a falta de proteção à integridade da camada RRC.

- Ataques de MiTM (*man-in-the-middle*). Problemas críticos de segurança foram encontrados, e se as frequências minúsculas de *terahertz* forem exploradas, será possível fazer um ataque de MiTM sem que ele seja detectado. *Terahertz* (THz) são ondas eletrônicas que operam a uma frequência extremamente alta, localizada entre micro-ondas e infravermelho. Além disso, o protocolo 5G-AKA, do padrão 3GPP, também tem problemas de segurança.

Diversas outras vulnerabilidades relacionadas às redes 5G já foram identificadas e documentadas, entretanto, a maioria delas ainda não foi corrigida e poderá ser exploradas por atacantes.

Com o propósito de elevar o grau de segurança em relação às redes 5G, o Governo Federal do Brasil publicou a instrução normativa n° 4, de março de 2020, que dispõe sobre os requisitos mínimos de segurança cibernética que devem ser adotados no estabelecimento das redes 5G.

Essa instrução normativa descreve 22 requisitos mínimos envolvendo vários aspectos de segurança cibernética para as redes 5G. Resumidamente, os principais requisitos são:

- Proteção ao núcleo do sistema da rede por meio da adoção ao SEPP (*Security /Edge Protection Proxy*).

- Previsão e teste de rotas alternativas para o tráfego de dados, no caso da infraestrutura de determinada concessionária estar comprometida e em emergência.

- Implementação de funções de detecção e mitigação de ataques DDos (*Distributed Denial of Service*).

- Verificação da integridade dos dados.

- Implementação do padrão de isolamento de segurança de NFV (*Network Function Virtualization*) como uma solução *end-to-end*.

- Autenticação de dados conforme o padrão IPV6, sem prejudicar a proteção da origem dos dados trafegados.

- Auditoria de software utilizados nos equipamentos de infraestrutura.

- Medidas de proteção para tratamento de vulnerabilidades.

- Adição de criptografia por parte dos usuários.

- Auditoria nos procedimentos de segurança cibernética.

- Comunicação dos incidentes de segurança ao Centro de Tratamento e Resposta a incidentes cibernéticos do GSI da Presidência da República.

Dentro de pouco tempo, as redes 5G, assim como as redes elétricas e as demais redes de infraestruturas críticas, se tornarão objeto de ataques cibernéticos constantes, e em casos de paralisação, estes poderão acarretar perdas financeiras elevadas, indisponibilidade de serviços e até mesmo perda de vidas humanas.

4.3 AMEAÇAS AOS SERVIÇOS DE NUVEM

Apesar de as nuvens garantirem um armazenamento maior de dados, elas podem apresentar alguns pontos bastante problemáticos para a segurança cibernética. Entre eles está o acesso compartilhado. A computação em nuvem é baseada no modelo *multitenancy*, em que uma única instância lógica é compartilhada por centenas de clientes.

Isso significa que é comum o cenário em que os clientes compartilham os mesmos recursos de computação: CPU, armazenamento, espaço, memória etc.

A partir dessa questão, pode-se inferir diversos problemas possíveis. Se existe o mesmo compartilhamento de hardware e *software* por várias empresas, quando uma é atacada, outras podem também sofrer com o ataque.

Além disso, se houver alguma brecha de segurança na nuvem, vários dados podem também estar ameaçados. Nesse sentido, as nuvens incorrem em outro risco possível: vulnerabilidades virtuais. Como os provedores de serviços de *cloud* são grandes usuários de virtualização, a questão envolve a segurança adequada para o nível de confidencialidade dos dados armazenados.

Às vezes, essas duas situações não são compatíveis. Cada camada de virtualização representa uma importante plataforma na infraestrutura de T.I., com vulnerabilidades embutidas que podem ser exploradas. Servidores virtuais estão sujeitos aos mesmos ataques que atingem os servidores físicos. Muitas empresas e muitos gestores acreditam erroneamente que colocar os dados em nuvem é armazená-los em um local seguro por si só.

Isso não é uma realidade. Quando se compra um servidor em nuvem, um banco de dados é adquirido, como se uma máquina tivesse sido comprada sem nenhuma formatação e segurança. Ou seja, também esses dados em nuvem precisam ser postos em meio a uma série de proteções. Nesse sentido, a nuvem é apenas uma continuidade de várias redes físicas, com a diferença de que ela se encontra em um lugar diferente da indústria.

Outra diferença que acontece normalmente é que, por um lado, em redes de automação existem uma série de componentes de segurança, como já foi visto: firewall de próxima geração, IDS Industrial, VPNs etc. Por outro lado, as nuvens têm muito poucos controles de segurança embutidos no pacote vendido para as empresas, por isso, é preciso tomar uma série de cuidados ao disponibilizar os dados em nuvem.

Ademais, a gestão dos mecanismos de controle de autenticação, autorização e acesso dos provedores de nuvem é fundamental. Algumas perguntas podem ajudar a identificar bons mecanismos de controles. Quantas vezes essa gestão procura e remove contas obsoletas? Quantas contas privilegiadas podem acessar seus sistemas e seus dados? Que tipo de autenticação é necessária para os usuários privilegiados? Sua empresa compartilha um espaço comum com outras empresas?

Por conseguinte, esses pontos se interconectam com outro: a disponibilidade. Quando se é cliente de um provedor de nuvem, a redundância e a tolerância a falhas não estão sob o controle dos gestores de segurança das redes de automação. Geralmente, o que é fornecido e como é feito não são divulgados. Essa falta de transparência pode ser uma fraqueza para a indústria. Todo serviço de nuvem alega ter tolerância a falhas e disponibilidade fantásticas, ainda que, mês após mês, isso tenda a cair por terra com interrupções de serviço por horas ou mesmo dias.

4.4 CONEXÃO SEGURA ENTRE A REDE INDUSTRIAL E A NUVEM

Existem cuidados específicos que podem ser tomados para estabelecer a segurança entre o chão de fábrica e a nuvem onde os dados da planta industrial ficam armazenados. A contratação de um serviço de *cloud computing* não garante, em si, o estabelecimento de controles de segurança, assim, as mesmas boas práticas adotadas para o chão de fábrica devem ser refletidas e adotadas na nuvem.

A principal recomendação é estabelecer uma rede segura no ambiente virtualizado, com um NGFW que segmente as zonas de segurança existentes nele. O procedimento isola a conectividade do ambiente em nuvem, que é compartilhado com outras redes, por padrão.

Os serviços fornecidos nessa infraestrutura devem ser acessíveis somente por redes e usuários específicos. Esse firewall deve ser utilizado, assim, para estabelecer a conectividade entre o chão de fábrica e a nuvem, com o uso de criptografia forte em uma VPN, tornando a nuvem uma extensão da rede da empresa (conforme Figura 99). Assim, a transmissão de dados de um ambiente para o outro ocorre sem a possibilidade de adulteração ou roubo de dados.

Todo o tráfego de entrada e saída deve ser inspecionado. A conexão deve ser monitorada em regime 24x7 pela equipe de segurança, a fim de rapidamente responder a incidentes.

SEGURANÇA EM NUVEM 337

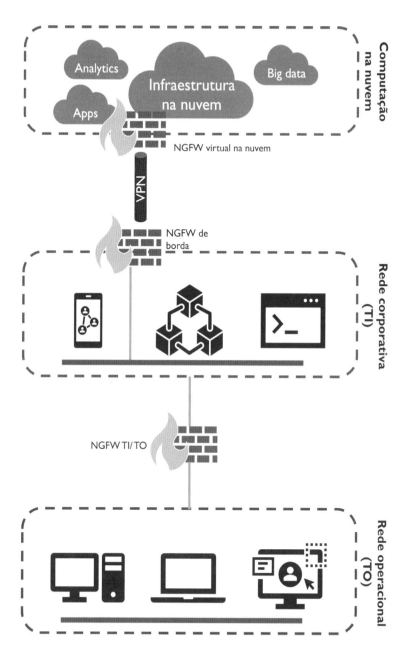

Figura 99 — Conexão segura entre chão de fábrica e nuvem

Conceitos apresentados neste capítulo

O termo *Smart City* (cidade inteligente) diz respeito à uma cidade que faz uso das tecnologias digitais para interligar, preservar e melhorar a vida da população.

Podem-se indicar alguns exemplos de melhorias utilizando-se das tecnologias atuais e futuras: iluminação inteligente e adaptável conforme a necessidade e a demanda, monitoramento da população por meio de vídeo digital, gerenciamento de controle de incêndios e sistemas de anúncios públicos, estradas inteligentes com avisos, mensagens e desvios de acordo com as condições climáticas e eventos inesperados, como acidentes ou engarrafamentos, gestão de resíduos com a detecção de níveis de lixo em recipientes para otimizar a rota de coleta de lixo, entre outros.

No entanto, todos os benefícios proporcionados pelo uso de novas tecnologias em cidades podem ser desperdiçados caso não sejam tomados os devidos cuidados com a segurança cibernética. Este capítulo dissertará sobre a estrutura tecnológica de uma cidade inteligente e os principais desafios de segurança cibernética aos quais os gestores devem atentar na migração para esse novo modelo.

CAPÍTULO 5

DESAFIOS DE SEGURANÇA CIBERNÉTICA PARA CIDADES INTELIGENTES

5.0 INTRODUÇÃO

Cidades inteligentes são centros urbanos que incorporam soluções tecnológicas para integrar e otimizar as operações municipais, reduzindo custos e melhorando a qualidade de vida de seus habitantes.

As cidades inteligentes já são uma realidade no mundo e são consideradas o futuro (MCCULLOUGH, 2020). Um bom exemplo é a cidade de Santander, no norte da Espanha. Nela foi implementado o projeto denominado *SmartSantander*, por meio do qual foram instalados dispositivos de Internet das Coisas para oferecer aos cidadãos aplicativos e serviços típicos de uma cidade inteligente.

A cidade de 180 mil habitantes, que até pouco tempo atrás recebia turistas interessados especialmente em suas praias e em seu centro histórico, também passou a atrair a atenção de visitantes apaixonados por tecnologia. Grupos de todo o mundo chegam agora para conhecer os sensores de Santander, que medem tudo, desde a quantidade de lixo nos contêineres até os níveis de poluição do ar.

O *SmartSantander* começou a ser desenvolvido em 2010 por uma equipe da Universidade da Cantábria, na Espanha. Pesquisadores e programadores instalaram centenas de sensores no asfalto para gerenciar o número limitado de vagas disponíveis para estacionamento no centro da cidade. O projeto custou € 8,5 milhões, financiados em sua maior parte pela União Europeia, que patrocinou a iniciativa com € 6 milhões. O governo da Cantábria também colaborou com € 500 mil.

Durante o projeto, mais de 12 mil sensores foram instalados na cidade de Santander nas seguintes áreas: disponibilidade de estacionamento, iluminação, gerenciamento de resíduos, tráfego e informações sobre o ônibus. A coleta de dados por meio desses sensores trouxe melhorias significativas na maneira como a infraestrutura da cidade é usada e um melhor entendimento das questões urbanas.

Os dados coletados pelos sensores são enviados a uma central, que analisa as informações em tempo real e fornece às autoridades da cidade informações que lhes permitem ajustar a quantidade de energia que usam nas ruas, o número de caminhões necessários para a coleta de lixo durante a semana e o volume de água usado para regar os parques da cidade. Com isso, a cidade já obteve significativas reduções de custos com energia elétrica e coleta de lixo.

Uma cidade inteligente faz uso de tecnologias relacionadas ao IoT, IIoT e IoE para o funcionamento de seus serviços e aplicações. Essas tecnologias podem se tornar uma ameaça, porque quem fornece as soluções normalmente não tem qualquer noção de boas práticas de segurança cibernética. Os sistemas de segurança cibernética são raramente implementados, e quando alguma vulnerabilidade é encontrada, o serviço dificilmente deixa de funcionar para ser atualizado, por ser vital para a sociedade.

5.1 DESAFIOS DE SEGURANÇA DAS CIDADES INTELIGENTES

A complexidade dos sistemas que compõem as cidades inteligentes cria vulnerabilidades que podem ser usadas por hackers para a prática de ataques (MCCULLOUGH, 2020, p. 83). Caso ocorra algum incidente de segurança, ele poderá levar serviços indispensáveis, como o abastecimento de água e energia, a não funcionar adequadamente ou ser temporariamente interrompidos. Do mesmo modo, o acesso não autorizado a dados pessoais pode levar a grandes violações de privacidade dos registros de dados pessoais de cidadãos.

As cidades inteligentes têm componentes bastante vulneráveis que podem proporcionar ataques cibernéticos. Alguns desses componentes são:

- A convergência entre o mundo físico e o cibernético, que passam a ser praticamente o mesmo, permitindo que vulnerabilidades sejam exploradas de um lado e levem os efeitos devastadores para outro utilizando-se das conexões existentes entre eles.

- Devido à interoperabilidade que existe entre os sistemas das cidades inteligentes, a superfície de ataques cibernéticos é bem maior, sendo necessário elevar a segurança cibernética e todos seus aspectos envolvidos.

- A correlação entre processos complexos e de larga escala nos serviços providos pelas cidades inteligentes pode ser um atrativo para ataques com justificativa financeira (extorsão).

Os principais vetores de ataques a redes críticas de cidades inteligentes são os seguintes:

Figura 100 — Principais vetores de ataques às cidades inteligentes

Ataques às aplicações

Para receber os dados dos sensores e enviar comandos para os dispositivos controlados, são utilizadas aplicações locais e em nuvem. Esse é um dos principais vetores para ataques cibernéticos, e seus possíveis alvos são:

- Plataformas digitais colaborativas.
- Cursos online massivos e abertos.
- Portais da administração pública e órgãos governamentais.
- Portais dos serviços disponíveis para os cidadãos da cidade inteligente.
- Aplicativos utilizados pela população.

As aplicações são alvos de constantes ataques e, por isso, requerem uma atenção especial. Deve ser levado em consideração na segurança das aplicações o desenvolvimento seguro do código (*Security by Design*), onde ele é desenvolvido de acordo com um ciclo de vida de testes, revisões e aperfeiçoamentos constantes. De forma complementar a essa medida de segurança, um processo de gestão de vulnerabilidades deve ser implementado.

Ataques à integridade e confidencialidade dos dados

O armazenamento e o processamento do grande volume de dados de cidadãos e aplicações de controle das cidades inteligentes requerem bancos de dados com um alto nível de desempenho, integração e análise, que posteriormente fornecerá informações com inteligência. Os principais alvos desse vetor de ataque são:

- *Business intelligence.*
- Big Data.
- Banco de dados em geral.

Assegurar a integridade dos bancos de dados dos diversos sistemas por meio da criptografia é fundamental para a segurança e a privacidade. A utilização de certificação digital é um reforço primordial para uma efetiva abordagem no tocante à integridade dos dados. Soma-se a isso um efetivo gerenciamento de backup acessível e testado periodicamente, levando-se em consideração a granularidade dos dados.

Em sistemas que tratam dados de cidadãos em grande escala, deve sempre existir uma preocupação em manter a privacidade deles. É necessário ajustar a inovação, o progresso e o desenvolvimento das cidades inteligentes com a proteção de dados pessoais envolvendo toda sua complexidade de detalhes. As leis e normas relacionadas ao tratamento de dados, como a LGPD e a GDPR, anteriormente citadas neste livro, devem servir como linha mestra para a implantação de contramedidas de segurança.

Ataques às redes de comunicação

Uma infraestrutura de comunicação robusta e resiliente é fundamental para manter todos os serviços da cidade inteligente acessíveis. Manter essa infraestrutura sempre disponível para os mais variados tipos de acessos requer um plano de contingência muito bem elaborado e que deve levar em consideração a integridade e a disponibilidade dos dados trafegados. São alvos em potencial:

- Infraestrutura digital.
- Infraestrutura urbana inteligente.
- Sistemas de monitoramento.
- Computação em nuvem.
- Redes Wi-Fi públicas.

Diversos ataques de baixa complexidade podem deixar inoperante todos os acessos de entrada e saída nas redes que compõem a infraestrutura operacional de uma cidade inteligente.

Implementar ferramentas de segurança de borda como NGFW em arquitetura Zero Trust é uma solução bastante efetiva para proteger essas infraestruturas, filtrando os tráfegos válidos e bloqueando os maliciosos, mantendo, assim, a continuidade operacional das redes críticas da cidade.

Ataques aos dispositivos IoT

Os dispositivos IoT são uma das principais portas de entrada para a interação entre os cidadãos e os sistemas. Eles têm inúmeras vulnerabilidades, e uma atenção especial com a segurança cibernética se faz necessária.

São vários os dispositivos-alvos, dentre os quais podemos citar:

- Drones.
- Autômatos programáveis (PLCs, IEDs etc.).
- Smartphones.
- Veículos autônomos.

Diretrizes de segurança e privacidade são basilares para proteger a rede de dispositivos IoT (MCCULLOUGH, 2020, p. 180). A proteção física dos dispositivos por meio da instalação destes em pontos estratégicos nos centros urbanos, a utilização de NGFW para filtrar e monitorar todo o tráfego que passa nas redes e, não menos importante, fazer a gestão de toda a infraestrutura são algumas importantes medidas para proteger as soluções de IoT e toda sua gama de serviços nas cidades inteligentes.

ATAQUES ÀS INTERFACES E APPS

As interfaces entre o mundo real e o virtual se tornaram mais inteligentes e intuitivas, pois a quantidade de aplicativos e sistemas interativos se multiplicaram. Isso requer um desenvolvimento mais seguro e contínuo, levando-se em consideração a privacidade e autenticidade dos usuários.

A Internet das Coisas é um dos alicerces das cidades inteligentes e um dos principais alvos de ataques cibernéticos, bem como os apps baixados pelos cidadãos para o controle de serviços públicos por meio de seus smartphones.

Sistemas, pessoas e coisas estão interconectados nas cidades inteligentes. A capacidade de interligar satisfatoriamente as três, gerenciar, monitorar e verificar o que está vinculado e compartilhado, enquanto protege as informações e os usuários, é fundamental para o uso de toda a gama de serviços disponibilizados.

Alguns recursos de segurança podem ser implementados para prover melhor proteção para as interfaces e apps. Um deles é o sistema de arquivos criptografados, que poderá ser ativado em situações de perda ou roubo dos dispositivos, evitando a exposição de dados confidenciais. Além disso, as permissões definidas para controlar individualmente cada aplicativo são muito importantes. Quanto menos permissões forem concedidas, mais seguro estará o aplicativo.

Desafios da segurança cibernética para as cidades inteligentes			
Vulnerabilidades em sistemas distribuídos	**Ataques sofisticados**	**Complexidade**	**Legislação**
• Design de software e bugs • Erros de configuração • Técnicas convencionais de isolamento não funcionam	• Capacidade do hardware • Virtualização • Criptoanálise avançada	• Escalabilidade progressiva • Interoperabilidade de sistemas • Estratégia de gestão	• Privacidade • Limites e definições de responsabilidade

FIGURA 101 — Desafios de segurança cibernética para as cidades inteligentes

Legislações e regulamentos sobre segurança cibernética para cidades inteligentes devem ser elaborados e implementados pelos governos e devem envolver desde a fase de projeto até a manutenção e monitoramento de todo o ecossistema inteligente, levando-se sempre em consideração não só os dados e as redes, mas principalmente as pessoas.

EXERCÍCIOS DE REVISÃO

1. O que é IIOT?

   a) É a aplicação de patches virtuais para bloquear ameaças ao Windows.
   b) São sensores, instrumentos e dispositivos conectados em redes industriais.
   c) São equipamentos que gerenciam redes de IDSs industriais.
   d) São navegadores de software livre que dão anonimato ao usuário.

2. Para entrar na Indústria 4.0, uma empresa resolveu conectar sua rede de T.O. com a nuvem pública. O que seria recomendável?

   a) Recomenda-se uma conexão de VPN entre a nuvem e o ambiente de T.O.
   b) Recomenda-se a proteção do ambiente em nuvem com um NGFW virtualizado.
   c) Recomenda-se a inspeção de SSL das comunicações entre a nuvem e a T.O.
   d) Todas as alternativas estão corretas.

3. O malware BlackEnergy foi usado para atacar um sistema elétrico em qual país?

   a) Letônia
   b) Polônia

c) Ucrânia

d) Romênia

4. É uma vulnerabilidade relacionada a mensagens GOOSE do padrão IEC 61850:

   a) Lentidão nas respostas as mensagens.
   b) Não confirmação de recebimento da mensagem.
   c) Envio de broadcast em larga escala.
   d) DoS.

5. A comunicação horizontal prevista no padrão IEC 61850 é realizada por meio de mensagens no padrão:

   a) GOOSE
   b) IED
   c) SMS
   d) SMB

6. O malware BrickerBot é voltado para atacar que tipo de equipamento?

   a) Dispositivos IoT.
   b) Servidores Windows.
   c) Firewalls.
   d) Servidores web.

7. O malware BrickerBot usa força bruta para tentar invadir os equipamentos por meio de conexão via _____.

   a) VPN
   b) SSH
   c) Telnet
   d) Wi-Fi

8. Qual dos principais grupos de vulnerabilidades NÃO se aplica à de segurança cibernética intrínseca de dispositivos usados em IIoT?

   a) Vulnerabilidades em hardware.
   b) Vulnerabilidades em firmware.
   c) Vulnerabilidades em conectividade.
   d) Vulnerabilidades em aplicações.

9. Qual dos conceitos abaixo NÃO se aplica à Indústria 4.0?

   a) O uso de comunicação serial com dispositivos de chão de fábrica.
   b) A tecnologia da impressão 3D.
   c) Robôs colaborativos mais leves, sensitivos, seguros e flexíveis.
   d) A mineração e o processamento de dados em alta escala (Big Data) e da Inteligência Artificial.

10. Qual a proteção mínima que deve haver para a comunicação de dados de chão de fábrica com a nuvem?

    a) Verificar o nível de disponibilidade com o provedor da nuvem.
    b) Estabelecer uma VPN para transmitir os dados do chão de fábrica para a nuvem.
    c) Estabelecer comunicação serial do chão de fábrica com a nuvem.
    d) Nenhuma das alternativas anteriores.

MÓDULO 5

MONITORAMENTO CONTÍNUO E FORENSE INDUSTRIAL

Conceitos apresentados neste capítulo

Após analisar os riscos, definir o planejamento de segurança e implementar as soluções de proteção, estas deverão ser monitoradas em tempo real, 24 horas por dia, todos os dias. O monitoramento é um dos pilares da metodologia *ICS. SecurityFramework*® e representa um ciclo ininterrupto em que se aprimora a visão sobre as ameaças e vulnerabilidades, se aperfeiçoa o planejamento e, por fim, se incrementam os controles de segurança cibernética de forma contínua.

Neste capítulo será apresentado o conceito de um *Security Operation Center* (SOC) e os serviços necessários para uso na gestão de soluções de segurança em ambientes industriais e resposta a incidentes. Serão detalhadas algumas ferramentas importantes para um SOC industrial como o SIEM e o Honeypot, e na conclusão será apresentado um estudo de caso.

CAPÍTULO 1

MONITORAMENTO CONTÍNUO

1.0 INTRODUÇÃO

Apesar de ser bastante conhecido por sua ligação com guerras e espionagem, o monitoramento é algo mais comum e cotidiano do que aparenta. As câmeras de segurança vigiam e protegem não apenas os bancos e outras instituições financeiras, mas também casas, empresas e ruas. De certo modo, os consumidores são monitorados para a criação de perfis psicológicos e sociais, os dados de um país são monitorados para estabelecer políticas públicas, os doentes são monitorados para que tenham a saúde restabelecida, entre tantos outros exemplos.

Especificamente dentro da segurança cibernética, o monitoramento vai além da observação. Ele serve para fundamentar e exigir hipóteses e atitudes determinadas a fim de preservar a normalidade dos ambientes físicos e virtuais.

Figura 102 — O Monitoramento na *ICS.SecurityFramework*®

Para se ter uma visão mais ampla sobre esse tema, podem-se considerar três grandes etapas: monitorar, analisar e atuar.

Monitorar

Monitorar significa estabelecer vigilância e acompanhamento constantes. Mas a pergunta fundamental é, antes de tudo: o que será monitorado? Essa etapa abarca, basicamente, três partes:

- A comunicação e *endpoints*: envolve a vigia de todas as máquinas e dispositivos em campo, atentando-se para as informações e dados que transitam entre eles.

- O armazenamento seguro e remoto de logs: é o armazenamento dos registros de eventos em lugares seguros e alheios àqueles onde, inicialmente, a comunicação foi estabelecida, permitindo também o acesso remoto.

- A cadeia de fornecimento: como foi demonstrado, é fundamental para o abastecimento da indústria, e sem ela, a linha de produção pode ser interrompida.

Analisar

A análise é o processo de reflexão sobre os registros obtidos e selecionados a fim de esclarecer e criar as possibilidades futuras de atuação. Ela é subdividida em dois pontos:

- A análise comportamental: é baseada na normalidade de um ambiente. Quando se percebe qualquer comportamento (material, cibernético ou humano) diferente de seu cotidiano, emitem-se alertas. Isso envolve o aprendizado sobre as máquinas e a definição de estatísticas de operação que estabelecerão os parâmetros do que é considerado "normal".

- A análise baseada em regras: é mais clara e direta do que a análise comportamental. Ela parte de regras que estruturam e organizam os logs para que se tenham apenas as informações resultantes de anomalias. Por exemplo, um alerta será gerado caso algum usuário erre três vezes a senha ou se uma máquina não autorizada estiver tentando se conectar a um PLC.

Atuar

Após a análise ser realizada e indicar que determinada anomalia pode ser um incidente, será feita a atuação. Ela consiste em três estratégias:

- Proação e predição: são inferências sobre as questões de segurança. Elas indicam atitudes que podem ser tomadas antes de os incidentes acontecerem, reforçando os controles e implementando soluções.
- Detecção e recuperação reativas: é a descoberta de algum incidente e, de fato, uma resposta a ele. A partir do problema encontrado, utiliza-se um plano para responder ao incidente e retornar à operação normal.
- Forense computacional: é realizada após um incidente ter ocorrido a fim de entender o que aconteceu e evitar que os mesmos erros sejam cometidos no futuro.

O que deve ser monitorado em uma rede de automação?

A partir dessas etapas de monitoramento, análise e atuação, visa-se sofisticar continuamente os controles de segurança. Para isso, existem muitos pontos e detalhes a serem monitorados em uma rede industrial. Entre eles, podem-se destacar:

- Logs de soluções de segurança cibernética: analisar os registros de eventos e dados de firewalls, IDS industrial, antimalware e demais ferramentas de segurança que existirem na rede de automação.
- A "saúde" de dispositivos críticos: verificar se o desempenho dos equipamentos críticos da rede industrial está normal por meio de dados como o uso de memória, disco rígido, temperatura e, em alguns casos, até a vibração.
- Os processos autorizados: observar os acessos e fluxos em busca de anomalias e processos não autorizados que estejam em execução.
- Alta disponibilidade de serviços de tecnologia: conferir se os equipamentos estão disponíveis, isto é, se estão funcionando

perfeitamente. Quando, por exemplo, dois firewalls estão conectados de algum modo, eles precisam trabalhar em redundância, para que uma eventual falha de um não prejudique o funcionamento de outro.

- Tráfego de dados em protocolos industriais: monitorar esse tráfego permite não apenas a segurança, como também a melhoria do desempenho da rede de automação.

Diante de tantos pontos a serem monitorados simultaneamente, existe uma ferramenta denominada *Security Information and Event Management* (SIEM) que se torna fundamental.

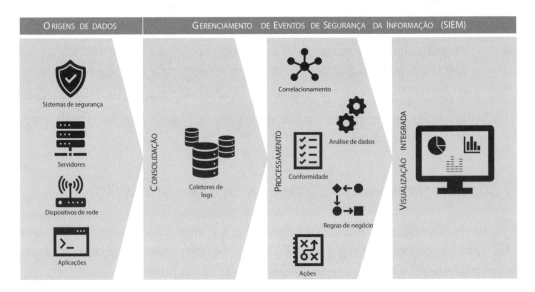

FIGURA 103 — Arquitetura operacional de um SIEM

O SIEM possibilita o gerenciamento e a consolidação de múltiplos eventos e de informações de segurança em uma última plataforma. Diversos dispositivos geram dados e enviam seus logs para o SIEM, que, a partir de regras pré-estabelecidas, interpreta e correlaciona tais registros em busca de incidentes de segurança.

Sua análise permite classificar o que é de fato uma ameaça entre milhões de eventos ou simplesmente gerar relatórios demonstrando a normalidade do sistema. Com isso, evita-se a sobrecarga de informações e o esforço de pesquisá-las e interpretá-las em janelas diferentes. Ao consolidar tantos eventos em um único lugar, o SIEM garante que o monitoramento não estará restrito à análise de logs descorrelacionada dos outros dispositivos. Otimizam-se, assim, os esforços e o tempo por meio de informações diretas e, por conseguinte, possibilitam-se também respostas mais rápidas e eficazes.

Visibilidade em tempo real

Ao selecionar, concentrar e correlacionar os eventos a partir de suas regras, o SIEM consegue detectar o uso inadequado de aplicações e perceber os riscos cibernéticos de uma infraestrutura, classificando-os em diversos graus de prioridade.

Desse modo, ele revela que uma de suas principais características é a visibilidade em tempo real, identificando as não conformidades a partir dos logs coletados. Os registros são emitidos por dispositivos de segurança, sistemas operacionais, aplicações, banco de dados e produtos de gerenciamento de identidade e de acesso. As seleções e interpretações desses dados pelo SIEM podem gerar alertas relacionados a todas as camadas do modelo de rede OSI.

Com isso, o SIEM se transforma em um grande integrador de eventos, essencial para a operação de um centro de operações de segurança (SOC).

Priorização e redução de alertas

Quando se utilizam apenas um firewall e um IDS industrial, por exemplo, milhares de alertas sobre possíveis ataques são emitidos por hora. Como a maioria deles não representa uma ameaça real, o monitoramento se torna lento e impreciso ao se analisar cada um desses alertas. Para evitar esse consumo de energia e tempo, o SIEM tem recursos de inteligência que indicam os eventos que devem ser priorizados enquanto descarta os demais. Ou seja, ele analisa milhares de registros de eventos e os filtra, focando apenas aqueles poucos que podem, de fato, representar uma ameaça.

Essa é uma maneira de normalizar os fluxos para identificar as anomalias associadas às mudanças de comportamento de aplicativos, de hosts, de usuários e de áreas da rede.

O SIEM também pode utilizar serviços de inteligência em nuvem para aprimorar a detecção de ameaças. Ao identificar atividades de endereços IP suspeitos (como em relação àqueles que hospedam malware), alertas são enviados, e as ações suspeitas podem ser bloqueadas.

A priorização e redução dos eventos por meio do SIEM possibilita que os incidentes e as ameaças recebam maior atenção e, desse modo, sejam controlados e gerenciados. A visibilidade em tempo real também pode estar associada a uma base histórica para sofisticar ainda mais a compreensão dos eventos e fluxos.

Informações sobre computadores, sistemas, usuários e ameaças são disponibilizadas em *dashboards* e relatórios pelo SIEM. Detalhes e indicadores de anormalidades nos ambientes e fluxos, os usos incomuns e fora do horário de aplicativos e serviços baseados em *cloud* podem, por exemplo, ser considerados como anomalias. A divergência entre as ações e os processos atuais em relação a seus históricos também exigem atenção especial.

1.1 PROJETO DE UM SOC INDUSTRIAL

SOC é a sigla para *Security Operation Center* ou, em tradução livre, Centro de Operações de Segurança. Como o nome diz, ele centraliza todas as informações relacionadas à segurança, aos riscos e aos alertas provocados por eventos suspeitos em plantas industriais. Sua estrutura física e cibernética possibilita a realização efetiva do monitoramento, a fim de prevenir e detectar incidentes, respondendo a ataques da forma mais rápida e efetiva possível. Além disso, ele é responsável pela investigação forense e pelo aperfeiçoamento contínuo da segurança de uma infraestrutura.

Por meio de uma ampla utilização de equipamentos e software como firewalls, IDSs industriais, solução antimalware e registros concentrados em um SIEM, um SOC verifica constantemente possíveis vulnerabilidades e fraquezas. Com isso, ele preserva a segurança da informação e garante a disponibilidade no funcionamento de plantas industriais. Seu conceito é bastante simples em teoria. Porém, na prática, um SOC é extremamente complicado e ramificado em diversas estratégias, equipamentos tecnológicos e frentes de defesa, principalmente quando falamos de um SOC específico para a gestão e monitoramento de soluções industriais.

O projeto de um SOC industrial deve garantir serviços mínimos para seu bom funcionamento. Entre eles, destacam-se a gestão de segurança e de riscos, o design e a implementação, o gerenciamento de identidades e de acessos (IAM sigla em inglês para *Identity and Access Management*) e as diversas operações de monitoramento e manutenção detalhadas a seguir:

Gestão de segurança e de riscos

Refere-se à função de identificar vulnerabilidades em sistemas industriais, avaliar possíveis cenários de ameaças reais e perceber as lacunas nas políticas, nos procedimentos e nas normas de uma rede industrial.

Design e implementação

Consiste, basicamente, em avaliar e reduzir as vulnerabilidades a partir da criação ou atualização de uma arquitetura de redes. Essa etapa é mais simples quando a planta de automação está na fase de preparação e construção (*greenfield*).

Quando a planta já se encontra em produção, se torna um processo mais longo e complexo, pois toda nova ação de design e de implementação exigirá o agendamento de paradas programadas na produção para reconfiguração.

Monitoramento e interpretação de alarmes e logs de eventos

Uma das principais atividades de um SOC industrial é monitorar logs e alarmes oriundos das ferramentas de segurança cibernética. A equipe responsável pela normalidade dos ambientes físicos e virtuais avalia, com a ajuda de sistemas auxiliares, o nível de ameaças que os alertas representam. A partir disso, as medidas cabíveis são executadas em conjunto com a equipe de segurança da planta industrial do cliente usando sempre o princípio "*4-eyes*", em que sempre existem duas equipes trabalhando juntas, no caso, a equipe do SOC industrial com a equipe de automação da planta que está sendo monitorada.

Mesmo que não se tenha um SIEM para facilitar e aperfeiçoar os esforços de monitoramento da segurança e dos incidentes na planta, podem-se usar outras ferramentas à disposição para esta tarefa. A Figura 104 apresenta, por exemplo, a interface de operação de um firewall de próxima geração. Nela, tem-se a visão de aplicações, ameaças e atividades bloqueadas. Muitos outros programas fazem isso de forma similar.

A estratégia básica é, nesses casos, observar os eventos, fluxos e logs disponibilizados por tais ferramentas. Caso haja um alerta ou incidente, a equipe de segurança deverá responder com prontidão e eficácia. Mas o ideal é evitar até os alertas por meio da prevenção. Conforme realiza seu monitoramento, o SOC industrial vai gradativamente, com a equipe de T.O., aprimorando a segurança de sua infraestrutura.

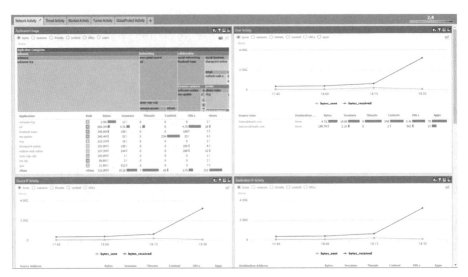

Figura 104 — Interface de operação de firewall de próxima geração

Inventário e visibilidade de ativos, hardware e protocolos industriais

Um SOC industrial deve fornecer um inventário detalhado e em tempo real da rede industrial que está sendo monitorada, incluindo as características diversificadas de:

- Hardware.
- Vulnerabilidades na infraestrutura da rede industrial.
- Protocolos de comunicação entre links de comunicação.
- Visibilidade da rede, de identificação de funções.
- Cada ativo da rede (estação de trabalho, PLCs, IEDs etc.).

Detecção de vulnerabilidades em ativos industriais

A detecção de vulnerabilidades deve ocorrer, preferencialmente, de modo passivo, para que não haja nenhuma possibilidade de degradação da performance ou problemas de disponibilidade na rede industrial.

Várias ferramentas já apresentadas neste livro podem ser usadas para detectar vulnerabilidades em ativos da rede, entre elas, o *Next Generation Firewall* (NGFW) e o IDS industrial. Na Figura 105 tem-se a imagem de um IDS industrial trabalhando em conjunto a um NGFW e expondo o conjunto de vulnerabilidades para cada ativo da rede industrial.

Figura 105 — NGFW e IDS industrial atuando em conjunto

As ocorrências detectadas devem ser tratadas com a utilização de atualizações de aplicações e sistemas operacionais e outros reforços de segurança a serem realizados pela equipe de automação da planta, sob supervisão da equipe do SOC industrial.

Gerenciamento de identidades e de acessos (IAM)

O SOC industrial deve controlar as funções de gerenciamento de identidades e acessos (IAM) em todos os sistemas da rede de automação. Entre suas atividades estão a identificações de usuários que utilizam VPN, a criação de tokens para autenticação, a verificação de acesso dos usuários ou mesmo a recuperação de senhas perdidas.

Quanto mais estruturado for um SOC industrial, mais opções de serviços de alto nível estarão disponíveis para os usuários. Por exemplo, caso alguém esqueça sua senha, poderá recuperá-la por SMS ou por meio de alguma outra ferramenta online disponibilizada pelo SOC.

Detecção de desvios na operação normal da rede industrial

Um SOC industrial deve conseguir detectar anomalias no comportamento dos ativos e das variáveis de controle da rede de automação. Essa detecção visa responder tanto a ataques cibernéticos quanto a erros de operação.

Quando um incidente for descoberto na rede industrial, um ticket deve ser aberto no sistema de controle do SOC industrial, e a equipe de segurança, em conjunto com a equipe de automação, deverá providenciar a remediação da falha ou a execução de algum serviço necessário para o retorno à operação normal.

Análise e retenção de dados para a forense computacional

Durante o trabalho de um SOC industrial, pacotes de rede (PCAPs) são capturados a fim de garantir insumos para a realização de futuras análises forenses, quando necessárias. A retenção e o armazenamento desses dados permitem a compreensão dos incidentes, detalhando como eles ocorreram e identificando seus objetivos.

Por meio da captura e do processamento dos pacotes de rede, é possível detectar não apenas intrusões, como também:

- *Scans* e ataques de *man-in-the-middle*.
- Ataques de *zero day*.
- Arquivos ou pacotes maliciosos conhecidos.
- Acessos remotos indevidos.
- Alterações em configurações de dispositivos.
- Alterações na lógica do driver.
- Edição em projetos de PLC.
- Senhas fracas.
- Atualizações ausentes e vulnerabilidades.
- Portas abertas.
- Falhas de comunicação.
- Defeitos diversos.

Consolidação de logs e geração de relatórios

A geração de relatórios é um serviço muito importante que um SOC industrial deve prover. A seleção e sistematização dos dados e eventos é a principal ferramenta gerencial para compreender se os processos e fluxos de segurança estão operando normalmente.

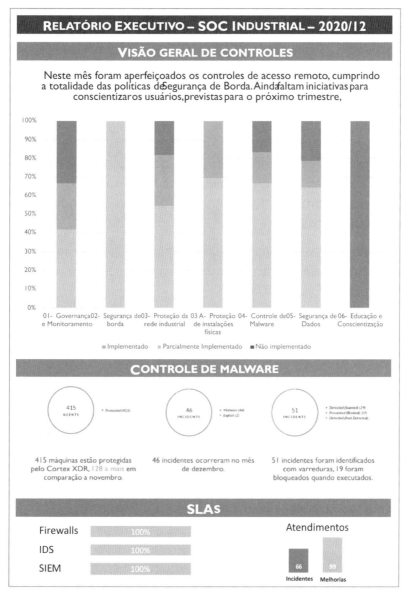

Figura 106 — Relatório gerencial fornecido por um SOC industrial

O relatório emitido pelo SOC industrial deve conter informações como os ataques bloqueados, as configurações estabelecidas, as iniciativas de segurança realizadas etc. Isso justifica o trabalho do SOC e, sobretudo, condensa as principais informações e ocorrências de determinados períodos.

THREAT HUNTING

Em tradução livre, *threat hunting* significa, literalmente, "caçando a ameaça". É, na verdade, uma estratégia que implica na postura ativa de pesquisar as falhas e vulnerabilidades de uma infraestrutura antes que elas sejam exploradas por um atacante.

Caso haja alguma ocorrência estranha, hipóteses sobre o ambiente são levantadas, junto de suas soluções de segurança. Por exemplo, ao inspecionar um software, pode-se constatar a possibilidade de um *buffer overflow* e se perguntar: "Esse acontecimento é um falso-positivo ou poderia ter sido real?" Começa-se a explorar essa anormalidade por meio de ferramentas forenses. Pode-se descobrir, com isso, a existência de brechas, exigindo reconfigurações e controles reforçados.

O *threat hunting* assemelha-se a uma metodologia de pesquisa científica cuja problemática e hipótese conduzirão a investigações, descobertas e ações específicas, como mostra a Figura 107.

FIGURA 107 — O Ciclo do *threat hunting*

Esse processo acumula um conhecimento que será utilizado para aperfeiçoar a segurança da infraestrutura e caçar novas ameaças. Ou seja, seus resultados abrem novos horizontes interpretativos para a coleta de outras evidências. Por sua vez, esse novo ciclo ajustará os controles de segurança e neutralizará as futuras ações de agentes maliciosos.

Resposta a incidentes

Uma das principais tarefas que um SOC industrial deve prover é a imediata resposta aos incidentes detectados na rede de automação monitorada.

A respostas a incidentes é realizada por meio de uma sequência de passos, detalhados na Figura 108.

Figura 108 — Passos realizados durante a resposta a um incidente

É importante frisar que, diferentemente de uma rede de T.I., em que a resposta a um incidente pode ser automatizada por meio de políticas configuradas nas ferramentas de segurança e muitas vezes é realizada sem a intervenção humana, a resposta a incidentes em uma planta industrial não deve ser automática. Ela deve sempre ser feita em conjunto pela equipe do SOC industrial e a equipe de automação da empresa para que seja evitado o risco de uma parada forçada de um processo crítico em função de um falso-positivo de uma ferramenta de segurança.

Como escolher o melhor SOC Industrial para contratar?

Normalmente, quando uma empresa procura comprar uma solução de segurança, seja um Firewall de próxima geração ou um SIEM, a referência de mercado usada para avaliar qual a melhor solução é o relatório do Gartner, no qual são eleitas as soluções que se localizam no "quadrante mágico".

No entanto, quando é necessário comprar serviços gerenciados de segurança de um SOC Industrial, esta mesma referência não pode ser usada. Neste caso, devem ser observados alguns pontos que diferenciam as empresas provedoras.

Devem ser avaliados os seguintes pontos:

- A equipe técnica do SOC Industrial é parceira e detém as certificações técnicas dos fabricantes das soluções que existem na sua planta e que serão gerenciadas remotamente? Procure pela empresa no website do fabricante.

- A empresa que provê os serviços tem atestados de capacidade técnica emitidos por pessoas jurídicas do seu segmento com serviços similares ao que deseja contratar?

- A empresa que provê os serviços é focada em segurança cibernética industrial, ou é uma empresa de segurança cibernética de TI que está se aventurando pelo mundo de OT? Ela tem boa reputação no mercado?

- A infraestrutura do SOC Industrial tem os requisitos de segurança física mínimos? CFTV, biometria nas portas etc.

- O SOC Industrial opera em regime 24x7?

- O SOC Industrial tem laboratório de segurança com simuladores capazes de testar novas versões e atualizações das soluções de segurança da sua planta antes de aplicá-las?

- O SOC é realmente industrial? Devem ser evitados os SOCs "híbridos" de T.I. e O.T. pois são dois domínios de segurança completamente distintos e que devem ser geridos por equipes com capacidades igualmente distintas;

- O SOC Industrial possui recursos para manter a privacidade dos dados da sua planta de acordo com a LGPD (GDPR na Europa)?

- O atendimento da equipe do SOC Industrial é feito na língua falada no seu país (em português, no caso do Brasil)?

Um enorme diferencial para SOCs Industriais são as certificações internacionais de qualidade, como a certificação IEC-62443 para integradores de sistemas, oferecida pelo TÜV SÜD (https://tuvsud.com/en-us/). Esta certificação atesta a qualidade dos serviços, processos e instalações do provedor do serviço e é a principal referência global de qualidade para SOCs Industriais. Poucas empresas no mundo detêm esta certificação que é bem difícil de conseguir, tornando-a um enorme selo de qualidade para SOCs industriais.

1.2 MAPAS DE AMEAÇA EM TEMPO REAL

Existem mapas cibernéticos de ameaça em tempo real que demonstram o panorama de segurança cibernética no mundo em tempo real. Esses mapas devem ser permanentemente observados pela equipe de um SOC industrial, pois mostram a evolução dos ataques pelo mundo em tempo real.

Todos os mapas estão acessíveis via internet. A seguir temos alguns links de mapas de ameaças em tempo real:

- IBM X Force: https://exchange.xforce.ibmcloud.com/activity/map
- Kaspersky: https://cybermap.kaspersky.com/
- Checkpoint: https://threatmap.checkpoint.com/ThreatPortal/livemap.html
- FireEye: https://www.fireeye.com/cybermap/threatmap.html

Mas que tipo de dados esses mapas demonstram? Eles trazem a figura exata de como estão os ataques cibernéticos no mundo naquele momento. Quais são os ataques que estão acontecendo na Europa, na Ásia e em outras partes do mundo? Esses ataques são isolados ou estão se deslocando pelos países? Qual é o tipo de ameaça vigente? É um ataque por *ransomware*? É um ataque por *Denial of Service*? É uma *botnet*?

Todas essas informações devem ser monitoradas e são essenciais na operação do SOC industrial. Por meio disso, pode-se saber que um ataque iniciado na Ásia está se expandindo pelo mundo e que, certamente, chegará ao Brasil em pouco tempo.

Desse modo, é possível se antecipar ao ataque configurando as soluções de segurança e políticas para que, caso esse ataque chegue à rede de automação protegida, seja debelado imediatamente.

1.3 HONEYPOT INDUSTRIAL

Um *honeypot* (pote de mel, em tradução livre) é uma ferramenta que tem a função de, propositalmente, simular falhas de segurança de um sistema e colher informações sobre invasores (MOHAMMED; REHMAN, 2016, p. 83).

Por meio de um conjunto de sistemas, é possível simular no ciberespaço um ambiente real para avaliar quais métodos são usados pelos criminosos e, dessa forma, identificar como é feito o ataque, para descobrir o perfil do atacante e quais estratégias ele utiliza para cometer os crimes.

Dessa forma, é possível traçar um perfil do invasor e entender em detalhes os modos operantes de cada um, de onde vem o ataque, quais domínios foram utilizados, técnicas utilizadas etc. Todos esses dados serão então utilizados para aprimorar a parametrização das soluções de segurança cibernética para proteger a rede industrial desses ataques.

A forma mais comum de implementar um *honeypot* industrial é utilizar máquinas virtuais com endereços IP propositalmente expostos na internet e que simulem uma rede industrial, reproduzindo as interfaces dos equipamentos de chão de fábrica e sistemas de controle industriais. A utilização de máquinas virtuais permite a rápida restauração do ambiente do *honeypot* no caso de um ataque tê-lo destruído ou indisponibilizado.

Todos os ataques realizados e seus efeitos na rede industrial ficam registrados em arquivos de log, que posteriormente serão estudados para se conhecer a dinâmica dos ataques e desenvolver as contramedidas de segurança cibernética a serem implementadas no ambiente industrial real da empresa. A Figura 109 mostra de forma simplificada a arquitetura de um *honeypot* industrial.

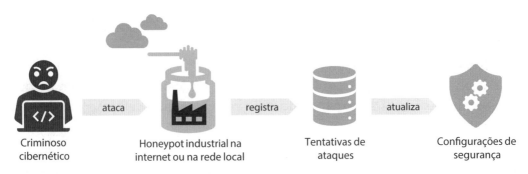

FIGURA 109 — Arquitetura simplificada de um *honeypot* industrial

Construção de um ambiente industrial virtual para um *honeypot*

Um bom começo na construção de um *honeypot* industrial é utilizar um framework já pronto para essa finalidade. Um dos mais conhecidos e utilizados é o projeto Conpot.

O Conpot é um projeto baseado em código *open source* para simular um ambiente industrial. Projetado para ser fácil de implantar, modificar e ampliar, o framework fornece uma gama de protocolos comuns de controle industrial e as ferramentas básicas para a construção do ambiente virtual, capaz de emular infraestruturas industriais complexas para convencer um hacker de que ele acabou de encontrar um enorme complexo industrial.

Para tornar o *honeypot* bastante realista aos olhos do hacker, o Conpot também oferece a possibilidade de montar um servidor de uma IHM personalizada e muito similar aos utilizados em ambientes em produção. Para tornar o ambiente ainda mais realista, os tempos de resposta dos serviços acionados pela IHM podem ser artificialmente atrasados, para imitar o comportamento de um sistema sob carga constante.

1.4 ESTUDO DE CASO DE SOC INDUSTRIAL

A TI Safe foi a primeira empresa de segurança cibernética da América Latina a inaugurar, em 2017, um SOC focado em segurança cibernética para redes industriais.

O ICS-SOC, centro de operações de segurança cibernética da TI Safe, está localizado na cidade do Rio de Janeiro e conta com processos para a predição, prevenção, detecção e resposta a incidentes em sistemas de controle industriais.

A operação desse SOC industrial é baseada em três pilares: monitoramento contínuo, gestão de riscos e inteligência industrial.

A equipe do ICS-SOC monitora em tempo integral a segurança cibernética das redes industriais de seus clientes. A inteligência industrial compõe seu funcionamento por meio de um sistema consonante com os logs e dados coletados onde a computação cognitiva é usada para interpretar os alertas, buscar outras referências de segurança sobre eles e trazer um veredito sobre se esse se trata ou não de um incidente. Com isso, o trabalho dos analistas se torna mais ágil e simplificado, e quanto mais se trabalha a prevenção, menos esforços são necessários para responder a anomalias e, consequentemente, menores são os prejuízos decorrentes de ataques.

FIGURA 110 — Pilares de operação do ICS-SOC

O ICS-SOC também tem um laboratório dedicado inteiramente à pesquisa e ao desenvolvimento. Nesse laboratório existem simuladores de plantas industriais, e sua equipe está em constante colaboração com universidades e centros de pesquisa. Nessa estrutura é possível simular ataques cibernéticos, configurar novas soluções de segurança, testar patches e novas versões de sistemas de controle industriais e realizar homologações com fabricantes, entre outras atividades.

Início dos serviços gerenciados de segurança do ICS-SOC

Para o início dos trabalhos do ICS-SOC, é necessário um procedimento simples de conexão da planta industrial a ser protegida. Totalmente seguro, esse procedimento não requer interrupção na operação da planta e não impacta o desempenho da rede de automação.

O primeiro procedimento é o de entender a arquitetura da planta do cliente e as soluções de segurança que nela se encontram. Em seguida, deverá ser configurada a Central de Monitoramento Interno (CMI), onde estarão instalados os consoles de operação das soluções de segurança da planta que serão gerenciadas remotamente.

A CMI atuará como um servidor central de supervisão de segurança da planta e será o ponto de conexão com o SOC industrial.

Por fim, será estabelecida uma VPN entre a planta monitorada e o ICS-SOC, que poderá, então, iniciar suas atividades.

FIGURA 111 — Processo de início das atividades do ICS-SOC

Conceitos apresentados neste capítulo

A análise forense em ambiente industrial é fundamental para a compreensão de ataques e a mitigação de suas consequências. Além disso, é justamente essa análise que ajuda a implementar novas posturas e equipamentos de segurança em uma infraestrutura, impedindo que os mesmos incidentes se repitam.

Este capítulo visa explicar e ampliar os horizontes da forense industrial por meio de suas questões técnicas e de um estudo de caso fictício.

CAPÍTULO 2

FORENSE INDUSTRIAL

2.0 INTRODUÇÃO

A investigação forense é, independentemente da área em que se enquadra, uma arte que obedece a protocolos visando preservar a cena do crime.

Em ambientes industriais, essa arte se torna ainda mais difícil de ser realizada, justamente pelo grande tráfego de dados e variáveis de um sistema SCADA que conta com altíssima demanda por disponibilidade e rapidez na comunicação desses dados, vitais para a operação das plantas.

Em uma investigação tradicional visando elucidar os fatos em âmbito físico, procura-se por suspeitos que cometeram um determinado delito ou vários, podendo, assim, caracterizar um concurso de crimes. Procura-se também por rastros deixados (sempre há) em certo local, envolvendo recursos humanos e recursos materiais que podem ser entendidos respectivamente por funcionários e ambientes corporativos e/ou industriais.

Tem-se, então, um ou mais suspeitos que podem ser, inclusive, colaboradores da própria empresa, terceiros ou concorrentes. São minimamente realizadas diligências no local do crime e feitas entrevistas com um determinado número de pessoas para tentar comprovar ou, ao menos, afastar algumas linhas de suspeitas criminais.

CRIME	ARTIGO	ATAQUE OU CONDUTA
AMEAÇA	147 CP	Ameaçar destruir um ambiente informatizado caso não pague resgate.
VIOLAÇÃO DE SEGREDO PROFISSIONAL	153 CP	Divulgação de segredo industrial por meio de vazamento de dados.
EXTORSÃO	158 CP	Exigência de pagamento em ataque por *ransomware* ou DDos, por exemplo.
DANO	163 CP	Causar paralisação, mau funcionamento ou explosão de redes industriais.
SABOTAGEM	202 CP	Causar mau funcionamento de sistemas.
INCÊNDIO E /OU EXPLOSÃO E/OU PERIGO DE GÁS TÓXICO	250, 251 e 252 CP	Alterar variáveis de controle, aumentando indevidamente a pressão em cilindros de gases e o risco de explosão.
PERIGO DE INUNDAÇÃO	254 e 255 CP	Abrir, por meio de ataque ao sistema de controle industrial, as comportas de uma usina hidroelétrica, causando desastre e alagamento.
PERIGO DE DESASTRE FERROVIÁRIO	260 CP	Alterar o curso de rotas ferroviárias de modo deliberado, por meio de sistema de controle comprometido.
ATENTADO CONTRA A SEGURANÇA DE TRANSPORTE MARÍTIMO OU AÉREO	261 CP	Invadir e alterar sistemas de navios e aeronaves militares e comerciais.
ATENTADO CONTRA SERVIÇO DE UTILIDADE PÚBLICA	262 CP	Causar interrupção via comprometimento de sistemas de controle na geração, transmissão e distribuição de energia elétrica.
ENVENENAMENTO DE ÁGUA OU ALIMENTO	270 CP	Alterar a composição de químicos através de mudança indevida em variáveis de controle.

TABELA 7 — Exemplos de correlação entre crimes do Código Penal e ataques

Mas, e no caso de um ataque cibernético cuja origem se deu, por exemplo, em outro país e o ambiente atacado é o de um sistema supervisório de controle e aquisição de dados conectado a controladores lógicos programáveis e a robôs? Nesse caso, além dos operadores humanos, as entrevistas devem ser complementadas por análises feitas em máquinas e sistemas de controle industriais.

Como mera ilustração de nexo causal e tipicidade, é importante destacar o quadro comparativo da Tabela 7, que relaciona alguns crimes previstos na lei brasileira em seu Código Penal (CP) aos ataques cibernéticos em ambientes de automação industrial.

2.1 A PERÍCIA FORENSE INDUSTRIAL

Forense (*forensics, em inglês*) refere-se a tudo aquilo que é do foro (*forum*) e está ligado às cortes judiciais e tribunais. Sua origem está no latim *forensis*.

A perícia forense pode ser aplicada nas mais diversas áreas com o intuito de se investigar um fato que tenha desencadeado um evento que, a depender de sua magnitude, ensejará um crime e um respectivo processo judicial.

A ciência forense é a aplicação de princípios científicos e práticas tecnológicas em instâncias civis, trabalhistas e criminais e que venham a auxiliar magistrados na tomada de decisão em julgamentos processuais.

Profissionais das mais diversas competências podem atuar como peritos nomeados pelas varas dos tribunais, ou então serem contratados como assistentes técnicos pelas partes envolvidas na lide.

Geralmente, quando de um processo judicial em que o magistrado acusa-se leigo em uma determinada matéria, tecnologia da informação, por exemplo, ele realiza a nomeação de um profissional douto e especialista que atuará como perito forense junto aos autos do aludido processo judicial e estipula o valor dos seus honorários periciais iniciais, que serão pagos por meio da expedição de alvará. Tal profissional, previamente cadastrado junto ao tribunal, receberá via carta impressa a intimação de sua nomeação, bem como já será informado também da data da realização da diligência pericial, que, na maioria das vezes, é realizada nas instalações da parte ré do processo judicial em curso.

Nesse mesmo tempo, o juiz magistrado também já expedirá ofício às partes reclamante e ré, informando-lhes da nomeação do especialista, também da data da realização da perícia e concederá prazo para que as partes apresentem seus quesitos periciais judiciais que serão tratados pelo perito nomeado pelo juízo. As partes também podem contratar profissionais experts que lhes auxiliarão na própria formulação dos quesitos, no acompanhamento da diligência pericial e na formalização de um laudo próprio baseado no laudo apresentado pelo perito. Estes são chamados de assistentes técnicos.

Vale dizer que, quando o perito forense realiza a diligência previamente aprazada, este está representando a pessoa do magistrado que o nomeou, e assim deve se apresentar quando chegar ao local determinado para a realização de sua função.

Devem ser considerados os seguintes fatores durante uma perícia forense:

I. Onde e quando se deu o crime?
II. Quem é o agente criminoso, mentor e executor do ataque cibernético?
III. O que aconteceu?
IV. Qual foi o impacto causado?
V. Anatomia do ataque: busca de vulnerabilidades exploradas pelos atacantes.
VI. Concurso de incidentes.

I. Onde e quando se deu o crime?

A depender do ataque, mais de uma planta industrial pode ter sido comprometida. É muito comum a infecção e o comprometimento via links corporativos que ligam matrizes a tantas filiais em diversos países, transformando-as em meros vetores de ataque.

Nessa etapa, investigam-se um ou mais lugares com o objetivo de encontrar a origem do ataque. Uma planta já pode estar, por exemplo, comprometida há meses com invasões virtuais, furto de dados, inserções de bombas lógicas, vírus e pragas semelhantes, sendo que seu atacante apenas esperou um momento previamente determinado para deflagrar o ataque e atingir seu objetivo.

II. Quem é o agente criminoso, mentor e executor do ataque cibernético?

Neste caso, pode-se ter a presença de um ou mais atores desempenhando diferentes papéis, ou então somente um ator para todos os papéis. O mentor ou mandante poderá contratar um grupo de terroristas mercenários cibernéticos para alcançar seu intuito. Geralmente, um desses grupos pode chamar para si a autoria do ataque. Daí, se possível, deve-se atentar para o *modus operandi* de tal atacante, perquirindo-se ataques passados e comparando-os com o atual, a fim de dar início à linha de investigação.

III. O que aconteceu?

Deve-se, nesse momento, coletar e reunir todos os fatos possíveis, tidos como consequências do ataque cibernético exitoso. Tais fatos podem ser considerados como parada de máquinas, paralisação parcial ou completa de produção, desastre ambiental, blecaute, desabastecimento de água, inundações e alagamentos de água e esgoto, envenenamento de reservatórios de água, explosões e incêndios, danos à integridade física de cidadãos e, inclusive, óbitos.

IV. Qual foi o impacto direto e indireto causado?

É necessário estabelecer a real dimensão dos desdobramentos e danos causados pelo ataque. Por exemplo, no caso de um ataque hacker a uma central de tratamento de águas e esgotos, pode-se ter como impacto direto o envenenamento da água distribuída a uma população, e como impacto indireto, a falta d'água — caso a companhia consiga detectar a tempo o comprometimento da qualidade da água. Caso contrário, têm-se, em massa, pessoas doentes podendo chegar à morte.

V. Anatomia do ataque: busca de vulnerabilidades exploradas pelos atacantes.

Ainda que o ambiente já esteja comprometido, deverá ser realizada a análise de riscos estática e dinâmica do site atacado em busca de vulnerabilidades físicas e lógicas que podem ter endereçado o êxito do ataque. Assim, será possível entender a questão de como desenrolou o ataque até o atingimento de seu objetivo. Nesta fase, pode-se, inclusive, estabelecer a cronologia dos fatos. Por fim, conclui-se a análise dos fatores por meio da anatomia do ataque.

Por meio, por exemplo, da identificação de vulnerabilidades de sistemas operacionais, pode-se entender quais delas foram exploradas por ameaças já conhecidas e até mesmo já corrigidas pelos fabricantes, ou então ameaças do tipo *zero day*. A partir disso, abre-se a oportunidade para compreender a estratégia dos atacantes utilizada para o comprometimento dos sistemas e das operações.

VI. CONCURSO DE INCIDENTES

Na maioria dos casos, não se encontra apenas um fato isolado. Um ataque cibernético é composto por uma série de eventos e incidentes desenvolvidos em tarefas escalonadas por meio de uma linha do tempo bem delimitada.

2.2 TRILHAS DE AUDITORIA PARA FORENSE

A prevenção e proatividade são obrigatórias em ambientes informatizados, principalmente em ambientes industriais em que a velocidade dos processos gira em tempo real via comando dos autômatos programáveis (PLCs, remotas e IEDs) e qualquer tipo de incidente que venha a afetar a integridade da planta industrial pode vir a ceifar vidas e causar desastres ambientais irreversíveis.

Recomenda-se fortemente como melhor prática a utilização de tecnologias de monitoramento contínuo via software, em que todos os processos e a latência da rede são acompanhados *on the fly*, estabelecendo-se padrões operacionais. Caso alguma anormalidade seja percebida e acusada pela ferramenta de monitoramento contínuo caracterizando um ponto fora da curva tradicional de operação, poderemos ter a indicação de que algo errado ocorreu ou pode estar prestes a ocorrer.

O log do monitoramento contínuo deverá ser imediatamente analisado e já estar contemplado na política de backup da planta de automação. Deve ter capacidade de ser exportado para os formatos mais comumente utilizados como TXT, CSV e XLS, em estado da arte já exportado em formato forense, como já é feito por alguns produtos de software de desenvolvedores internacionais.

Alguns aplicativos de análise forense sob domínio público são:

a. AUTOPSY — Vastamente utilizado por órgãos civis e militares para investigar o ocorrido em computadores.

b. MAGNET ENCRYPTED DISK DETECTOR — Usado em linha de comando para descobrir volumes criptografados em HDs.

c. MAGNET RAM CAPTURE — Desenvolvido para capturar memória física que pode ser exportada para formato RAW.

d. WIRESHARK — Captura e interpreta pacotes (*pcaps*) que trafegam em uma rede.

e. NETWORK MINER — Usado para detecção de sistemas operacionais, nomes de hosts, sessões, portas e pacotes. Muito utilizado na resposta a incidentes.

f. NMAP — Serve para varredura de portas e redes. Identifica quais portas são utilizadas por aplicativos, serviços e hosts.

g. FAW — Aquisição de páginas de internet para análise forense.

h. HashMyFiles — Auxilia no cálculo de *hashes* MD5 e SHA1 e checa a integridade de arquivos.

i. FTK Imager — Utilizado para recuperação de dados em HDs e para a criação de imagens.

j. LastActivityView — Verifica as últimas atividades realizadas em um computador.

k. CAINE — Integra com outras soluções forenses.

l. SIFT — Kit padrão de ferramental utilizado pelo instituto SANS.

Para a realização de forense industrial, é necessário ter acesso à cadeia de custódia dos discos rígidos das máquinas comprometidas para a verificação, análise e geração de provas factuais. Tal ato de custódia visa preservar a cena do crime e o estado dos sistemas afetados.

São itens a serem analisados e preservados:

1. Lista de colaboradores com acesso físico permitido ao local da máquina;

2. Lista de colaboradores dos departamentos de T.I. e Automação com acesso à máquina ou rede atacada;

3. Horários de entrada e saída de tais colaboradores;
4. Horários de entrada e saída no setor de tais colaboradores;
5. Imagens do CFTV;
6. Itens de compra da máquina;
7. Marca e modelo da máquina;
8. Itens de BIOS;
9. Itens de firmware;
10. Itens de registros junto ao fabricante;
11. Itens de sistema;
12. Itens de memória ROM/cache;
13. Configurações de contas de usuários e administradores da máquina;
14. Lista de acessos internos e externos por usuários e administradores;
15. Sistema operacional instalado na máquina;
16. Itens de atualizações de versão do sistema operacional;
17. Configurações RDP — acesso remoto;
18. Configurações de endereçamentos e placas de rede;
19. A quais processos e controles tal máquina está atrelada;
20. Lista de aplicativos instalados;
21. Lista de eventos de máquina e sistema operacional;
22. Lista de software de segurança instalado;
23. Documentação de pontos de funções dos sistemas SCADA utilizados no processo fabril;
24. Identificação de alterações nesses mesmos pontos de funções e por quê;
25. Logs diversos.

2.3 ESTUDO DE CASO

Pode-se fazer um breve exercício, tendo como base um hipotético e exitoso ataque hacker a uma planta de uma Usina Hidrelétrica (UHE) denominada neste momento de XYZ Indústria Geradora S.A., que opera de forma ininterrupta ao longo do ano.

Foi veiculado na grande mídia que às 4h05min da madrugada da última quarta-feira, todas as 22 turbinas da UHE XYZ pararam de girar simultaneamente. A UHE teve suas comportas abertas em total vazão de água. Os funcionários da empresa foram proibidos de falar com a imprensa, e a XYZ publicou uma nota oficial em seu website alegando que houve uma reprogramação indevida em seus sistemas de supervisão e controle.

Nada mais foi dito por essa grande empresa geradora de energia. Vale ainda ressaltar que a versão do website que se encontra online *não é a versão oficial e institucional que costuma ser publicada.* O website tem em sua página inicial apenas a nota oficial com o posicionamento da empresa. Os serviços online em tal sítio virtual não existem mais, e a razão disso é desconhecida.

Em paralelo a esses acontecimentos, começam a circular em grupos, comunidades e redes sociais que a XYZ fora acometida de ataques hackers direcionados às suas instalações e ao seu website. Nesse momento, todas as operações da XYZ estão paralisadas por completo. Não há luz elétrica em parte do território, e grande parcela da população da localidade já sofre com o alagamento em seu perímetro urbano e zonas adjacentes.

No Twitter, um grupo hacker denominado DoomsDay clama para si a autoria do ataque por *ransomware* e, publicamente, solicita o pagamento de resgate para a liberação de chaves criptográficas que talvez possam ser usadas pela XYZ com o objetivo de trazer todas suas operações à normalidade. O pagamento do resgate não significa a entrega do bem prometido em se tratando do grupo terrorista DoomsDay. Ocorre que nesse momento o Ministério Público Estadual e o Federal já acusam a XYZ por desastre ambiental, um crime que, sim, pode ser atribuído a pessoas jurídicas.

Já foi, então, identificado o autor do crime e foi verificado que esse grupo terrorista é focado em ataques a instalações de infraestruturas críticas mundiais. Cogita-se que são mercenários virtuais contratados por terceiros diversos. Seu *modus operandi* é explorar brechas lógicas negligenciadas, infiltrar e comprometer ambientes de automação industrial.

Logicamente, esse é um caso de segurança nacional, por isto, os peritos federais chegaram rapidamente à UHE. Acompanhando-os estava também a equipe de especialistas do ICS-SOC da TI Safe que foi contratada pela companhia seguradora em virtude da conformidade e gestão corporativa, uma vez que o sinistro já havia sido notificado para a corretora de seguros cibernéticos, e ela, por sua vez, lançou mão da cobertura de perícia forense para agir imediatamente. Essa atitude visa a preservação do ambiente informatizado e a apuração do caso.

Nesse mesmo horário do final da manhã, as ações da XYZ comercializadas na bolsa de valores estão despencando em queda de ativos. Sabe-se que, nessa mesma situação, existem outras geradoras de energia do mesmo grupo econômico da XYZ, compreendendo três pequenas centrais hidrelétricas (PCHs) e mais uma UHE com 44 unidades geradoras. Tais instalações ainda estão operando, mas o receio é o de que elas possam receber o mesmo ataque.

Em uma primeira e rápida análise, os peritos perceberam que uma das camadas de defesa cibernética da UHE é composta por firewalls antigos e totalmente obsoletos, que protegem a rede somente de ataques na Camada 4 do modelo OSI. Ou seja, eles não servem de nada para combater os ataques por malwares modernos, pois, como é notório e sabido, firewalls de Camada 4 não têm visibilidade em relação à Camada 7 de aplicação, normalmente utilizada para ataques cotidianos.

Os times investigaram, em seguida, os controladores lógicos programáveis que estão conectados às turbinas (unidades geradoras) e outros PLCs ligados às comportas. Suspeita-se, desse modo, que uma arma cibernética possa ter sido infiltrada remotamente ou por algum colaborador que tenha, inadvertida e deliberadamente, conectado um dispositivo USB à rede industrial.

Todos os funcionários do turno em que houve o incidente são elencados no rol de suspeitos para entrevistas interrogatórias. Também foi checado todo o sistema digital de circuito fechado de TV (CFTV). Nele, não foi constatado nenhum tipo de alarme nas últimas horas em seus registros de log. Lamentavelmente, o CFTV não está conectado ao sistema de gerenciamento de informações e eventos de segurança (SIEM) que contempla a correlação de eventos em ativos da planta.

Acredita-se, então, que os operadores do último plantão possivelmente tiveram suas máquinas comprometidas, tendo ciência dos acontecimentos apenas na hora dos eventos. Essas são as máquinas prioritariamente escolhidas pelos peritos para uma primeira análise, e, lamentavelmente, elas também estão criptografadas pelo *ransomware* que se infiltrou.

Em momento algum esses operadores notaram que as turbinas estavam sendo desligadas e as comportas estavam sendo abertas. Uma exceção foi a ausência de som das turbinas e a presença de som da abertura das comportas. Mas, nesse momento, já era tarde. Após a execução desses atos, as telas dessas estações de supervisão e controle foram preenchidas com uma mensagem de pedido de resgate em criptomoeda, como a apresentado na figura:

FORENSE INDUSTRIAL

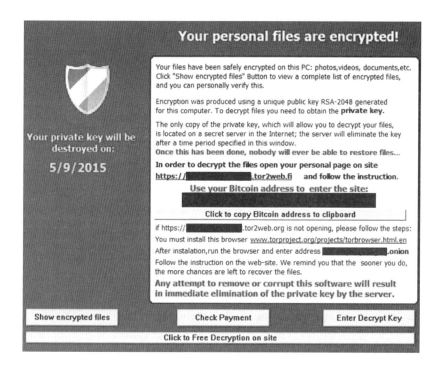

FIGURA 112 — Tela com pedido de resgate em ataque por ransomware

Em relação a essas máquinas, não há o que fazer, pois se sabe que para quebrar uma criptografia RSA com chave criptográfica de 2048 bits, são necessários anos de processamento. Não é possível, neste caso, efetuar-se a cadeia de custódia de discos rígidos (HD) pelo simples fato de estarem todos criptografados.

Partiu-se, então, para o estudo da topologia da planta e dos sistemas industriais comissionados e seus respectivos ativos. São eles:

- **a.** Sistema comissionado V. 123.456 do fabricante ACME em 1990 e modernizado em 2007.
- **b.** Estações de controle com sistemas operacionais *Windows* XP e *Windows* 7.
- **c.** Servidores Linux CentOS 5.x.
- **d.** Roteadores talequal v.2.7.6.
- **e.** Switches talequal v.8.0.1.
- **f.** Firewalls talequal v.3.5.

Sabe-se que a topologia dessa planta não tem conexão direta com a internet e necessita de uma conexão específica com a rede de T.I. para ganhar acesso a ela. Não há presença de zona desmilitarizada (DMZ).

Foi convocado, desse modo, um especialista preposto do fabricante ACME, e ele informou por telefone que a planta da UHE XYZ está tão somente homologada para utilização de equipamentos e sistemas nas versões coletadas. Caso contrário, a XYZ perderia a garantia com o fabricante do sistema comissionado. Obviamente, os peritos atestaram imediatamente que a segurança lógica nessa planta inexiste, por estar contemplada com sistemas que já atingiram o fim de sua vida útil. Eles também não têm melhorias (upgrades) e nem suporte técnico.

Os peritos partem em seguida para a análise do sistema de SIEM, adquirido há dois anos e instalado na rede de T.I. Ele contempla a correlação de todos os eventos gerados por segundo (EPS) na própria T.I. corporativa. Por sorte, o SIEM tem espelhamento de segurança em outro site da empresa gestora de UHEs, e sua base de dados estava preservada. Ao começar a analisar os diversos alarmes gerados pelo SIEM, perguntam ao preposto da planta quem os está acompanhando.

"Quem é o funcionário que analisa estes logs de eventos?"

E, como resposta, ouvem: "Deve ser alguém lá do tal SOC de T.I." E o interlocutor ainda completa o preposto com um "sei lá" evasivo.

Percebeu-se, então, que há meses o SIEM já vinha alarmando diariamente em relação aos acessos externos desconhecidos nos roteadores de internet. Foram emitidos infindáveis alertas para software e firmware desatualizados em todos os ativos, nomes duplicados de usuários, arquitetura LDAP comprometida, massivo tráfego de dados em determinados dias, horários etc.

Diante desse quadro caótico, chegaram a algumas breves conclusões sobre as linhas investigatórias e sobre o percurso dos crimes:

1. **A planta da UHE XYZ já estava comprometida há meses por hackers:** os logs demonstraram que, há meses, a rede de T.I. já era alvo de acessos não permitidos, corroborados por nomes duplicados de usuários com acessos simultâneos e por IPs externos desconhecidos da corporação e roteados por vários lugares do planeta. Isso impossibilita saber o local exato de origem do ataque, horários de acessos a determinadas máquinas administrativas em que não havia ninguém localmente trabalhando etc.

2. Foram utilizadas brechas de segurança ocasionadas por sistemas operacionais e firmware desatualizados em diferentes ativos: as diversas vulnerabilidades de sistemas operacionais desatualizados e jamais corrigidas endereçaram a possibilidade de acesso e controle remoto via protocolo RDP.

3. Foram furtados grandes volumes de dados: identificou-se que, em determinados horários, houve aumento de 25% no tráfego de dados nos roteadores de internet da rede de T.I., os mesmos que possibilitavam o acesso da rede operativa à internet. Também foi apurado que a base de dados SQL contendo o cadastro de recursos humanos com nome, CPF, RG, endereço, telefones de funcionários, terceiros, fornecedoras e outros foi furtada e vazada, infringindo diretamente a LGPD.

4. Foram implantadas bombas lógicas que levaram à paralisação das turbinas e à abertura das comportas: havia um alarme referente ao horário das 4h05min do mesmo dia dos incidentes, indicando comandos do protocolo industrial aos PLCs ligados às turbinas e comportas. Esses foram os últimos comandos efetuados nessa planta. A bomba lógica era uma bomba-relógio programada para entrar em execução naquele dia e horário.

5. Foi causado prejuízo ao patrimônio privado pela parada das turbinas sem manutenção agendada: claro e evidente dano causado às turbinas devido à parada abrupta.

6. Foram causados danos sociais em decorrência do blecaute e alagamento no território, e a população foi prejudicada no seu cotidiano.

7. Foi causado desastre ambiental, e imensas áreas foram alagadas, matando fauna e flora.

8. Foi utilizado um artefato *ransomware* para executar a criptografia de sistemas de controle industriais e da solução de *storage* onde está armazenado o backup da planta.

9. Foi pedido um resgate financeiro para liberação das chaves criptográficas, configurando um crime de extorsão.

10. Foi deliberadamente forçada a queda de ações em bolsa de valores, configurando um crime financeiro.

11. Foi causado prejuízo à imagem da empresa com danos praticamente irreversíveis.

12. Foram causados lucros cessantes pela paralisação da operação. A empresa teve seu faturamento impactado e ainda terá de pagar multas à agência reguladora.

Não se pode dizer que está afastada do plano de ação a linha de investigação quanto aos funcionários, mas, naquele momento, essa linha não foi seguida. É muito mais forte a linha que versa sobre os sistemas desatualizados e diversas vulnerabilidades que foram exploradas com sucesso. Isso é chamado de "evidências de elementos de convicção". Logicamente, o leitor percebe que, em uma análise macro deste caso, houve, no mínimo, imprudência, imperícia e negligência, pois a gerência do departamento de engenharia e automação da XYZ deveria ter sido mais diligente quanto à segurança cibernética industrial de suas operações. No entanto, ela apenas ponderou sobre a perda da garantia da planta perante o fabricante gestor do ambiente de automação.

EXERCÍCIOS DE REVISÃO

1. Qual é o nome da estrutura da TI Safe que fornece serviços gerenciados de segurança para redes industriais?

   a) SOC (*Security Operation Center*)
   b) COM (*Central of Operation and Monitoring*)
   c) CIM (*Central of Incident Monitoring*)
   d) ICS-SOC (*ICS Security Operation Center*)

2. Qual dos seguintes NÃO é um importante fator na seleção de um provedor de MSS (*Managed Security Services*) industrial?

   a) Processos formais e documentados para análise e atuação em eventos.
   b) Conhecimento técnico da equipe do SOC industrial.
   c) Ser localizado próximo ao centro de controle da empresa gerenciada.
   d) Ter um portal que apresente os incidentes aos gestores industriais.

3. Uma boa razão para que um gerente de uma rede industrial terceirize o monitoramento para um SOC industrial é:

   a) Não há soluções de mercado para proteger a rede industrial.
   b) Tem a melhor relação custo-benefício.
   c) Operações de controle não rodam tipicamente em 24x7.
   d) Nenhuma das alternativas anteriores é correta.

4. O que fornece dados para a recriação passo a passo da história de uma falha em um sistema?

   a) Políticas de segurança.
   b) Arquivos de log.
   c) Relatórios de auditoria.
   d) Plano de continuidade de negócios.

5. Qual dos seguintes eventos NÃO seria identificado pelo monitoramento do log de um aplicativo SCADA?

   a) Adicionar ou excluir usuários do aplicativo.
   b) Liga/desliga de controles no campo.
   c) Instalações de patches no sistema operacional.
   d) Falhas na digitação de senhas no login do sistema de controle.

6. _____ é um tipo de ferramenta computacional que tem por finalidade coletar, armazenar, processar, monitorar e correlacionar logs de outros sistemas de informação.

   a) IPS
   b) Firewall
   c) SIEM
   d) Syslog

7. Por uma diretiva da equipe de segurança patrimonial, será instalado um sistema de CFTV para monitorar todas as áreas de trânsito na área industrial. Não existe infraestrutura de T.I. nos locais de instalação, e a solução escolhida utiliza câmeras IP. Como responsável pela segurança, você recomenda:

   a) Cancelar o projeto de monitoramento para evitar problemas de privacidade.
   b) Definir endereços IP na rede de T.O. para as novas câmeras.
   c) Estabelecer nova infraestrutura de rede separada para o CFTV.

d) Instalar um novo firewall na T.O. para controlar o fluxo de dados do CFTV.

8. A equipe de TA começou a reclamar de lentidão na rede como um todo. Ao verificar, foi descoberto que um dispositivo de rede na TA com falha começou a emitir mensagens de broadcast para toda a rede em uma taxa muito acima do normal. A lentidão poderia ter sido rapidamente detectada se:

   a) O equipamento estivesse na garantia.
   b) A rede fosse segmentada de forma adequada.
   c) Um IDS industrial estivesse monitorando o ambiente.
   d) O equipamento fosse configurado como FIPS 140-2.

9. Um MSSP (*Managed Security Service Provider*) requer conexão segura desde o seu SOC (*Security Operations Center*) até a rede industrial que está sendo monitorada. Essa conexão deve ser feita preferencialmente por meio de:

   a) Uma VPN site-to-site com duplo fator de autenticação.
   b) Uma conexão discada.
   c) Uma VPN client-to-site.
   d) Nenhuma das alternativas anteriores.

10. Qual dos fatores a seguir NÃO deve ser considerado durante uma perícia forense?

    a) Onde e quando se deu o crime?
    b) Quem é o agente criminoso, mentor e executor do ataque cibernético?
    c) Qual o valor exato do prejuízo causado?
    d) Qual foi o impacto causado?

RESPOSTAS DOS EXERCÍCIOS

Módulo 1	Módulo 2	Módulo 3	Módulo 4	Módulo 5
1) C	1) D	1) B	1) B	1) D
2) D	2) C	2) A	2) D	2) C
3) B	3) B	3) A	3) C	3) B
4) D	4) A	4) D	4) B	4) B
5) A	5) B	5) B	5) A	5) C
6) A	6) D	6) D	6) A	6) C
7) D	7) A	7) B	7) C	7) C
8) A	8) B	8) B	8) C	8) C
9) D	9) C	9) D	9) A	9) A
10) D	10) D	10) B	10) B	10) C
		11) A		
		12) B		
		13) C		
		14) B		
		15) A		
		16) A		
		17) D		
		18) C		
		19) B		
		20) B		
		21) B		
		22) C		
		23) B		
		24) B		
		25) D		
		26) D		
		27) A		
		28) B		
		29) A		
		30) C		

GLOSSÁRIO

ANSI (*American National Standards Institute*): Uma organização associada à ISO, que é a principal organização norte-americana envolvida na definição de padrões básicos (normas técnicas), como o ASSCII.

ANSSI (*Agence Nationale de la Sécurité des Systèmes d'Information*): Agência Nacional da Segurança de Sistemas de Informação.

Antimalware: Programa utilizado, como o nome diz, na atuação contra malware.

APT (*Advanced Persistente Threat*): Ameaça Persistente Avançada. O Stuxnet, entre outros, é classificado como um APT. Sofisticado ataque de hackers destinado a governos, empresas e ativistas políticos.

ARPANET (*Advanced Research Projects Agency Network*): Rede da Agência para Projetos de Pesquisa Avançados.

Arquitetura AAA (*Authentication, Authorization, Accounting*): Arquitetura de controle de acesso.

ASCII (*American Standard Code for information Interchange*): Codificação de caracteres de 7 bits baseada no alfabeto inglês. Cada sequência de códigos na tabela ASCII corresponde a um caractere, comumente representado pelos 8 bits (equivalente a 1 byte), sendo que o oitavo bit (da direita para a esquerda) serve como um bit de paridade, utilizado para detecção de erro.

Backdoor: Porta dos fundos. Programa utilizado para deixar brechas de segurança em determinados sistemas, sendo acessados posteriormente por hackers.

Backup: Cópia de segurança armazenada em lugar seguro para a garantia do funcionamento de uma rede em caso de incidentes.

BCM (*Business Continuity Management*): Gestão de Continuidade do Negócio.

Big Data: Área do conhecimento que estuda como tratar, analisar e obter informações a partir de conjuntos de dados grandes demais para serem analisados por sistemas tradicionais.

Bitcoin: Um tipo de moeda virtual cujas transações são anônimas, impossibilitando que se identifique tanto o comprador quanto o vendedor. Devido ao seu anonimato, é muito utilizada no comércio de produtos e serviços ilegais.

BOT: Computador transformado em "zumbi".

Botnets: Rede de computadores "zumbis" (BOTs) criada e manipulada por hackers para realizar ataques e roubos.

BPMN (*Business Process Modeling Notation*): Noção de Modelos de Processos para Negócios.

BYOD (*Bring Your Own Device*): Em tradução livre, "traga seu próprio dispositivo".

CCI (*Centro de Ciberseguridad Industrial*): Centro de Segurança Cibernética Industrial.

CFTV: Circuito Fechado de Televisão.

CIP (*Critical Infrastructure Protection*): Proteção de Infraestruturas Críticas.

Cloud computing: Computação em nuvem.

CobiT (*Control Objectives for Information and related Technology*): Guia de boas práticas apresentado como framework, dirigido para a gestão de tecnologia de informação.

CSMS (*Cyber Security Management System*): Sistema de Controle de Segurança Cibernética.

Dark Web: Internet Escura. Região da rede de computadores oculta aos mecanismos de busca convencionais. Protegidos pelo anonimato, diversos crimes são comedidos nela, como venda de informações sigilosas, pornografia infantil e tráfico de substâncias ilícitas e de armas.

DDoS (*Distributed Denial of Service*. Negação de Serviço Distribuída): É uma variação de ataques DoS, mais potente devido ao número de computadores que compõe esse ataque.

DMZ (*DeMilitarized Zone*): Zona desmilitarizada.

DNS (*Domain Name System*): Serviço e protocolo da família TCP/IP para armazenamento e consulta a informações sobre recursos de rede. Sua principal função é a conversão de Nomes Internet para seus respectivos IPs.

DNP3 (*Distributed Network Protocol 3*): Conjunto de protocolos de comunicação usados entre componentes em sistemas de automação de processos. Seu principal uso é em empresas de serviços públicos, como as de energia e água.

DoS (*Denial of Service*): Negação de serviço.

ERP (*Enterprise Resource Planning*): Sistema de Gestão Integrado.

Evil Twin: Ataque a redes sem fio que falsifica os pontos de acesso para interceptar as informações dos usuários autorizados.

Exploits: Pode ser um programa ou mesmo uma receita sobre como explorar uma vulnerabilidade.

FCC (*Federal Communications Commission*): Órgão que regula as comunicações domésticas e internacionais via rádio, televisão, satélite e TV a cabo nos EUA.

FTP (*File Transfer Protocol*): Protocolo simples, utilizado por padrão pela internet para transferência de arquivos.

Gateway: Em geral, é um computador ou roteador que fica entre duas redes.

GCN: Gerenciamento da Continuidade de Negócios.

GDPR: Projeto para proteção de dados e identidade dos cidadãos da União Europeia que começou a ser idealizado em 2012 e foi aprovado em 2016.

GOOSE (*Generic Object Oriented Substation Events*): Subestação de Eventos Orientada a Objetos Genéricos.

GUI (*Graphical User Interface*): Interface gráfica entre um software ou sistema e o usuário.

Handshake: Aperto de mão. Significa o reconhecimento entre duas máquinas a fim de estabelecer a comunicação.

IHM (*Human-Machine Interface*): Interface Homem-Máquina.

HTTP (*Hypertext Transfer Protocol*): Em português Protocolo de Transferência de Hipertexto é um protocolo de comunicação utilizado para sistemas de informação de hipermídia, distribuídos e colaborativos. Ele é a base para a comunicação de dados na internet.

HTTPS (*Hyper Text Transfer Protocol Secure*): Protocolo de Transferência de Hipertexto Seguro é uma implementação do protocolo HTTP sobre uma camada adicional de segurança que utiliza o protocolo SSL/TLS. Essa camada adicional permite que os dados sejam transmitidos por meio de uma conexão criptografada e que se verifique a autenticidade do servidor e do cliente por meio de certificados digitais.

ICS (*Industrial Control System*): Sistema de Controle Industrial.

IDS (*Intrusion Detection System*): Sistema de Detecção de Intrusão.

IEC (*International Electrotechnical Commission*): Comissão Eletrotécnica Internacional.

IED (*Intelligent Electronic Device*): Dispositivo Eletrônico Inteligente.

IEEE (*Institute of Electrical and Electronics Engineers*): Associação profissional de engenheiros elétricos e eletrônicos.

IEE802.1Q: Padrão que permite a criação de redes virtuais locais (VLANs) dentro de uma rede Ethernet.

IIC (*Industrial Internet Consortium*): Consórcio de Internet Industrial.

IIoT (*Industrial Internet of Things*): Internet das Coisas Industriais.

Insider: Funcionário que age como uma ameaça dentro de sua empresa. Aproveitando-se de seus privilégios, rouba e vende informações, sabota processos e torna os ambientes profissionais vulneráveis.

IoT (*Internet of Things*): Internet das Coisas.

IPS (*Intrusion Prevention System*): Sistema de Prevenção de Intrusão.

ISA (*International Society of Automation*): Sociedade Internacional de Automação.

Jammer: Poderoso equipamento utilizado para bloquear sinais de wireless, conforme frequência e distância.

LGDP: Lei Geral de Proteção de Dados.

Machine Learning: Em tradução livre, aprendizado de máquina. É um sistema de hardware/software que visa aprender com o comportamento dos próprios usuários e programas e, por meio de tal aprendizado, se sofisticar automaticamente.

Malware: Classificação genérica de um programa de computador malicioso. Pode ser vírus, *worm*, *trojan*, *exploit* etc.

MES (*Manufacturing Execution Systems*): Sistemas de Execução de Manufatura.

Modbus: Um dos principais protocolos utilizado para a comunicação entre equipamentos de chão de fábrica.

Modelo Purdue: Descrito pela norma ISA-95, define a pirâmide de automação.

NERC (*North American Electric Reliability Corporation*). Grupo que desenvolve padrões e normas para o sistema de fornecimento de energia norte-americano.

NGFW (*Next Generation Firewall*): Firewall de Próxima Geração. É o tipo mais avançado de firewall, concentrando vários recursos para a proteção da rede.

NIST (*National Institute of Standards and Technology*): Instituto Nacional de Padrões e Tecnologia.

NOC (*Network Operations Center*): Centro de Operações de Rede.

OTP: Senha descartável ou de uso único (em inglês, *One-Time Password*), é uma senha válida somente para uma sessão de login ou transação, em um sistema de computadores ou outros dispositivos digitais.

Patch: Programa de correção de vulnerabilidades e melhorias em outro software, geralmente criado pelos proprietários dos programas que serão corrigidos e aperfeiçoados.

Phishing: Técnica de crime cibernético que usa fraude, truque ou engano para manipular pessoas e obter informações confidenciais.

PID (*Process Identification*): Número de identificação de um processo.

PIMS (*Process Information Management System*): Sistema de Gestão de Informações sobre Processos.

PIN (*Personal Identification Number*): Em tradução livre, Número de Identificação Pessoal

PLC (*Programmable Logic Controller*): Controlador Lógico Programável.

Profibus: Protocolo de comunicação industrial.

Ransomware: Tipo de malware que restringe o acesso ao sistema infectado por meio de criptografia e cobra um resgate para que o acesso possa ser restabelecido.

RF (*Radio Frequency*): Método usado para leitores de smartcards.

RFC (*Request for Comments*): Documento que descreve os padrões de cada protocolo da internet antes de serem considerados um padrão.

RFP (*Request for Proposal*): Convite enviado a um grupo de fornecedores para apresentarem propostas de venda de produtos ou serviços.

RGPD: Regulamento Geral sobre Proteção de Dados.

RISI (*Repository for Industrial Security Incidentes*): Repositório de Incidentes de Segurança Industrial.

RPC (*Remote Procedure Call*): Tecnologia de comunicação entre processos que permite a um programa de computador chamar um procedimento em outro espaço de endereçamento (geralmente em outro computador, conectado por uma rede).

RTU (*Remote Terminal Unit*): Controlador de Unidade Remota.

SANDBOXING: Plataforma que atua em nuvem para o controle e a compreensão de programas suspeitos em redes.

SCADA (*Supervisory Control and Data Acquisition*): Controle Supervisório e Aquisição de Dados.

SIEM (*Security Information and Event Management*): Controle de Eventos e Segurança da Informação.

SLA (*Service Level Agreement*): Acordo de Nível de Serviço.

SNIFFER: Ferramenta de software ou hardware que intercepta e registra o tráfego de dados em uma rede.

SOA (*Service-oriented Architecture*): Arquitetura Orientada a Serviços.

SOC (*Security Operation Center*): Centro de Operação de Segurança.

Spyware: Tipo de malware instalado na máquina da vítima a fim de agir como espião e de capturar informações.

Stuxnet: Software malicioso criado e utilizado para interromper e destruir as usinas nucleares do Irã, classificado como um APT.

T.O.: Tecnologia de Automação, muitas vezes citada por seu termo em inglês O.T. (*Operational Technology*).

T.I.: Tecnologia de Informação.

T.O.: Tecnologia de Operação.

TKIP (*Temporal Key Integrity Protocol*): É um protocolo com algoritmo de criptografia baseado em chaves que se alteram a cada novo envio de pacote. Sua principal característica é a frequente mudança de chave que garante mais segurança.

TOR (*The Onion Router*): É um software de navegação anônima, utilizado para acessar determinadas regiões da rede de computador, como a Deep Web.

Trojan: Ou Cavalo de Troia, é um malware escondido e dissimulado. Ao se disfarçar, o usuário não sabe de sua existência e acaba executando-o e disseminando-o.

UPS (*Uninterruptible Power Supply*): Sistema que provê energia quando a fonte principal falha.

UTM (*Unified Threat Management*): Gerenciamento Unificado de Ameaças.

Vírus: Programa de computador malicioso projetado para causar danos a determinados equipamentos e sistemas operacionais.

VM (*Virtual Machine*): Máquina Virtual.

VoIP (*Voice over Internet Protocol*): Protocolo que transmite voz pela internet.

VPN (*Virtual Private Network*): Rede Privada Virtual.

WLAN (*Wireless Local Area Network*): Rede local Wireless.

WPA2: O Wi-Fi *Protected Access* 2 é uma atualização dos protocolos de segurança anteriores, nomeadamente WEP e WPA. O padrão WPA2 inclui todos os requisitos de segurança em linha com os padrões de segurança do IEEE 802.11i.

WPA3: Evolução do WPA2, o protocolo oferece mais segurança para a troca de dados dentro da rede ao adicionar uma série de recursos de proteção, como um novo tipo de criptografia e resistência a ataques de força bruta.

WPS (Wi-Fi *Protected Setup*): É um padrão de segurança para redes sem fio que facilita a conexão dos dispositivos à rede Wi-Fi.

Worm: Programa de computador malicioso semelhante ao vírus, mas com a capacidade de se replicar e se disseminar sem a necessidade de interação do usuário.

Zero Day: Qualquer tipo de vulnerabilidade ainda desconhecida pelos organismos e pelas empresas de segurança e criação de software.

Zero Trust Model: Arquitetura de segurança de redes baseada em confiança zero.

REFERÊNCIAS BIBLIOGRÁFICAS

ALMEIDA, S. "Saiba tudo sobre o Wi-Fi 6 e entenda como ele vai mudar a conexão sem fio". Disponível em: <https://mundoconectado.com.br/artigos/v/9357/saiba-tudo-sobre-o-wi-fi-6-e-entenda-como-ele-vai-mudar-a-conexao-sem-fio-atualizado>. Acesso em: 14 de julho de 2020.

AL-SHAER, E. *Automated Firewall Analytics: Design, Configuration and Optimization*. Charlotte: Springer, 2014.

ANGELAKIS, V. *et al.* (Eds.). *Designing, Developing, and Facilitating Smart Cities: Urban Design to IoT Solutions*. Suíça: Springer, 2017.

AYCOCK, J. *Computer Viruses and Malware*. Canadá: Springer, 2006.

BATAGAN, L. "Smart cities and sustainability models". In: *Informatica Economica*, 15(3), p. 80–87, 2011.

BEHMANN, F.; WU, K. *Collaborative Internet of Thing (C-IoT): for Future Smart Connected Life and Business*. Nova York: John Wiley & Sons, 2015.

BETZ, D.; STEVENS, T. *Cyberspace and the State: Toward a Strategy for Cyber-Power*. Londres: IISS, 2011.

BORGES, F. H.; DALCOL, P. R. T. *Indústrias de processo: comparações e caracterizações*. Curitiba, 2012.

BOUSQUET, A. J. *The Scientific Way Warfare: Order and Chaos on the Battlefields of Modernity*. Nova York: Columbia University Press, 2009.

BOYER, S. A. *Scada Supervisory Control and Data Acquisition*. ISA, 2004.

BRANQUINHO, M. A. et al. *Segurança de automação industrial e SCADA*. Rio de Janeiro: Elsevier, 2014.

BRAVO, L. "Santander: uma cidade inteligente no norte da Espanha". Disponível em: <https://www.whow.com.br/global-trends/santander-cidade-inteligente-espanha/>. Acesso em: 12 de julho de 2020.

CARUZZO, A. et al. "Decisão em condições de incerteza meteorológica e proteção de infraestruturas no centro de lançamento de Alcântara". In: *Revista Brasileira de Meteorologia*, v. 32, n. 1, p. 141–155, 2017.

CASTELLS, M. *A sociedade em rede*. São Paulo: Paz e Terra, 2012.

CAVELTY, M. D. *Cyber-Security and Threat Politics: US Efforts to Secure the Information Age*. Milton Park: Routledge, 2009.

CERRUDO, C. "An Emerging US (and World) Threat: Cities Wide Open to Cyber Attacks". Disponível em: <https://ioactive.com/pdfs/IOActive_HackingCitiesPaper_CesarCerrudo.pdf>. Acesso em: 12 de julho de 2020.

CHEN, H. *Dark Web: Exploring and Data Mining the Dark Side of the Web*. Tucson: Springer, 2012.

CHEN, T.; JARVIS, L. *Cyberterrorism: Understanding, Assessment, and Response*. Nova York: Springer, 2014.

CLARKE, G.; REYNDERS, D. *Practical Modern SCADA Protocols*. Oxford: Elsevier, 2004.

COBERT, E.; KOTT, A. (Eds.). *Cyber-security of SCADA and Other Industrial Control Systems*. Adelphi: Springer, 2016.

"Curitiba 2035. Vamos juntos construir a Curitiba do futuro?" Disponível em: <http://www.curitiba2035.org.br/>. Acesso em: 12 de julho de 2020.

DUNN, W. C. *Introduction to Instrumentation, Sensors, and Process Control*. Boston; Londres: Artech House, 2006.

ELSAID, W. H. *Enhanced Cryptographic Approaches for SCADA Network Security*. Kentucky, Universidade de Louisville, 2010 (Doutorado em filosofia).

FALL, K.; STEVENS, R. *TCP/IP illustrated*. Boston: Addison-Wesley, 2012.

FARWELL, J. P.; ROHOZINSKI, R. "Stuxnet and the Future of Cyber War". In: *Survival: Global Politics and Strategy*, v. 53, n. 1, p. 23–40, 2011.

FONSECA, M. O.; SEIXAS, C. F.; BOTTURA, J. A., F. *Aplicando a Norma IEC 61131 na automação de processos*. Curitiba: ISA Distrito 4, 2008.

GARCÍA, C.; GARCÍA-DÍAZ, V. et al. *Protocols and Applications for the Industrial Internet of Things*. Hershey: IGI Global, 2018.

GEHL, R. *Weaving the Dark Web: Legitimacy on Freenet, Tor, and I2P*. Londres: MIT Press, 2018.

GREENBERG, Andy. *Sandworm: A New Era of Cyberwar and the Hunt for the Kremlin's Most Dangerous Hackers*. Nova York: Doubleday, 2019.

GROOVER, M. *Automation, Production Systems, and Computer-integrated Manufacturing*. Boston: Pearson, 2015.

GUIRRO, D. N. *Requisitos para modelagem do sistema de execução da manufatura com bases na norma ANSI/ISA S95*. Instituto Federal de Educação, Ciência e Tecnologia de São Paulo, São Paulo, 2017 (Dissertação de mestrado).

HANSCHE, S.; BERTI, J.; HARE, C. *Official (ISC)2 Guide to the CISSP Exam*. Boca Raton, Flórida: Auerbach, 2003.

HILLAR, G C. *Internet of Things with Python: Interact with the World and Rapidly Prototype IoT Applications Using Python*. Birmingham: Packt Publishing, 2016.

IIPR. Manual de Papiloscopia. Disponível em: <http://www.institutodeidentificacao.pr.gov.br/arquivos/File/2014_usar_essa_para_organizar_o_servidor/area_restrita_outros/ManualdePapiloscopia2013.pdf>. Acesso em: 23 dez. 2020.

JETTY, S. *Network Scanning Cookbook*. Birmingham: Packet, 2018.

KARUPPAYAH, S. *Advanced Monitoring in P2P Botnets*. Singapore: Springer, 2018.

KHATOUN et al. "Smart Cities: Concepts, Architectures, Research Opportunities", 2016. Disponível em: <https://www.idi.ntnu.no/emner/tdt49/p07-khatoun.pdf>. Acesso em: 12 de julho de 2020.

KIM, K. et al. *Network Intrusion Detection using Deep Learning.* Singapura: Springer, 2018.

KNAPP, E. *Industrial Network Security: Securing Critical Infrastructure Networks for Smart Grid, SCADA, and Other Industrial Control Systems.* Nova York: Elsevier, 2011.

KRUTZ, R. L. *Securing SCADA Systems.* Indianapolis: Wiley, 2006.

LEWIS, T. *Critical Infrastructure Protection in Homeland Security: Defending a Networked Nation.* Hoboken: Wiley, 2020.

LOBATO, L.; KENKEL, K. M. "A ciberguerra é moderna! Uma investigação sobre a relação entre tecnologia e modernização na guerra". In: *Contexto int.*, Rio de Janeiro, v. 37, n. 2, 2015.

MACAULAY, T.; SINGER, B. *Cybersecurity for Industrial Control Systems: SCADA, DCS, PLC, IHM, and SIS.* Londres; Nova York: CRC Press, 2011.

MANDLER, B. et al. (Eds.). *Internet of Things: IoT Infrastructures.* Roma: Springer, 2015.

MARCEL, S; NIXON, M.; LI, S. *Handbook of Biometric Anti-Spoofing: Trusted Biometrics under Spoofing Attacks.* Londres: Springer; Verlag,2014.

MARTIN, P. G. "Profiting from the IIoT". In: *Life is On.* Schneider Electric, 2016.

MASSIGLIA, P.; MARCUS, E. *The Resilient Enterprise: Recovering Information Services from Disasters.* Veritas Software Corporation, 2002.

MAVROMOUSTAKIS, C. et al (Eds). *Internet of Things (IoT) in 5G Mobile Technologies.* Suíça: Springer, 2016.

MCAFEE. "O impacto econômico do crime cibernético: sem indícios de desaceleração". 2018. Disponível em: <www.mcafee.com/enterprise/pt-br/assets/executive-summaries/es-economic-impact-cybercrime.pdf>. Acesso em: 15 de junho de 2020.

MCCULLOUGH, Malcolm. *Downtime on the Microgrid: Architecture, Electricity, and Smart City Islands*. Londres: MIT Press, 2020.

MCCRADY, S. *Designing SCADA Application Software: A Practical Approach*. Nova York: Elsevier, 2013.

MCMILLAN, G. *Process: Industrial Instruments and Controls Handbook*. Nova York: McGraw-Hill, 1999.

MITNICK, K. D. *A arte de enganar*. São Paulo: Pearson, 2003.

MJ/Instituto Nacional de Identificação – INI – Manual de Identificação Papiloscópica. Brasília. 1987.

MOHAMMED, M; REHMAN, H. *Honeypots and Routers: Collecting Internet Attacks*. Londres: CRC Press, 2016.

MORAES, C. C.; CASTRUCCI P. *Engenharia de automação industrial*. Rio de Janeiro: LTC, 2007.

MOSTIA, W. L. *Troubleshooting: A Technicians Guide*. ISA, Research Triangle Park, 2006.

NOBLE, D. F. *Forces of Production: A Social History of Industrial Automation*. Oxford: University Press, 1986.

OETTINGER, W. *Learn Computer Forensics*. Birmingham: Packt Publishing, 2020.

"Pandemia de COVID-19", 2020. Disponível em: <https://pt.wikipedia.org/wiki/Pandemia_de_COVID-19>. Acesso em: 13 de julho de 2020.

PANDEY, P. "Making Smart Cities Cybersecure", 2019. Disponível em: <https://www2.deloitte.com/us/en/insights/focus/smart-city/making-smart-cities-cyber-secure.html>. Acesso em: 12 de julho de 2020.

PAULA, M. A. B.; SANTOS, E. A. P. "Uma abordagem metodológica para o desenvolvimento de sistemas automatizados e integrados de manufatura". In: *Produção*, v. 18, n. 1, p. 8–25, jan./abr. 2008.

RADVANOVSKY, R. *Handbook of SCADA: Control Systems Security.* Boca Raton: CRC Press, 2013.

SEN, S. K. *Fieldbus and Networking in Process Automation.* Boca Raton: CRC Press, 2014.

SOUZA, R. B. *Uma arquitetura para sistemas supervisórios industriais e sua aplicação em processos de elevação artificial de petróleo.* Centro de Tecnologia. Natal, Universidade Federal do Rio Grande do Norte, 2005 (Mestrado em Engenharia Elétrica).

STALLINGS, W. *Foundations of Modern Networking.* Indianapolis: Pearson, 2016.

"Você conhece os serviços de seguro cibernético?", 2020. Disponível em: <https://blogbrasil.comstor.com/voce-conhece-os-servicos-de-seguro-cibernetico>. Acesso em: 21 de julho de 2020.

WADE, H. L. *Basic and Advanced Regulatory Control: System Design and Application.* ISA, Research Triangle Park, 2004.

WEISS, M. et al. "Cidades inteligentes como nova prática para o gerenciamento dos serviços e infraestruturas urbanos: a experiência da cidade de Porto Alegre". In: *Revista Brasileira de Gestão Urbana*, 2015.

YADAV, G.; PAUL, K. "Architecture and Security of Scada Systems: A Review". In: *arXiv*: 2001.02925v1 [cs.CR], 9 de janeiro de 2020.

ZGUROVSKY, M.; ZAYCHENKO, Y. *Big Data: Conceptual Analysis and Applications.* Suíça: Springer, 2020.

ÍNDICE

A

acesso compartilhado 334–335

Advanced Research Projects Agency Network (Arpanet) 55–56

Agence Nationale de la Sécurité des Systèmes d'Information (ANSSI) 121

análise

    de riscos 37

    de vulnerabilidades 120

ANSSI 172

antimalware 296, 393

    de próxima geração 260, 263

aprendizado de máquina 242–243

arma cibernética 96

arquitetura

    de rede 204

    integrada 83

ataque

    às redes de tecnologia da informação 112

    cibernético 95

    de negação de serviço (DoS) 218

    de phishing 97

    em redes de automação 112

    por pivot 202–203

ativo 114, 142

atuação, estratégias 355

automação

    características 45

    industrial 170, 375

autômatos programáveis 106

B

backup 296

bitcoins 399

Black Hat 107

Bring Your Own Device (BYOD) 67–68

C

ciber-

    ataques 59–60

    atitude 111

    crime 68–69

    criminosos 76

    terrorismo 64

        objetivos 64

cloud 395

composição dos cenários de risco 117–119

computação em nuvem 329

controle

    de malware 134

    supervisório 47–48

criptomoedas 76

CSMS 36, 170, 291, 395

D

Dark Web 68, 73, 106

    programas 73–75

Deep Web 72–73, 75

Denial of Service 395

DMZ 106, 293, 395

DoS 348, 396

Duro de matar 4, filme 93

E

educação e conscientização 37, 164

Edward Snowden 65, 75

Elon Musk 67

engenharia social 66

espionagem industrial 68

evidências de elementos de convicção 386

F

falhas humanas 112

firewall 200–202, 389

    industrial 236–238

firmware 86, 237

folhas de projeto 140

forense

    digital 211

    industrial 372

G

GOOSE 348, 396

governança 37, 162–164, 177

    definição 163

guerreiro cibernético 66

guia de configuração 195

H

hacker 83, 297

    tipos 63

hacktivistas 65

higienização de segurança cibernética 121

I

ICS 35–37, 126–127, 143, 163, 170, 387

IDS 295–296, 389

IEC 31, 35–36, 141, 170, 291–293, 295, 348

IED 348

ilhas de automação 81–82

impacto 115, 142–143, 389

incidentes pelo tipo de indústria 92

Indústria 4.0 84, 138, 169, 302, 304–305, 347

Industrial Internet Consortium (IIC) 169, 172

infraestruturas críticas 29, 35, 93, 165

Interface Homem-Máquina (IHM) 47

Interfaces Homem-Máquina (IHM) 51

International Electrotechnical Commission (IEC) 168

Interne

    das Coisas Industriais (IIoT) 304

Internet

    das Coisas Industriais (IIoT) 172, 302–303

    das Coisas (IoT) 84, 124, 172, 222, 302, 319

    de Energia (IoE) 320

ISA 31, 35–36, 170, 291–293

J

jammers 398

L

Lei Geral de Proteção de Dados (LGPD) 173–175

LGPD 175–177

log do monitoramento contínuo 378

M

malware 63, 68, 90, 96, 97, 117, 197, 399–400

    comum 112

    infecções por 131

matriz de probabilidade versus impacto 116

Modbus, protocolo industrial 88

modelo ANSSI 121–122

monitoramento 36–37, 141, 162–164, 387–389

N

National Institute of Standards and Technology (NIST) 168

NGFW 142, 297, 347

NIST 35, 141, 292

norma ISO 31000 120

North American Electric Reliability Corporation (NERC) 169

nuvem 347–349

O

Organização para a Cooperação e Desenvolvimento Econômico (OCDE) 173

overheads 167

P

pirâmide de automação 48

plano

de contingência 112

de Continuidade de Negócios (PCN) 186–187

    tipos 194–195

política de segurança da empresa 151

prevenção 36, 175

princípio da poça d'água 238–239

programa de certificação ISA/IEC 62443 153–154

proteção contra vulnerabilidades 112

protocolos industriais 47

protocolo TCP/IP 47

PSCI 143

Q

Qualidade de Serviço (QoS) 332

quinta dimensão da guerra 59

R

ransomware 97, 99, 112, 399

rastreadores da rede 71

rede industrial 44

redes

    de automação 181

    de informação e automação 43–44

    de tecnologia da informação e tecnologia de automação 83

Repository for Industrial Security Incidents (RISI) 91–92

Revolução Industrial 309–310

risco 105–106, 115, 127, 142–143

S

SCADA 32, 107, 164, 373–375

script kiddie, atacante 123–124

Security Information and Event Management (SIEM), ferramenta 356–357

segurança 32, 292

    cibernética 45, 49, 63, 91, 165, 168

    de borda 37, 83, 142

seguro cibernético 196–197

sistema

    de arquivos criptografados 344

    de controle industrial 45–47

    de supervisão e aquisição de dados 44

    embarcado 311–312

    SCADA 200

SOC 36, 387, 389, 401

software 106–107, 296, 347, 400

    antimalware 131

Stuxnet 107

T

teoria do muro baixo 234

teste

    de mesa 196–197

    de penetração 120

tipos de ameaça 118

transformação digital 305

três pilares da segurança da informação 165

U

Unified Threat Management (UTM) 210

V

valores booleanos 50
VPN 142, 294, 347–349, 389
vulnerabilidade 142–143, 164, 348

W

Wargames, filme 93
whitelisting, soluções 248, 260

Z

Zero Trust 297, 402

Projetos corporativos e edições personalizadas
dentro da sua estratégia de negócio. Já pensou nisso?

Coordenação de Eventos
Viviane Paiva
viviane@altabooks.com.br

Assistente Comercial
Fillipe Amorim
vendas.corporativas@altabooks.com.br

A Alta Books tem criado experiências incríveis no meio corporativo. Com a crescente implementação da educação corporativa nas empresas, o livro entra como uma importante fonte de conhecimento. Com atendimento personalizado, conseguimos identificar as principais necessidades, e criar uma seleção de livros que podem ser utilizados de diversas maneiras, como por exemplo, para fortalecer relacionamento com suas equipes/ seus clientes. Você já utilizou o livro para alguma ação estratégica na sua empresa?

Entre em contato com nosso time para entender melhor as possibilidades de personalização e incentivo ao desenvolvimento pessoal e profissional.

PUBLIQUE SEU LIVRO

Publique seu livro com a Alta Books. Para mais informações envie um e-mail para: autoria@altabooks.com.br

CONHEÇA OUTROS LIVROS DA ALTA BOOKS

Todas as imagens são meramente ilustrativas.

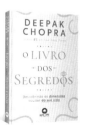

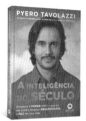

 /altabooks   /alta-books   /altabooks   /altabooks